聂月岩 著

毛泽东与周恩来

首都师范大学出版社
CAPITAL NORMAL UNIVERSITY PRESS

图书在版编目(CIP)数据

毛泽东与周恩来 / 聂月岩著. —北京：首都师范大学出版社，2019.7（2021.05重印）

ISBN 978-7-5656-4399-6

Ⅰ.①毛… Ⅱ.①聂… Ⅲ.①毛泽东(1893—1976)－传记 ②周恩来(1898—1976)－传记 Ⅳ.①A752 ②K827＝7

中国版本图书馆 CIP 数据核字(2018)第 094647 号

MAOZEDONG YU ZHOUENLAI

毛泽东与周恩来

聂月岩　著

责任编辑	欧家作
首都师范大学出版社出版发行	
地　　址	北京市西三环北路 105 号
邮　　编	100048
电　　话	68418523（总编室）　68982468（发行部）
网　　址	http://cnupn.cnu.edu.cn
印　　刷	北京印刷集团有限责任公司
经　　销	全国新华书店
版　　次	2019 年 7 月第 1 版
印　　次	2021 年 5 月第 4 次印刷
开　　本	710mm×1000mm　1/16
印　　张	20.5
字　　数	253 千
定　　价	62.00 元

版权所有　　违者必究
如有质量问题　请与出版社联系退换

序　言

毛泽东和周恩来是伟大的马克思主义者，是中华人民共和国第一代领袖人物，是20世纪叱咤风云的世界著名政治家。这两位伟人虽然出身、文化和性格相异，但与生俱来都有一种把中华民族从苦难中拯救出来的神圣责任感和使命感，这就是：

天将降大任于斯人也。

在半个多世纪的革命生涯中，毛泽东和周恩来把自己的毕生精力，无私地奉献给了中国人民的解放事业和全人类的进步事业，不仅获得了中国各族人民的敬仰和爱戴，也赢得了世界各国人民的赞誉和尊敬。特别是他们之间彼此信任、长期合作、互相支持、互相关心的革命情谊，更是有口皆碑。

尼克松曾在《领导者》一书中评论说："并不是由于有毛泽东一个人，而是由于有他和周恩来二人的合作，才使他们赢得了中国。"姑且不论这一评论是否精当，但毛泽东与周恩来之间数十年来亲密而坦诚的合作关系，确实与我们这个星球上占1/5人口的命运息息相关，其巨大影响已远远超出了中国的国界。

美国著名记者斯诺，曾在他所著的《漫长的革命》一书中这样比喻毛泽东和周恩来的关系：

"共生"可能是描述他们两人关系的最适当的词了。毛和周在工作作风和个性上很不相同,在三十七年的信任和互相依存的基础上,他们像套在一辆车上的前后纵列的两匹马一样,相辅相成。……

毛是一位活动家,是原动力,是创始者,是交替运用奇袭、紧张和松驰而取得成就的战略大师。他不相信能有长时期的稳定,而且对变化的步伐速度从不满足,但他是重实际的,对分阶段地达到目标能够有极大的耐心。

周喜欢具体细致地执行一项计划——毛则感到厌烦——而且问题越复杂越好。周能很快抓住问题的中心,把不切实际的东西丢掉,必要时假装不知,并且决不行险侥幸——如果没有绝对把握的话。当革命的钟摆摆动得平稳的时刻,周工作得最好。他是一个建设者,不是一个诗人。①

斯诺这段生动的描述,比较恰当地说明了毛泽东与周恩来之间并肩战斗、相互辉映、相互补充和相互依存的亲密而默契的合作关系。

毛泽东与周恩来的合作最早可以追溯到20世纪20年代中期。在国共合作的北伐战争时期,在革命风起云涌、如火如荼的年代,毛泽东与周恩来在革命的策源地广州一见如故,便开始有所往来,从而为他们后来长期而亲密的合作拉开了帷幕。

30年代初期,中国共产党内盛行把马列主义教条化,把共产国际指示和苏联经验神圣化的"左"倾思潮,毛泽东的正确主张和做法受到打击和排斥。当时,周恩来在党内和军内的地位与名望都高于毛泽东,但他在革命战争的实践中逐渐认识到毛泽东坚持的农村包围城市、武装夺取政权的道路,是中国革命的惟一出

---

① [美]埃德加·斯诺:《漫长的革命》,伍协力译,上海:上海人民出版社,1975年版,第187页。

路，对毛泽东的军事才华、远见卓识深信不疑。在毛泽东身处"孤立"境地时，周恩来对毛泽东给予了深切的理解和信任、热情的鼓舞和支持。从那时起，开始了他们之间的初步合作。

毛泽东与周恩来之间长期的正式合作关系是在1934年秋红军开始长征后，特别是在1935年1月的遵义会议上，周恩来以他在党内举足轻重的地位和威望，在与"左"倾教条主义者的斗争中在政治上支持毛泽东，从而确立了毛泽东在红军和党内的实际领导地位。此后，他们之间和衷共济，同喜共哀，长达数十年的密切合作，广为世人所熟知和传颂。

在"文化大革命"的动乱岁月，毛泽东对几十年和他患难与共的周恩来始终怀着深厚的情感。当他得知红卫兵要求批斗周恩来时，他回答说："那好吧，让我和他一起挨斗吧。"当他识破"四人帮"组阁阴谋时，果断地做出"总理还是总理"的指示。当他得知周恩来患病后，心情非常沉痛，每次都亲自审阅有关周恩来的病情报告。……同样，周恩来以他的智慧和威望协助毛泽东稳定局面，力排干扰，尽力弥补损失。他殚精竭虑，保护干部，鞠躬尽瘁，死而后已。即使在弥留之际，周恩来也仍然惦念着毛泽东，他用细微的声音问医生：主席的身体怎么样？我没什么要紧，你们要好好保证主席身体健康，只要主席健在，我就放心了。他逝世时，胸前还佩戴着毛泽东头像和"为人民服务"字样的像章，枕边放着毛泽东的诗词……

这真是伟人之间动人心魄的革命情谊。这种革命情谊真可谓惊天地而泣鬼神，昭日月而遗后昆！毛泽东和周恩来的深厚友谊谱写了一曲浩然正气的凯歌，为后人树立了光辉的典范。

毛泽东与周恩来，是中国共产党的骄傲！是中国人民的骄傲！是20世纪的骄傲！他们的名字，像马克思与恩格斯的名字一样，永远铸在人类的历史丰碑上，永远铭刻在中国人民和世界人民的心中！

俱往矣，
　数风流人物，
　还看今朝。

目　　录

1　相逢羊城 / 001

　　毛泽东与周恩来这两位领导中国人民经过几十年奋斗深刻改变了中国社会面貌的伟人，开始在羊城相逢共事。"中山舰事件"发生后，他俩一致主张坚决反击。

2　九月来信 / 017

　　毛泽东在红四军第七次党代表大会上落选。周恩来代表中共中央主持起草的九月来信，要求红四军前委和全体指战员维护毛泽东的领导，毛泽东"应仍为前委书记"。

3　反"围剿"中 / 039

　　周恩来拉着毛泽东的手说："你放心去吧，敌人的第四次反革命'围剿'是一定能打破的！"毛泽东会意地点了点头，说："如果前方需要我，给我捎个信，我会立即赶来。"

4　毛泽东是军事方面领导我们最合格的领导人 / 057

　　遵义会议前后，周恩来全力推举毛泽东来领导红军的军事行动，自觉退居助手的地位。毛泽东说："遵义会议所以开得很好，恩来起了重要作用。"

5　历史杰作——西安事变的和平解决 / 075

　　毛泽东识大局弃前嫌，确定和平解决西安事变的方针。周恩来为民族赴西安，机智果敢解决西安事变。

6 同愤共慨"皖南事变" / 093

周恩来以极其愤慨的心情挥笔写下了:"为江南死国难者志哀"的题词。毛泽东从延安致电周恩来说:"收到来示,欣慰之至,报纸题字亦看到,为之神往。"

7 重庆谈判中的日日夜夜 / 107

毛泽东望着周恩来消瘦的脸庞,关心地问:"我不告而别,蒋介石会不会对你下手?""不会。"周恩来宽心地一笑,"主席,你放心地走吧。"他来了句幽默话,"我想,蒋介石再毒辣,大概还不会杀他的救命恩人吧。"

8 "李德胜"与"胡必成" / 129

周恩来提议:为了保密,每个人都应起个代号。毛泽东表示赞成,笑着说:"我们一定取得胜利,我就叫李德胜。"周恩来接着说:"革命事业必定成功,我叫胡必成。"

9 登上天安门城楼 / 147

毛泽东在天安门城楼上启动电钮,亲手升起第一面五星红旗,向全世界庄严宣告:"中华人民共和国中央人民政府今天成立了!"周恩来注视着冉冉上升的五星红旗,无限感慨地说:"中国人民世世代代为之奋斗的这一天终于来到了!"

10 毛泽东在莫斯科急召周恩来 / 169

毛泽东委婉地对斯大林说:"东西不仅要搞,而且要既好看,又好吃,但必须让周恩来到莫斯科来搞。"

11 共筹"抗美援朝" / 193

毛泽东伸手从笔筒里抓起一支铅笔,将"支援"两字一划,改写两个大字:"志愿。"周恩来兴奋地做了一个手势:"对,世界上有许多志愿军的先例,马德里保卫战就有各国来的志愿兵。"

12　经济文章 / 219

毛泽东日思夜想如何加快社会主义建设步伐，使人民尽快过上富裕一些的日子。周恩来脚踏实地，强调按客观事物的发展规律办事。两人在经济建设问题上发生了分歧。

13　危难之际 / 247

毛泽东认为只有依靠周恩来和支持周恩来，才能稳定局势，维持整个国家生活的继续运转。周恩来说："不入虎穴，焉得虎子？我不入地狱，谁入地狱？"

14　化解中美冰封，更显相得益彰 / 263

毛泽东和周恩来这两位同舟共济的战友，在古稀之年以惊人的胆略携手打开了冰冻20多年之久的中美关系之门。这一英明之举，掀开了中华人民共和国对外关系史上新的篇章，在他们合作史上写下了闪光的一页。

15　同殒共落不是约期　同光共辉却总相宜 / 295

毛泽东和周恩来面对摄影镜头最后一次握手道别，忧伤深邃的瞬间永远定格在历史的框架里。两位伟人同时身患重病，一个在北海西岸旁的305医院，一个在中南海西岸旁的游泳池住处，他们情有所往，不忍相见，无力相见，也永远不能相见了。

1 相逢羊城

毛泽东与周恩来这两位领导中国人民经过几十年奋斗深刻改变了中国社会面貌的伟人,开始在羊城相逢共事。"中山舰事件"发生后,他俩一致主张坚决反击。

历史造就了伟人，同时伟人的影响博大而深远。人们如谈论起毛泽东和周恩来非凡的一生，铭记他们对中国革命的卓越贡献，都不能忘记广州。他们在这里相逢共事、并肩奋斗，共同走过了半个多世纪的艰难历程……

美丽而富饶的广州，毗邻内陆，土壤肥沃，拥有珠江的丰富水源，是伟大祖国重要的港口城市，其悠久历史可追溯到公元前2世纪。传说，有一位神仙曾带着五只羊在这里落脚，因而又称"羊城"。又因广州四季如春，花团锦簇，还称花城。

广州，是国民革命的策源地，在中国近现代历史上占有重要的地位。在20世纪20年代中期的中国，革命形势风起云涌，发生了巨大的变化。孙中山先生接受中国共产党的帮助，改组了国民党，实行"联俄、联共、扶助农工"三大政策。在中国共产党的推动下，实现了第一次国共合作。毛泽东与周恩来正是在共同致力于同国民党合作活动中共事的。

毛泽东与周恩来在青年时代都表现出强烈的爱国热情和远大抱负。这也就是人们常说的有志之士总是要寻求和选择理性的目标使命。毛泽东在韶山读私塾时，曾读到过一本关于帝国主义列强瓜分中国的小册子，便对国家的前途十分担忧，开始意识到"国家兴亡，匹夫有责"。周恩来13岁左右在东北读小学时，有一次老师问学生："读书是为了什么？"同学中有的回答是为了帮助父母记账；有的回答为了升官发财。周恩来则认真而坚决地回答："为了中华之崛起。"眼见民族危亡山河破碎而觉悟，从爱国到革命，这几乎是一切近代中国先进分子走过的共同道路。毛泽东和周恩来走上革命道路，也是从这里起步的。

周恩来曾说：毛泽东是在中国的土地上生长出来的巨大人物。他是从人民当中生长出来的，是跟中国人民血肉相连的，是跟中国的大地、中国的社会密切相关的，是从"五四"以来的革命运动中产生的人民领袖。一位外国学者也曾评论说："毛是一个自信的'绿林大学的毕业生'，而周却不像毛，周是在伦敦、巴黎及柏林的'咖啡馆'、街头及工厂从事他的革命学习的。"对此，毛泽东在1936年同斯诺谈话时说：要有人到国外去，看些新东西，学些新知识，研究些新的有用的革命道理，拿回来改造我们的国家和社会。同时，也要有人留在国内，好好研究本国的问题。所以，我觉得，我对自己的国家了解得还不够，把我的时间花在中国会更有益处。毛泽东虽然没有出洋留过学，对马列经典原著的阅读也未必是共产党内最多的，但他后来之所以成为中国革命胜利的领导者，恰恰在于他根据实践创造性地发展了马克思主义，反映在他的性格上，就是解放思想、破除迷信的超越情怀。在他看来，世界上没有什么不可以超越的，其中也包括理性王国最神圣的马克思主义。他的表述是："不如马克思，不是马克思主义者；等于马克思，也不是马克思主义者；只有超过马克思，才是马克思主义者。"①

1917年9月，周恩来为寻求革命真理，曾东渡日本去留学。临行前夕，写下了他青年时期救国抱负的著名诗篇：

大江歌罢掉头东，
邃密群科济世穷。
面壁十年图破壁，

---

① 王任重：《实事求是的典范——纪念毛主席诞辰八十五周年》，载《中国青年》，1978年第4期。

难酬蹈海亦英雄。

周恩来到日本看到些什么呢？

固然，那山势峻峭、终年积雪的富士山，那红霞一般盛开的樱花，那秀丽的琵琶湖和加马河，都给予他大自然的美的感受，勤劳智慧的日本人民也和他结下了深厚的友情；但是，使他感受更深的，却是日本劳动人民在封建和资本主义的双重剥削下过的贫困生活。特别使他不能容忍的，是日本军国主义的叫嚣和对中华民族的肆意欺侮。周恩来东来日本，原是想寻求可以用来"济世穷"的学问，结果则令他大为失望。

在十月革命的影响下，国内爆发了五四爱国运动。周恩来离开日本回天津投身于伟大的爱国风暴之中。1920年11月，周恩来为了进一步寻求革命真理，研究马克思列宁主义，远渡重洋，赴欧勤工俭学。在近4年的旅欧期间，周恩来不仅成长为一名共产主义战士，而且积累了斗争经验，对中国共产党初期的建党、建团工作做出了重要贡献。

1924年9月初，在一艘从法国马赛抵达中国香港的轮船上，走下来一位英俊潇洒、笑容可掬、温文尔雅的青年。他就是周恩来，这年，他才满26岁。

为了培养国民革命的军事人才，国共两党合作创办黄埔陆军军官学校。孙中山、廖仲恺邀请共产党派一名合适的干部来担任黄埔军校的政治部主任。中共中央决定由德才兼备的周恩来担任这项工作。

两个月前，当周恩来在法国巴黎接到中共中央的指示时，便欣然接受任务，启程回国。他抵达中国香港后就直奔广州。

当周恩来踏上了阔别近4年的国土，便感受到政治气氛的浓烈。街头上到处张贴着"打倒帝国主义"、"打倒军阀"的标语和宣传画，街上经常走过整齐的工农队伍。周恩来的心中激起革命的豪情，他决心用所学的知识报效祖国，把自己的一切都献给共产主义和中国革命的伟大事业！

周恩来到达广州后，担任了中共广东区委会委员长，管辖广东、广西、厦门和中国香港等地，工作非常繁忙。当时广东区委的总部坐落在广州市文德路一幢楼的第二层，这也是中国共产党当时惟一公开的办公处。同年11月，周恩来担任了黄埔军校政治部主任。他到任后，彻底改革机构，按照列宁建军的经验开展政治工作，建立和健全政治工作制度和共产党、青年团的组织，扩大共产党的影响。在这年的年底，经中共两广区委征得孙中山同意，由周恩来负责，创建了中国共产党直接领导的最早的革命武装——建国陆海军大元帅府铁甲车队。后来，在这个车队基础上，周恩来将它组织成国民革命军第四军独立团，成为北伐的先锋队，其中大部分人员成为后来南昌起义的中坚力量。

1925年1月和9月，周恩来亲自参与领导和指挥了第一、二次东征。同年1月，他任中共两广区委常委兼军事部长，成为中国共产党内最早从事军事工作的领导人。

后来，毛泽东在谈到大革命时期的军队工作时，曾给予了很高评价，他指出：

> 那时军队有一种新气象，官兵之间和军民之间，大体上是团结的，奋勇向前的革命精神，充满了军队。那时军队设立了党代表和政治部，这种制度是中国历史上没有的，靠了这种制度，使军队一新其面目。1927年以后的红军，以至今日的八路军，是继承了这种制度而加以发展的。①

毛泽东的这段谈话，实际上是对当时负责中共中央军委工作的周恩来的高度赞扬。

---

① 毛泽东：《和英国记者贝特兰的谈话》，1937年10月25日。

也就是在1925年的8月8日,周恩来与邓颖超结婚,并在广州一间极其简朴的小房子里安了家。

周恩来和邓颖超是在1919年五四运动中相识的。邓颖超在运动中表现得热情勇敢、坚韧不拔;在生活中淳朴、爽朗,待人以诚,给周恩来留下了很深的印象。那时,周恩来21岁,邓颖超才15岁,是个小妹妹,所以大家都叫她"小超"。

他们之间的爱情关系是在周恩来旅欧期间,经过通信而确定下来的。30多年后,周恩来在教育他的侄女正确对待恋爱和婚姻问题时,讲到过这段经历:在旅欧初期,他曾经有过一个比较接近的朋友,那是个美丽的姑娘,对革命也很同情。周恩来说:"当我决定献身革命时,我就觉得,作为革命的终身伴侣,她不合适。"他所需要的是"能一辈子从事革命",能经受得了"革命的艰难险阻和惊涛骇浪"的伴侣。这样,"我就选择了你们的七妈(指邓颖超)。接着和她通起信来。我们是在通信中确定关系的"①。

从这时起,周恩来和邓颖超结成了生死不渝的战斗伴侣。在半个多世纪的革命岁月里,他们共同经历了常人难以想象的"艰难险阻"和"惊涛骇浪",给后人留下了永远值得传诵的佳话。

与周恩来相比,毛泽东的爱情生活同他所从事的伟大事业一样,是曲折多磨的。他作为伟人,有许多常人难以感知的苦衷。

1986年9月出版的《毛泽东诗词选》中,第一篇就是1923年年底毛泽东离湘远行时写给杨开慧的爱情词《贺新郎》。词中写道:

挥手从兹去。更那堪凄然相同,苦情重诉。眼角眉梢都

---

① 《周恩来同侄女周秉德的谈话记录》(1956年),见《周恩来传》,北京:人民出版社,1989年版,第78页。

似恨,热泪欲零还住。知误会前番书语。过眼滔滔云共雾,算人间知己吾和汝。人有病,天知否?今朝霜重东门路,照横塘半天残月,凄清如许。汽笛一声肠已断,从此天涯孤旅。凭割断愁丝恨缕。要似昆仑崩绝壁,又恰像台风扫寰宇。重比翼,和云翥。

词写得缠绵悱恻,哀婉动人,反映了毛泽东与杨开慧的深厚感情。杨开慧就义后,他痛惜不已,写下了"开慧之死,百身莫赎"这样沉重的词句。新中国成立后,他为答友人,又谱写了"我失骄杨君失柳"这样一首千古绝唱,表达了对杨开慧的无限怀念之情。

当他的戎马伴侣贺子珍在1937年提出离开延安外出治病时,毛泽东极力挽留她。当贺子珍决意离他而去时,毛泽东曾深情地对她说:"子珍,我这个人不爱流泪,但过去曾在三种情况下流过泪。一是听到穷苦百姓的哭声,我忍不住要掉泪;二是跟过我的通讯员、警卫员要离开我,或是牺牲了,我难过流泪;三是在贵州,听说你负伤难过,我掉了泪,难道现在你还要让我流泪吗?"贺子珍终于拒绝了毛泽东当时那种心的召唤。她去了苏联,在那里度过了最艰难、最痛苦的日子,1942年返回祖国。当1959年,毛泽东与贺子珍分别20年后,在庐山第一次相见时,两人几乎同时喊出:"润之"、"子珍"。毛泽东压抑着自己的感情,尽量平静地说:"子珍,我对不起你……"贺子珍抢在前面说:"是我不好。那时太年轻、太任性,要是听你的话,不去苏联,也……"此后,他们两人再未相见,留下的只是相互间深深的思念。

毛泽东与江青的关系,有恩爱也有争吵,好的时候多,矛盾也不少。在1947年搞"三查三整",组织上审查江青的历史问题,江青抱怨有人在整她,希望毛泽东能够说句话,毛泽东不答应,江青大吵大闹。毛泽东大声斥责："滚！你给我滚出去！"但毛泽东考虑到江青身体不好，就叫卫士长李银桥把自己都舍不得吃的一块腊肉，切一盘给江青端去。毛泽东多次告诫江青："你跟什么人也搞不到一起，你这个人就是到处树敌！"到了"文化大革命"期间，由于政治及思想方面的分歧，毛泽东对江青的所作所为越来越不能容忍。甚至都不愿见到她。1974年春，毛泽东给江青写信说："不见还好些。过去多次同你谈的，你有好些不执行，多见何益？"①据毛泽东身边的工作人员回忆，毛泽东曾感慨地说："老百姓离婚可以找法院，可我去向谁申诉呀？"毛泽东在偶然提到周恩来的婚姻时曾说："我真羡慕周恩来的婚姻。"

毛泽东与周恩来的成长道路有共同点也有不同之处。从他"立志出乡关，学不成名誓不还"，到"以天下为己任"，决心挽救国家和民族的危亡，再到创建新民学会，立志"改造中国与世界"，都体现了他的远大理想和抱负。但毛泽东在完成向马克思主义者的转变，在当时并不是走在最先，也不是走得最快，然而他的突出特点是注重实践，注重理论和实践的结合。在长沙第一师范读书期间，他就明确认识到"闭门求学，其学无用"，所以不仅要读"有字的书"，而且要读"无字的书"，"欲从天下国家万事万物而学之"。因此，利用暑假间隙，他曾到湖南农村进行考察，主办工人夜校。这样，就使他学到了真正的知识，从而成为一个知识渊博的人。这一特点，决定他从接触马克思主义开始，就注重把马克思主义理论和中国的革命实践相结合，自觉地运用它来研究和回答时代和现实革命斗争提出的重大课题。毛泽东的另一突出特点是坚持走知识分子与工农群众相结合的道路。毛泽东出身农民家庭，从小就和农民生活在一起，因而同农民建立了深厚的感情。当他成为一个知识分子后，不但没有忘记农民，而且继

---

① ［美］R. 特里尔：《毛泽东传》，何宇光、刘加英译，北京：中国人民大学出版社，2010年版，第337页。

续自觉地保持了同农民的亲密关系；同时，他又自觉地深入工人之中，了解他们的疾苦，虚心学习他们的优良品德。这样，为他后来完成世界观的根本转变，坚定地站在工农大众一边，全心全意地为工农大众服务，有着十分密切的关系。

如果提及毛泽东在中国共产党早期的党内地位，可以发现历史老人并未独钟毛泽东。他时沉时浮，除中共三大外未曾担任过显要职务。

毛泽东在1956年9月10日中共八大预备会议第二次全体会议上，回忆往事时说过一段颇为风趣的话：

> 第一次代表大会我到了。第二次代表大会没有到。第三次代表大会（是在广州开的），又到了，被选为中央委员。第四次代表大会又没有到，丢了中央委员。大概我这个人逢双不吉利。第五次代表大会到了，当候补代表，也很好，被选为候补中央委员。①

1923年6月和1924年1月，毛泽东曾先后来广州参加了中国共产党第三次全国代表大会和国民党一大，被选为中央委员及政治局成员，担任国民党代理宣传部部长。此后，毛泽东到上海从事革命活动。1924年年底，毛泽东因与陈独秀意见相左，加之身体不好，便由上海返回韶山，一边养病，一边深入农村调查，总结农民运动的经验。

1925年年末，毛泽东为躲避湖南军阀赵恒惕的通缉，来到广州，并参加了1926年1月国民党在广州召开的第二次全国代表大会。周恩来也参加了这次会议。他们在会前都曾同陈独秀商议，决定在大会上公开提出"打击右派，孤立中派，扩大左派"的方针。但中共中央没有采纳这个计划，致使蒋介石等右派分子当选

---

① 《毛泽东文集》第七卷，北京：人民出版社，1999年版，第104—105页。

为中央执行委员会委员。

当得知毛泽东已安全到达广州后，杨开慧和母亲一起，带着两个孩子，也风尘仆仆地到了广州。他们住在广州东山庙前西街38号。这是一座简陋的二层楼房，砖墙、瓦顶，大门对着街道。进门的小过道通向楼梯，梯下住着萧楚女，楼上便是毛泽东一家。

这一时期，毛泽东和周恩来过从甚密。他除了主持国民党中央宣传部的工作，还兼任《政治周报》主编。在毛泽东主编的《政治周报》第三期上，刊登了《东征纪略》，记述了国民革命军第二次东征时周恩来任东征军总政治部主任及在追悼攻克惠州牺牲将士大会上的演说。当时，周恩来派人接管的汕头《平报》改名为《岭东民国日报》，周恩来为该报副刊《革命》题写了刊头，并在这个副刊上发表了毛泽东撰写的《国民党右派分离的原因及其对于革命前途的影响》的文章。

1926年3月，蒋介石发动了"中山舰事件"。

3月20日这一天，蒋介石散布了一个谣言，说是中山舰要炮轰黄埔军校，共产党要把他赶走。并以此为借口，突然翻脸，逮捕了代理海军局局长、中山舰舰长李之龙，下令黄埔戒严，监视各师党代表，包围苏联领事馆，监视苏联顾问，解除工人纠察队的武装。

形势陡然紧张，很多人都感到事出意外。然而，毛泽东和周恩来都早有思想准备。事件发生后，毛泽东认为这是一个严重的反革命信号。周恩来闻讯后立即来到广州造币厂，向蒋介石当面提出质问，被蒋软禁了一天。

当时蒋介石提出两个条件：第一，共产党员退出第一军；第二，不退出的要交名单。

怎么办？

是进行坚决反击，还是继续退让妥协？

毛泽东和周恩来等在广州的同志主张给予有力的反击。

毛泽东和周恩来来到国民革命军第二军副党代表李富春家中同大家讨论对策。

毛泽东分析说：就广州的一个地方看，反动派的实力是大的，但就粤桂全局来说，反动派的实力是小的，只要我党坚持原则，坚决予以反击，就一定能够争取团结那些动摇的中间力量，粉碎蒋介石的反革命阴谋。

接着，毛泽东又提出了以武力对武力的正确政策，主张把我党掌握的武装集中到西江一带，说服国民党左派离开广州，争取第一军以外的其他各军，正式声讨蒋介石背叛革命的罪行，通过武装斗争逼蒋下台，剥夺他的兵权。后来，毛泽东在党的八七会议上，提出了一句醒世恒言："须知政权是由枪杆子中取得的。"

周恩来非常赞同毛泽东的分析和主张，他对形势也做了详尽的分析。他说：二月份蒋介石驱逐了一名左派师长，就有反共苗头，他曾向组织报告过，但没有引起重视。现在的情况是，国民革命军6个军中，只有第一军是直属蒋介石指挥的，其他5个军都不会听他的，有的还想乘机搞掉蒋介石。而在第一军的3个师中，有两个师的党代表是共产党员，9个团的党代表，我们占了7个，团、营以下各级军官中和部队中的共产党员也不少，至于同情左派的革命力量就更大了。第一军又是以黄埔军校教导团为底子的，党的传统影响很大，我们是完全有能力反击蒋介石的。

在场一起议论的人都同意毛泽东和周恩来的分析。但大家又觉得存在一个问题：要是把蒋介石搞下台，其他几个军长同样是些军阀，只要革命侵犯到他们的利益，他们也会反共反人民的。

周恩来说：究竟怎么处理，要由党中央决定。

过了几天，以陈独秀为首的中共中央却决定接受蒋介石的条件。

于是，已暴露身份的共产党员被迫退出国民革命军第一军和黄埔军校，周恩来也被免除第一军副党代表兼政治部主任的职务。

"中山舰事件"发生后，毛泽东愤然辞去了国民党中央宣传部代理部长的职务，全力主办农民运动讲习所，并亲自担任了第六届农讲所所长。

毛泽东在农讲所亲自讲授"中国农民问题"和"农村教育"课程。他深刻分析了农民问题在中国革命中的地位和作用，反复向学员阐述：

> 在我们这样的国家里，农民占大多数，农民问题是中国革命的基本问题。但以前没有人研究过，而这是一个很重要、很复杂的问题。我们共产党对于农民问题比较注意些，但是，现在还有一些人不肯到乡下去做农民运动工作这是十分错误的。在党内存在这种思想，是错误的。
>
> 中国人民要反对帝国主义，而反帝不和反封建结合，则帝国主义是反不掉的。从中国社会的性质和革命的性质来看中国人民要在反帝反封建的民族民主革命中得到胜利，就一定要有农民这支主力军参加。如果没有农民参加，就不能成功。①

所以，结论是：中国革命的基本问题就是农民问题。

这是多么深刻、多么透彻的分析啊！

毛泽东还邀请周恩来、萧楚女、彭湃等同志到农讲所授课。

这时，仍担任中共两广委员会常委兼军事部部长的周恩来，积极支持毛泽东培养农民运动干部，亲自来农讲所给学员讲授"军事运动与农民运动"这门课程。

---

① 洪霓：《毛泽东在广州农民运动讲习所》，载《广东党史》，2009年第6期，第5页。

在农讲所，周恩来运用马克思主义原理，以他亲身参加武装斗争的实践经验，阐述了军事运动与农民运动的重要性及其相互关系，指出：我们党领导的海陆丰农民运动，把广大农民组织起来，建立农民自己的武装——农民自卫军，就能把地主阶级打下去，如果没有农民自己的武装，就不能巩固农民政权。还说：如果没有革命武装，没有广大工农的支援，革命政权就不能巩固，由此可见，军事运动与农民运动有很密切的关系。

据有的学员回忆说：当时周恩来在我们党内担任着重要工作，还要到农讲所来讲课，他很忙，经常工作到深夜。他那年轻英俊、机智勇敢的形象和忘我工作、平易近人的高贵品德，给我们留下了难忘的印象。

这时，毛泽东和周恩来还同两广区委共同研究，从黄埔军校第四期学生中选调了几十名干部，到农讲所经过短期训练，派往广东各县担负领导农民武装的工作。这些，为中国共产党在大革命失败以后，转到以农村为基础，组织工农革命武装，建立革命根据地，创造了有利的条件。

实际上，在国民革命运动中，对大部分国民党领导人和陈独秀等一些共产党领导人以及许多知识分子，这场革命更多的是属于政治革命和民族革命，即打倒军阀、打倒列强。其社会革命和阶级革命的意识还是相当淡漠的。毛泽东和周恩来这样一些从事农民运动和军事运动的人却不然，他们已明显地意识到农民在这场革命中的特殊地位，意识到不解决他们的问题就不可能进行彻底的社会变革。虽然他们当时的认识和想法，还不像后来那样明确和深刻，但这毕竟是他们的历史唯物主义群众观点和阶级斗争观点的较早表述。

据斯诺在《西行漫记》中所述：在10月结束这一届农讲所时，毛显然在上海做过短期逗留去担任共产党的农民部长。11月，他调查了靠近上海南面和北面的一些省的农民运动。12月，他来到长沙，对湖南省的农民运动进行全面调查，形成了他那篇著名的《湖南农民运动考察报告》的主题。后到武昌中央农民运动讲习所向学员讲授这一著名的报告。

在国共合作的北伐战争时期，在中国共产党和毛泽东等人的积极领导和推动下，全国以湖南为中心的农村大革命运动，一日千里，迅猛异常，势不可挡，严重地动摇了帝国主义和封建军阀在中国的统治。

此时，周恩来已抵达上海。

1927年3月21日，周恩来亲自组织和领导的震撼全国的上海第三次武装起义爆发了。周恩来始终战斗在第一线，坚定沉着，奋不顾身地指挥各区的巷战。经过30个小时的浴血奋战，到次日下午6时，上海工人便解除了敌人的全部武装。周恩来在这次斗争中，不仅表现了他对党对革命的赤胆忠心，同时显示了他卓越的组织才能、军事才能。

正当北伐战争胜利发展到长江黄河流域，工农运动不断迅猛高涨之时，蒋介石、汪精卫先后背叛革命，使轰轰烈烈的国民革命惨遭失败。

霎时间，中国的大地上风云突变，山河改颜，"内战代替了团结，独裁代替了民主，黑暗的中国代替了光明的中国"①。

沧海横流，方显出英雄本色。

以毛泽东和周恩来为代表的中国共产党人，并没有被杀绝，被吓倒。他们从"四一二"的血泊中，从"七一五"的枪口下冲杀出来，为寻找中国革命的道路，又继续投入到新的战斗之中！

---

① 《毛泽东选集》第3卷，北京：人民出版社，1991年版，第937页。

2 九月来信

毛泽东在红四军第七次党代表大会上落选。周恩来代表中共中央主持起草的九月来信,要求红四军前委和全体指战员维护毛泽东的领导,毛泽东"应仍为前委书记"。

1927年8月1日凌晨。

江西南昌城内响起了一阵阵清脆的枪声，这枪声划破了漫长而黑暗的夜空，持续了5个小时后，逐渐消失了。

清晨，东方出现了新的曙光，一面鲜红的战旗飘扬在南昌城头。这就是周恩来亲自领导的著名的八一南昌起义。

同年7月12日，在中共中央政治局会议上，陈独秀最终被停止领导职务。由周恩来、张国焘、李立三、李维汉和张太雷组成一个临时中央常委会。不久，常委做出决定，在南昌发动武装起义，周恩来任南昌起义党的前敌委员会书记。

7月下旬，周恩来受党的重托，从严重白色恐怖的武汉秘密出发，经九江到达南昌。他一到南昌，不顾旅途疲劳，立即到花园角二号朱德的住处听取有关南昌敌情的汇报，并同他商讨起义准备等工作。

8月1日，时钟刚刚指向两点钟。在周恩来、贺龙、叶挺、朱德、刘伯承等指挥下，3万起义官兵如猛虎下山，箭一般地向敌营冲杀而去。子弹呼啸，全城内外响起了激烈的炮声和厮杀声，威震敌胆。在战斗最激烈的时刻，周恩来在敌军的顽固堡垒之一——松柏巷天主教堂附近的一所学校里指挥战斗。时至今日，每当人们到此看到当年起义军和敌人鏖战在天主教堂墙壁上留下的弹痕时，总是为周恩来这种为中国革命不怕牺牲、勇敢战斗的大无畏精神深深感动。

南昌起义是在革命形势由高潮转入低潮时打响的武装反抗国民党反动派的第一枪，在中国共产党独立领导武装斗争的历史上写下了光辉的篇章。南昌起义也是在大革命失败后,探索新的革命道路的一次英勇尝试,是中国共产党创建人民军队的开端。

1933年7月1日,毛泽东以中华苏维埃共和国临时政府的名义发布决议,指出:"中国工农红军即由南昌暴动开始,逐渐在斗争中生长起来。""规定以每年'八一'为中国工农红军纪念日"。并授予南昌起义领导人周恩来、朱德等一等红星奖章。1949年年初在河北省平山县西柏坡村,毛泽东又提出军旗要有"八一"两个字,旗上要有五角星表示南昌起义是在党领导下创建人民军队的光荣日子。

为了挽救革命,毛泽东在八七会议后,以中央特派员的身份来到了湖南长沙,领导秋收起义。

8月的武汉三镇,热得如同火炉。

在汉口俄租界一幢西式公寓的二楼,正在开中共中央紧急会议,即著名的"八七会议"。

值得注意的是,会议第一个发言者是"东"亦即毛泽东。据查阅原始记录,毛泽东的发言有八百多字。

毛泽东首先批评了陈独秀在国共合作方面的右倾错误,他的话充满了幽默和辛辣。他说:

> 当时大家的根本观念都以为国民党是人家的,不知它是一架空房子等人去住。其后像新姑娘上花轿一样勉强挪到此空房子去了,但始终无当此房子主人的决心。我认为这是一大错误。①

其后,毛泽东话锋一转,提出了"须知政权是由枪杆子取得的"重要论断:

---

① 《毛泽东文集》第一卷,北京:人民出版社,1993年版,第46页。

> 对军事方面，从前我们骂孙中山专做军事运动，我们则恰恰相反，不做军事运动专做民众运动，蒋唐①都是拿枪杆子起家的，我们独不管。现在虽已注意但仍无坚决的概念，比如秋收暴动非军事不可，此次会议应重视此问题，新政治局的常委要更加坚强起来注意此问题。

当时毛泽东在中国共产党内的地位并不显著，但是，毛泽东的这段话大有"众人皆醉，我独醒"的意味。

毛泽东超过了他同时代的人。

他牢牢坚信，只有枪杆子里面才能出政权，只有进行武装斗争才能实现革命的目标。空讲仁爱的先秦的宋襄公，和当时放弃武装斗争的陈独秀，在他看来都只是坐以待毙的滑稽戏角色而已。

八七会议坚决地纠正和结束了陈独秀的右倾投降主义路线，确定了土地革命和武装反抗国民党反动派屠杀政策的总方针，决定在湘、鄂、赣、粤四省举行秋收起义。

八七会议选举了新的临时中央政治局，周恩来因领导南昌起义未能参加这次会议。然而，在选举时，毛泽东得票数与周恩来相同，都是12票，并列第11位，都被选为中央政治局候补委员。

8月的长沙，骄阳似火，热浪炙人。

毛泽东受党的重托，以中央特派员的身份到达长沙，组织领导秋收起义。

8月18日，毛泽东召开了新省委第一次会议，讨论了秋收起义计划。会议决定在以长沙为中心的湘潭、宁乡、浏阳、平江等处举行农民暴动。会议成立了以毛泽东为书记的中共前敌委员会。

---

① 蒋唐，指蒋介石和唐生智。

黑夜漫漫，雷声隐隐，一场伟大的革命风暴正在酝酿之中。

"风雷动，旌旗奋，是人寰。"1927年9月9日，在毛泽东的亲自领导下，震撼全国的秋收起义爆发了！

> 地主重重压迫，
> 农民个个同仇。
> 秋收时节暮云愁，
> 霹雳一声暴动。

暴动的口号山鸣谷应，革命的怒潮汹涌澎湃。起义队伍举起工农革命军的大旗，怒吼着向国民党反动派和地主豪绅阶级展开了英勇顽强、气壮山河的斗争。

根据前敌委员会的命令，工农革命军兵分三路，所到之处，砸牢门、救难民、分粮食，深受人民欢迎。但是，在敌强我弱的形势下，大城市长沙没有攻下，而部队却遭受到严重的损失。

此时此刻，突然传来毛泽东的紧急命令，各路起义部队马上撤出战斗，迅速到浏阳文家市会师。

19日，各路起义部队按照毛泽东的指示，先后来到文家市。在这里的一所小学校，毛泽东亲自主持召开了前委会。会上，他根据敌强我弱的实际情况，果断地做出向敌人统治力量薄弱的农村进军的决策。

20日上午，毛泽东又召开了工农革命军大会，他坚决地指出：现在革命形势是低潮，是敌强我弱，我们不能硬拼。目前，我们打了几个败仗不要紧，失败是成功之母。我们保存了革命力量，革命高潮一定会到来。我们要到罗霄山脉中段建立根据地，那里是敌人统治薄弱的地区，群众基础、地势条件都很好。只要我们依靠群众，团结奋斗，就能用小石头打破敌人的大水缸，最后胜利一定属于我们的。

在毛泽东的率领下，秋收起义队伍开始了向罗霄山脉中段的伟大进军。

9月29日，起义部队到达了永新县三湾村。

三湾，坐落在九陇山脚下，是一个山清水秀、四面环水的美丽小村庄。毛泽东在这里进行了著名的三湾改编。将原来工农革命军第一军第一师改编为中国工农革命军第一军第一师第一团。整编后，人员虽然少了，但战斗力却增强了。为了保证党对军队的绝对领导，毛泽东根据我党在北伐军中建立组织的经验，决定在部队中建立党的各级组织，把支部建在连上，班、排设党的小组，连以上设党代表，营、团建立党委，从而确立了党对军队的绝对领导。这对于保证我军的无产阶级性质，使其成为执行革命政治任务的武装集团，具有决定性的意义。为了扫除旧军队的不良习气，他还在部队实行了民主制度，连以上设立了士兵委员会。

三湾改编后，部队继续前进。10月中旬，部队进入井冈山，开始了创建井冈山革命根据地的伟大斗争。

秋收起义向井冈山进军，是中国革命转变的重要历史关键，它是中国革命由城市向农村战略转变的开始，是把进攻与退却结合起来的最好典范，它是农村包围城市、武装夺取全国政权的革命道路的新起点。

毛泽东始终关注着周恩来领导的那支南昌起义的队伍，盼望着与周恩来会合。无奈，大山阻隔了信息，双方都不知道谁在哪里……

1927年11月中旬的一天，有一位化名覃泽的人，求见毛泽东。原来，他就是毛泽东的小弟，名叫毛泽覃。毛家有兄弟三人，长兄毛泽东，二哥毛泽民，小弟毛泽覃。

这次，毛泽覃负有特殊使命来寻访大哥毛泽东。

毛泽覃曾奉命参加南昌起义。当他赶到南昌时，起义部队已离城南下。毛泽覃随即南下追寻。当追到江西临川时，他被哨兵抓住。哨兵押他去见周恩来，周恩来认得他是毛泽东之弟，连说"大水冲了龙王庙啦"，然后派他到叶挺军长的11军政治部工作……

兄弟相会，备感亲切。

毛泽东急忙询问周恩来等人的处境。

毛泽覃向他讲述：在激战中，起义军被追兵分几路。由周恩来、贺龙、叶挺、刘伯承等率20军及第11军24师直下潮汕。后来贺龙率20军向广东海陆丰前进。周恩来此时患重病，发烧，昏迷，叶挺和聂荣臻租到一艘舢板，顶着风浪把周恩来送到香港。毛泽覃随朱德部队前进。

朱德在湘南听说毛泽东领导了秋收暴动，便派出"特使"毛泽覃前去寻找。

其实，就在毛泽覃到来之前，毛泽东也派出了自己的"特使"何长工去寻找南昌起义余部。

何长工是同年10月上旬出发的。据他回忆：

> 几个月的奔波，身上脏得很，一下车就住进旅馆，就忙着去洗澡。韶关驻扎着云南军阀范石生的第十六军。恰好有几个军官和我一起洗澡，水汽蒙蒙的，谁也看不清谁。只听见他们在谈论："王楷的队伍到犁铺头了，听说他原来叫朱德，是范军长的老同学。"另一个说："同学是同学，听说那是一支暴徒集中的部队，我们对他有严密的戒备。"这个无意中听来的消息，真使我兴奋极了，踏破铁鞋无觅处，得来全不费功夫。①

---

① 何长工：《伟大的会师》，http: // cpc. people. com. cn/GB/69112/73585/74080/5051316. html。

于是，何长工便赶到犁铺头与朱德、陈毅率领的南昌起义余部会面。

这样一来，朱德那儿来了毛泽东派的"特使"何长工，毛泽东那儿来了朱德派的"特使"毛泽覃。双方互通音讯，会师的日子为期不远了。

1928年4月28日，朱德、陈毅率领南昌起义保存下来的部队和湘南起义农军，在宁冈砻市龙江书院与毛泽东领导的工农革命军胜利会师，成立了工农红军第四军，朱德任军长，毛泽东任党代表，陈毅任军委书记，王尔琢任参谋长。

井冈山会师，是我军建军史上具有重大历史意义的事件，它聚集了我党领导军队的精华，使红军主力扩大到5000余人。正如朱德的诗中所描述的那样：

> 红军荟萃井冈山，
> 主力形成在此间。
> 领导有方在百炼，
> 人民专政靠兵权。①

1928年12月，彭德怀、滕代远率领红五军到达井冈山与红四军会合。

当时，井冈山根据地既面临着严重敌情，经济上又十分困难。为了打破湘赣两省敌人的"会剿"，1929年1月上旬，前委、湘赣边界特委、红四军军委、红五军军委在宁冈柏露村举行联席会议，决定由彭德怀、滕代远指挥一部分红军留守井冈山，毛泽东、朱德、陈毅率领红四军主力向赣南出击，以打破敌人的封锁，解决经济困难。

赣南，山峦起伏，林木繁茂，物产比较丰富，并同闽西、粤

---

① 这首诗是朱德在1961年重回井岗山时写的。

北山区相连，回旋余地宽广，适合发展游击战争。另外，这里党和群众的基础较好。毛泽东率红四军转向赣闽边界地区游击，开辟了赣南、闽西根据地。

这时，红四军党内和领导者之间内部出现了一些意见分歧。1929年6月22日，在福建龙岩召开了中共红四军第七次代表大会，就红四军党内存在已久的一些分歧问题进行讨论。主要围绕以下几个问题：

(1)怎样实现党对军队的领导问题？

(2)红军的任务是否单纯打仗？

(3)红军中政治和军事的关系如何摆法；是不是军事高于一切？

(4)军队中如何实行民主制度，建立新的官兵关系？

上述问题涉及的是建军思想和建军原则问题。在这场争论中，军内存在的单纯军事观点、流寇思想、极端民主化和军阀主义残余等非无产阶级思想有所抬头。这些争论的产生，根源仍在红军人员主要来自农民和旧军队，要改变他们原有的观念和习惯需要一个过程。

由于红四军党的七大没有能在这个问题上统一认识，原来由中共中央指定的前敌委员会书记毛泽东在改选时只被选为前委委员，没有被选为前委书记，陈毅被选为前委书记。

毛泽东离开了前委领导岗位，离开了红四军，到闽西特委所在地上杭县的蛟洋帮助指导地方工作。

据贺子珍回忆：

1929年，在红四军第七次党代表大会上，选举前委书记，许多人不投毛泽东的票，他落选了。他为什么落选？有的人说，这是因为毛泽东民主作风不够，在党内有家长作风。毛泽东是不是有家长作风？我的看法是，他脾气是有一点,在这方面不如朱德同志,朱德的作风是更好一些。"我看,他所以落选,主要是一些人轻视党对军队的领导,否定红军中的党代表制,不重视政治工作;另外,毛泽东对部队中的不正之风进行了批评和抵制,也引起一些人不高兴。"①

红四军失去了毛泽东的领导,五花八门的思潮纷纷登台:有的只是热心于"走州过府",不愿建设根据地;有的要搞极端民主化,搞绝对平均主义;有的要求进攻大城市,以求摆脱山区的艰苦生活……

就在这时,红四军接到周恩来代表中共中央发出的通知,要求"来一个得力的人"前往中央出席各地区军事联席会议并汇报工作。

派谁呢?

毛泽东已离开了红四军,朱德军务在身,此事非陈毅莫属。

临行前,陈毅专程到蛟洋去见毛泽东,征求他对向中共中央汇报工作问题的意见。

毛泽东说:"我赞成你去,你把红四军情况详细向党中央反映一下有好处。"

陈毅请毛泽东在他走后重回前委主持工作,毛泽东由于诸种原因,未同意这一请求。

于是,陈毅乔装改扮成商人的模样,于月底来到了上海,并与周恩来见面。

这时,周恩来主持中共中央的实际工作。

八一南昌起义后,周恩来因病到中国香港,住在九龙油麻地广东道一处住所养病。病情稍愈后,周恩来于同年11月上旬回到上海,奉命负责党和军队的整顿工作,1928年5月赴莫斯科参加

---

① 郑瑞峰、彭学涛、郑雅婷:《揭秘:毛泽东两次落选红四军前委书记始末(5)》,dangshi.people.com.cn/GB/16089162.html。

党的第六次全国代表大会。因当时中国处于白色恐怖之中，为了安全、保密，在共产国际建议下，中共六大在莫斯科举行。

周恩来和邓颖超装扮成一对古玩商夫妇乘船从上海前往大连。在大连，周恩来遇上了警探，这些警探觉得他面熟，产生了怀疑，把他带到水上警察厅。因他的照片广为散发，还悬赏捉拿。

主审官拉开抽屉，拿出一张卡片仔细看着，猛一掀眼帘，目光直逼周恩来，叫："周恩来！"

周恩来茫然地皱起眉头，既没应声也无脸红，被喊愣了一般。

"你就是周恩来。"敌人肯定地又说了一句。

周恩来脑海中马上闪现出在上海登船后，餐厅里遇到的两张似曾相识的面孔，天津口音，是商人。很可能是当年在天津五四运动时认识他的……

然而，近10年已过。周恩来摸着满腮的胡子，笑着摇头说："不明白你的意思。我姓王，淮安人，你们有什么根据说我是周，周恩来？"

主审官张了张嘴，没有答话。他坐下来，重新审问，周恩来对答如流，没有一丝破绽。

于是，敌人终于缓下态度："对不起，误会了。先生，你可以走了。"

周恩来却不忙于走。"哎呀，耽误快两个小时了。"他看看表，认真请求道："先生，我还得麻烦你们一下，帮我买两张下午去长春的火车票。"

敌人再次面面相觑，终于点点头："可以。"

至此，周恩来才不慌不忙走出警察厅。就这样，周恩来和邓颖超拿了警察厅代买的火车票，从容不迫地离开了大连……

六大的路线是正确的，但六大也有缺点，主要是仍把城市工作放在中心地位，没有认识到中国革命的长期性和复杂性。共产国际不了解中国情况，仍按照苏联红军的经验指导中国革命。共产国际代表布哈林在大会上说：

不能在"一个农民区域中，聚集了这么多不生产的群众——红军"。

为什么呢？因为红军将把老百姓的"最后一个老母鸡吃了"，"会像一个肥胖的大肚子女人，坐到某一个地方，便在那里大吃大嚼个精光……到这时候，农民一定起来反对红军"。①

初听起来，布哈林是为老百姓着想，实际上是不了解中国情况。他认为红军"是不生产的群众"。只有单纯地打仗一项任务。

中国共产党处于历史大变动的年代，面对马克思主义从未解决和遇到过的许多陌生而复杂的问题，要在党所领导的革命的初期就对所有问题一下子做出准确的判断是不可能的。大革命失败后，集中体现中国共产党正确方向的是毛泽东领导的井冈山革命根据地的斗争。但是，当时的中共中央，包括周恩来在内，对毛泽东的正确做法也有一个逐渐的认识过程。

六大后，周恩来回到了上海。

今日的读者，惯常以为毛泽东是周恩来的"上级"领导。然而，在当年，周恩来却是毛泽东的"上司"。当时周恩来的职务是中共中央政治局常委兼中共中央组织部部长、中央军委书记，军事工作是他分管的主要工作，所以给红四军的指示信，很多出自周恩来之手。

1928年10月中共六大后到翌年6月，中央六届二中全会这

---

① 《共产国际、联共（布）与中国革命档案资料丛书》第11卷，北京：中央文献出版社，2002年版，第180页。

一时期，中共中央在对农村红军和苏维埃运动的指导上，曾提出过把红军分散，主要领导人离开红军的错误策略。这时的中共中央，也包括周恩来，与毛泽东发生了冲突。

中共中央和以周恩来为首的军事部坚持认为在农村不应有大根据地。这不仅因为大根据地引起敌人注意，而且因为当时中共中央和周恩来本人在总的观念上是以城市为中心。所以，1929年2月，周恩来代表中共中央起草了致毛泽东等人的指示信，这封信，史称"二月来信"。

信中指出：

中央依着六次大会指示，早就告诉你们应有计划地、有关联地将红军的武装力量分成小部队的组织，散入湘赣边境各乡村中进行和深入土地革命。

来信还进一步指出：

中央依据于目前的形势，决定朱、毛两同志有离开部队来中央的需要。……因为朱、毛两同志留在部队中目标既大，徒惹敌人更多的注意，分编更多不便；一方朱、毛两同志于来到中央后更可将一年来万余群众武装斗争的宝贵经验贡献到全国以至整个的革命。①

二月指示信，是周恩来贯彻党的六大精神，当时很久没收到红军报告，不了解真实情况下所写的。但周恩来希望能够得到红四军的第一手材料，在4月7日曾以中共中央名义致函朱、毛："润之、玉阶两同志若一时还不能来，中央希望前委派一得力同志前来中央讨论问题。"

---

① 《中央革命根据地史料选编》中册，南昌：江西人民出版社，1983年版。

毛泽东和朱德是在1929年4月3日收到中央2月7日来信的。

面对中央的来信，毛泽东又一次陷入进退维谷的境地，如他在《井冈山斗争》中所说："不从则近违抗，从则明知失败。"根据毛泽东这一年半以来的实际斗争经验，这样的分散兵力是绝不允许的，只有集中兵力才能有效地消灭敌人。这一指示，简直是在乱弹琴！

毛泽东只能据理申辩，于4月5日以红四军前委的名义致函中共中央。

毛泽东在信的开头，就毫不客气地指出：中央此信对客观形势及主观力量的估计都太悲观了。新的军阀混战的形势已经出现，各地的斗争也将随之而蓬勃发展，革命高潮是会到来的。

毛泽东在回信中针对中央将红四军分散和朱毛离开队伍的要求，指出：

> 中央要求我们将队伍分得很小，散向农村中，朱、毛离开队伍，隐匿大的目标，目的在于保存红军和发动群众。这是一种不切实际的想法。以连或营为单位，单独行动，分散在农村中，用游击的战术发动群众，避免目标，我们从1927年冬天就计划过，而且多次实行过，但都失败了。
>
> 现在党的指挥机关是前委，毛泽东为书记，军事指挥机关是司令部，朱德为军长，中央若因别的需要朱、毛二人改换工作，望即派遣得力人来。我们的意见，刘伯承同志可以任军事，恽代英同志可以任党及政治，两人如能派得来，那是胜过我们的。①

---

① 毛泽东：《红军第四军前委给中央的信》，见《毛泽东文集》第1卷，北京：人民出版社，1993年版，第55页。

两个月后,周恩来终于收到辗转传递而来的毛泽东的4月5日来信。看罢毛泽东的信,周恩来马上意识到自己代表中共中央起草的"二月来信"确实有许多不妥之处。周恩来是个谦逊的人,也是注重实际、民主作风好,能认真听取和考虑下面意见的人,更是一个知错就改的人。

6月12日,中共中央政治局在上海召开会议,讨论毛泽东4月5日的来信,周恩来接受毛泽东在信中的批评,并主动承认错误,说"二月来信"是"有些毛病"。他又一次提出,希望"朱、毛处来一个得力的人"前来中共中央,以便详细研究制定关于红军的方针、政策。

应当指出,周恩来和中共中央的这次错误是个认识问题,主要是脱离了中国革命的实际。随着红四军接连的情况报告和其他各地红军情况的反映,给了周恩来和中共中央以许多理论和实践的启发。同时,随着中国革命斗争全局形势的开始好转,也促使中共中央的认识逐步提高。于是,周恩来代表中央开始采取实际步骤,迅速纠正了这次策略错误,使红军和苏维埃运动有了很大发展。再也不强调分兵和让朱、毛离开部队了。

8月21日,中共中央发出由周恩来起草的给红四军前委的指示信,强调"红军不仅是战斗的组织,而且更具有宣传和政治的作用",指出红军"必须采取比较集取制",党的书记多负责任"绝对不是家长制",事事"要拿到支部中去讨论去解决——这是极端民主化的主张"。并且批评红四军七大侧重于解决内部纠纷是不正确的,"前委同志号召'大家努力来争论'"和"刘安恭同志企图引起红军党内的派别斗争"是错误的。

新任前委书记陈毅于1929年8月底到达上海后,将红四军的情况向中共中央主要负责人周恩来做了一次详细汇报。陈毅的汇报后来写成《关于朱毛军的历史及其状况的报告》一文,发表于1930年1月15日出版的《中央军事通讯》第一期。陈毅的汇报,使中共中央对红军和苏维埃运动,特别是对"朱毛军"的认识大大前进了一步。

周恩来在听取陈毅汇报之后,决定重新起草给红四军的指示信,以解决红四军内部产生的分歧。政治局当时委托李立三、周恩来和陈毅三人组成一个小组,专门研究红四军问题,起草中共中央指示信。经过近一个月的讨论,由周恩来委托陈毅执笔,起草了《中共中央给红军第四军前委的信》。此信9月28日经中共中央同意通过,史称"九月来信"。

"九月来信"主要是周恩来多次谈话的意见,由陈毅整理而成的。此次由于情况明了,所以"九月来信"比"二月来信"要正确得多。"九月来信"的8个部分,后来被收编进《周恩来选集》上卷,清楚地表明这是周恩来的著作。

"九月来信"指出:

> 先有农村红军,后有城市政权,这是中国革命的特征,这是中国经济基础的产物。如有人怀疑红军的存在,他就是不懂得中国革命的实际,就是一种取消观念。①

指示信中规定了红军的基本任务是:

> 一、发动群众斗争,实行土地革命,建立苏维埃政权;二、实行游击战争,武装农民,并扩大本身组织;三、扩大游击区域及政治影响于全国。②

指示信还分析了红四军党内的实际情况,指出:

---

① 《周恩来选集》上卷,北京:人民出版社,1980年版,第32页。
② 《周恩来选集》上卷,北京:人民出版社,1980年版,第40页。

只有加强无产阶级意识的领导,才可以使之减少农民意识。中国共产党和人民军队所以有战斗力,在于思想上政治上的一致性是由高度的组织性纪律性作保证的。党的一切权力集中于前委指导机关,这是正确的,绝不能动摇。不能机械地引用"家长制"这个名词来削弱指导机关的权力,来作极端民主化的掩护;同时,前委对日常行政事务不要去管理,应交由行政机关去办。①

这样,中共中央对红四军党内发生的争论问题,就在周恩来的主持下做出了明确的结论。指示信要求红四军前委和全体指战员维护朱德、毛泽东的领导,毛泽东"应仍为前委书记"。

在陈毅准备动身回根据地的时候,周恩来嘱咐他:"请告诉泽东同志继续任职,一定把泽东同志请回来。并且你们要召开一次党的会议,统一思想,分清是非,作出决议。"

显而易见,周恩来以中共中央的名义,明确表示了对毛泽东的强有力的支持,从而使毛泽东摆脱了困境。

陈毅回到闽西后,在官庄前委会议上原原本本地传达了中共中央的"九月来信"和周恩来的口头指示。朱德毫不犹豫,坚决执行,积极促请毛泽东"回来负责"。他很爽快地对陈毅说:"过去的那些我收回,我们请他回来!"②

陈毅遵照前委的决定,由他几次写信请毛泽东回来复职。他还向毛泽东传达了中共中央的指示,交换了意见,消除了一些误会。同时,朱德和陈毅还派出一支部队前往上杭县蛟洋,迎接毛泽东回红四军。

毛泽东终于回来了!

11月26日,毛泽东抵达长汀县,在那里与朱德、陈毅会合,

---

① 《周恩来选集》上卷,北京:人民出版社,1980年版,第41页。
② 《党史研究资料》,1984年第12期,第10页。

重新出任红四军前敌委员会书记，再次成为红四军的最高首长。

陈毅后来在回忆此事时曾自豪地说："我认为这一点我是有贡献的。"当然他以后在党内也多次做自我批评，说："历史上我就反对过毛主席，反错了，不反了，改正了就是好同志，不犯错误的人是不存在的……"正是由于陈毅坦荡无私的自我批评精神，才得到毛泽东的喜爱、器重和信任。

接着，朱德和陈毅一起积极协助毛泽东为开好红四军党的九大做准备工作。在红四军党的九大前夕，在中共中央，主要是周恩来的正确指导下，前委领导成员之间，已做到了团结互谅，相互尊重，协调一致。

毛泽东在复职后，于1929年11月28日给中共中央写信。信不长，意在向中共中央报告自己已经复职及红四军党内的有关情况。字里行间跃动着他复出的喜悦之情。

中央：

我病已好……遵照中央指示，在前委工作。……

四军党内的团结，在中央正确指导之下，完全不成问题。陈毅同志已到，中央的意思已完全达到。①

因为在毛泽东落选后前往上杭县蛟洋时，福建山区的疟蚊，也猛烈地攻击了毛泽东，使他患恶性疟疾。在缺医少药的战争岁月，毛泽东一病数月，甚至可以说是徘徊在死亡线上。后来组织派交通员到上海为毛泽东买药，经过千辛万苦，总算把奎宁丸送到毛泽东之手。

落选和患病，这双重打击，当时把毛泽东推向政治生涯的低谷。然而，毛泽东是一个豁达开朗的人，能够承受各种打击。后来，在中共八大预备会议第二次会议上，他说：

---

① 《毛泽东书信选集》，北京：中央文献出版社，2003年版，第22页。

我想同志们中间可能也有多多少少受过冤枉受过委屈的。对于那些冤枉和委屈，对于那些不适当的处罚和错误的处置，可以有两种态度。一种态度是从此消极，很气愤，不满意；另一种态度是把它当作一种有益的教育，当作一种锻炼。你晓得，这个世界就是这么个世界，要那么完全公道是不可能的，现在不可能，永远不可能……①

1960年12月25日，毛泽东在67岁寿辰同部分亲属及身边工作人员聚餐谈话时指出：“人没有压力是不会进步的。我就受过压……”②

司马迁说过："文王拘而演周易，仲尼厄而作春秋。屈原放逐，乃赋离骚。左丘失明，厥有国语。孙子膑脚，兵法修列。不韦迁蜀，世传吕览。韩非囚秦，难说孤愤。诗三百篇，大抵贤圣发愤之所为作也。"③古今中外大有作为者，多数出于逆境。毛泽东之所以后来成为中国人民的领袖，也在于他敢于和善于在逆境中坚持自己认为正确的主张。因为毛泽东自信自己所从事的伟大事业是代表人民的意志，而不是为了他个人。所以他也能像孙中山先生所说的那样"决志行之"。

毛泽东复职后，便着手整顿红四军。他发觉，在他离开红四军这半年时间里，红四军中各种错误思潮泛滥，已经到了非整顿不可的地步了！

1929年12月28日至30日，在福建上杭县古田村召开了中共红四军第九次代表大会。

古田是上杭县最北的大集镇，地处群山之中，有1000多户人家。这是中国共产党历史上一次重要会议，史称"古田会议"。

---

① 《党的文献》，1991年第3期。
② 《党的文献》，1993年第4期。
③ 见司马迁《报任少卿书》。

会议开得井然有序，气氛热烈。红四军的"三巨头"分别做报告：陈毅传达中共中央"九月来信"；毛泽东作政治报告；朱德作军事报告。

大会的主角是毛泽东。会议通过了各项协议案，其中最重要的是由他亲自起草的《关于纠正党内的错误思想问题的决议》。决议规定：

> 中国的红军是一个执行革命的政治任务的武装集团。特别是现在，红军决不是单纯地打仗的，它除了打仗消灭敌人军事力量之外，还要负担宣传群众、组织群众、武装群众、帮助群众建立革命政权以至建立共产党的组织等项重大的任务。

决议不仅规定了红军的性质及任务，同时也尖锐地批评了极端民主化和非组织观点，指出它的根源是小资产阶级的个人主义和自由散漫性，它的结果将会削弱以至完全毁灭党的战斗力，使党担负不起斗争的责任，由此造成革命的失败。决议还着重强调加强党的思想建设的重要性，分析了红四军党内各种非无产阶级思想的表现，要求用无产阶级思想来进行军队和党的建设。

古田会议决议是中国共产党和红军建设的纲领性文献，解决了在农村进行战争的环境中如何将以农民为主要成分的革命军队建设成无产阶级领导的新型人民军队这个根本性问题。它不仅是党的建设史上，也是人民军队建军史上的重要里程碑。

古田会议结束后，前委立即指派因患肺病不宜随军工作的干部陈定郊回上海，向中共中央带去古田会议有关决议案，并负责"口头"报告古田会议的"精神"和红军的"现状"。

据说，周恩来拿到古田会议决议后欣喜地说：对！我们的军队就是应该这么办！

3 反"围剿"中

周恩来拉着毛泽东的手说:"你放心去吧,敌人的第四次反革命'围剿'是一定能打破的!"毛泽东会意地点了点头,说:"如果前方需要我,给我捎个信,我会立即赶来。"

1931年4月下旬,协助分管党的保卫工作、掌握大量中共中央核心机密的中央政治局候补委员顾顺章在武汉被捕后叛变,向国民党当局献计以突然袭击的方式将中共中央机关和主要领导人一网打尽。这个极端机密的情报被打入国民党中央组织部调查科当机要秘书的共产党员钱壮飞获悉,他立刻连夜从南京赶到上海,报告党中央特科负责人李克农转报党中央。在这千钧一发的危急关头,周恩来在陈云等协助下,机智果断地采取措施,保卫中共中央的安全,避免了一场后果严重的大破坏。

1931年12月底,周恩来抵达江西瑞金革命根据地。

当时的瑞金,是中央根据地的中心,中华苏维埃临时政府所在地,毛泽东任政府主席,但在赣南会议上刚刚挨过"批判"。由于蒋介石的"围剿"和王明"左"倾路线的统治,瑞金的对敌斗争和党内斗争都显得异常严峻和复杂。

自1930年年底起,蒋介石对瑞金根据地发动的"围剿"已不下三次。第一次,他的10万人马碰上了毛泽东爱用的捉摸不定的游击战术。诱敌深入,分割包围,骚扰敌人,攻其不备,夜间袭击……在运动中歼灭敌人。活捉了敌18师师长张辉瓒,蒋介石吃了败仗。第一次大规模"围剿"被打破了,毛泽东诗兴勃发,挥笔写道:

雾满龙冈千嶂暗,
红军怒气冲霄汉,
唤起工农千百万。

齐声唤,
前头捉了张辉瓒。

1931年4月,蒋介石的国防部部长何应钦率20万人的军队发动的第二次"围剿",同样以失败而告终。毛泽东对前次所赋诗句补写了下半阕,并对前几句加以修改、补充,才成为如今收入《毛泽东诗词选》中的《渔家傲·反第一次大"围剿"》:

万木霜天红烂漫,
天兵怒气冲霄汉。
雾满龙冈千嶂暗,
齐声唤,
前头捉了张辉瓒。

二十万军重入赣,
风烟滚滚来天半。
唤起工农千百万,
同心干,
不周山下红旗乱。

毛泽东在粉碎敌人第二次反革命"围剿"胜利之时,又发诗兴,写下了《渔家傲·反第二次大"围剿"》:

白云山头云欲立,
白云山下呼声急,
枯木朽株齐努力。
枪林逼,
飞将军自重霄入。

七百里驱十五日，
赣水苍茫闽山碧，
横扫千军如卷席。
有人泣，
为营步步嗟何及！

在第二次反"围剿"中，毛泽东从5月16日至31日的15天内，率红一方面军由西向东横扫700里，五战五捷，歼敌3万多人，缴枪2万多支。第二次"围剿"也就落下了大幕。

1931年7月始，蒋介石又发动了第三次"围剿"，红军在毛泽东指挥下，又五战五捷，歼敌军17个团3万余人。

彭德怀对毛泽东领导第三次反"围剿"，作了如下评述：

> 这次战役的特点是，充分发挥了毛泽东灵活机动之战略战术方针。三个月的艰苦战斗，战胜了十倍之敌。以相对劣势装备和绝对劣势兵力，无后方接济的作战，取得了伟大胜利，粉碎敌人的"围剿"，创造了古今中外没有过的一套崭新的战略战术，这是马克思列宁主义武库中新的发展——毛泽东的军事辩证法。①

在共产国际的干预下，1931年1月党的六届四中全会上，王明取得了中共中央的领导权。此后，开始了对全党长达4年之久的"左"倾统治。王明"左"倾教条主义带有强烈的共产国际色彩和宗派主义倾向，它更多的不是党内"左"倾思想自身发展的结果，而是共产国际强迫中共吞下的一颗苦果。顾顺章叛变后，王明离开上海前往莫斯科。由于当时在上海的中央委员和政治局委员都不到半数，在共产国际的指示下，成立中共临时中央政治局，由

---

① 《彭德怀自述》，北京：人民出版社，1981年版，第172页。

博古负总责，继续推行以王明为代表的"左"倾冒险主义路线。

六届四中全会后的中央代表团到达瑞金之后，将中央苏区已经形成的"左"倾思想推向高潮。他们认为，毛泽东的那一套已经过时了，再实行下去将会阻碍革命，因此要除旧布新，肃清毛泽东在中央苏区的各种"错误"影响。1931年11月初，中央苏区在赣南召开党的第一次代表大会，毛泽东以苏区中央局代理书记的身份出席会议。会议根据临时中央的指示，设立中央革命军事委员会，取消红一方面军总司令和总政委、总前委书记的名义。这样，就把毛泽东排除在中央苏区红军的领导地位之外，仅保留了一个中华苏维埃中央政府主席的空衔。

周恩来到来后，就任中央苏区中央局书记，理所当然成为中共中央苏区的最高首长。

当时，中央代表团的主张是带有强烈的共产国际色彩和强制性的，党内也盛行把共产国际的指示、决议神圣化，年幼的中国共产党在执行国际指示时还带有一定的盲目性。不可否认，周恩来作为中央的负责人也不例外。但是，他不同于中央代表团的是，他对毛泽东是理解的。特别是在白区遭受严重破坏的情况下，毛泽东为党和红军创建了一块安定可靠的革命根据地，这不能不说明毛泽东具有战略家的远见卓识，其伟大功绩是任何人都不能诋毁的。因此，周恩来认为，他们把矛头直接指向毛泽东，想方设法排挤和打击毛泽东的做法，是错误的。所以，周恩来一到瑞金，便无所顾忌地去看望被"挨批"的毛泽东，跟他做了长谈。这时的周恩来虽然是毛泽东的"上级"，但他对毛泽东不仅是理解而且也是非常尊重的。

周恩来到中央苏区初期与毛泽东的关系简言之，是周恩来实事求是地对待了毛泽东的缺点与长处。

周恩来走马上任后抓的第一件事就是纠正中央苏区肃反扩大化的错误。1932年1月7日，周恩来主持苏区中央局通过的《关于苏区肃反工作的决议案》，不仅批评过去中央局，也批评毛泽东为首的红军总前委犯了"肃反工作中路线错误"，即扩大化的错误。周恩来批评毛泽东的错误，正表现了他对党、对革命事业负责和实事求是的精神，绝非像港台某些作者著述的观点是周恩来整治毛泽东的开始。毛泽东在工作中有错误，作为上级领导的周恩来批评他是对的。决不能把批评与自我批评这一党的优良传统和作风，说成是"互相攻击"。

后来，邓小平也明确指出毛泽东当时也犯了错误。50年后邓小平回忆此事这样评价道：

> 开始打AB团的时候，毛泽东同志也参加了……在那种异常紧张的战争环境中，内部发现坏人，提高警惕是必要的。但是，脑子发热，分析不清，听到一个口供就相信了，这样就难于避免犯错误。

一般认为，周恩来在同毛泽东的相互关系中，主要是崇敬、服从、弥补和相辅相成，这当然是对的。但是，也不能忽略周恩来敢于坚持自己的意见，敢于发表与毛泽东的不同意见，也是有斗争性和原则性的一面。这一点，无论是毛泽东作为党的领袖之前还是其后都是如此。当然我们不否认周恩来在"文化大革命"后期，对毛泽东以服从为主；谦虚恭敬有余，直言敢谏、坚持原则稍嫌不足；顾全同志情谊而有失直率，缺乏必要的正面交锋。但正如邓小平在1980年8月对意大利记者法拉奇所发表的谈话中指出：

> 周恩来就像我的兄长，他是同志们和人民很尊敬的人。他在"文化大革命"中没有倒下去是件极大的幸事。当时，他处的地位十分困难，他说了好多违心的话，做了好多违心的

事。但人民原谅他。因为他不做这些事，不说这些话，他自己也保不住，也不能在其中起中和作用，起减少损失的作用。他保护了相当一批人。①

20多年后，1956年9月10日，毛泽东本人在中共八大预备会议第二次全体会议上，谈及往事，对于中央苏区肃AB团，说了一句语重心长的话："肃反时我犯了错误，第一次肃反肃错了人。"②

周恩来虽然批评了毛泽东在肃反中的错误，但并没有处分他，而且十分尊重毛泽东的长处。

当时由于受"左"倾错误路线的排挤，加之身体不好，中央决定毛泽东带着贺子珍以及警卫班的人去瑞金以东的东华山疗养。

东华山上树木蓊郁，山顶有座古庙。毛泽东看中了古庙，住了进去。

虽说这是一座松柏青翠的美丽山峰，古庙幽静、宽大，但光线阴暗，地上长满青苔，室内潮湿，给人一种空旷冷落的感觉。

毛泽东人在山上，心在山下。这时，他惟一放心不下的是整个红色根据地的安危、党和红军的命运。特别是中共临时中央推行的军事冒险主义，强令红军攻打赣州的错误决定，更激起毛泽东对革命前途忧心忡忡，焦躁不安，他那双原来炯炯有神的眼睛，此时已深深地陷下去了……

毛泽东在近两个月的所谓疗养中，他每天早晚，总爱爬上山巅，眺望着硝烟滚滚的赣州前线，耳闻那响彻云霄的隆隆炮声。既而又回到屋里，埋头阅读随身带来的两铁箱子文件和书报。继续撰写文章，他把几年来在激战中、马背上哼出的诗句加以整理、修改。碰到情绪好一些时，他细细地同贺子珍讲解填写每一

---

① 《邓小平文选》第2卷，北京：人民出版社，1994年版，第348页。
② 《党的文献》，1991年第3期，第7页。

首词的格局和意义。

2月下旬,毛泽东在东华山上处理了一件重要的事。那是2月16日至21日,上海的《申报》、《新闻报》、《时事新报》等陆续刊出《伍豪等脱离共产党启事》。"伍豪",亦即周恩来。当年,他在天津参加觉悟社时,社员编号,他抽到五号,便以谐音"伍豪"作为笔名。周恩来明明在担任中央苏区中央局书记,怎么会"脱离共产党"呢?显然,纯属国民党造谣离间。

毛泽东当即以中华苏维埃共和国临时中央政府主席的名义,起草了布告,为周恩来辩诬:

> 事实上伍豪同志正在苏维埃中央政府担任军委会的职务,不但绝对没有脱离共产党的事实,而且更不会发表那个启事里的荒谬反动的言论,这显然是屠杀工农兵士而出卖中国于帝国主义的国民党党徒的造谣污蔑。①

在"文化大革命"中,江青曾借"伍豪启事"发难。周恩来亲自给毛泽东写了一封信,毛泽东阅后批:"交文革小组同志阅,存。"1967年年底,北京有一个学生向毛泽东写信重提此事,毛泽东当即于1968年1月16日作了批示:

> 此事早已弄清,是国民党造谣污蔑。②

毛泽东除上述两次亲自澄清伪造"启事"外,还曾经嘱咐周恩来在适当的会议上给同志们讲一讲,录下音,存入档案,使后人

---

① 《中共党史资料》第五辑,北京:中共党史资料出版社,1983年版,第12页。
② 《中共党史资料》第五辑,北京:中共党史资料出版社,1983年版,第14页。

了解此事。①

在毛泽东上东华山后，有的人开始对毛泽东侧目以待，周恩来却不这样。他认为，党需要毛泽东，军队更离不开毛泽东。一天，周恩来专程来到毛泽东的住处看望，两位战友见面后心照不宣，默默无语。临别，周恩来留下一句话："照顾全局，相忍为党。"

在毛泽东到东华山疗养期间，周恩来没有忘记叫人将缴获的战利品捎上山去，送给毛泽东一些。特别是在打赣州的战斗遇到了困难时，他让项英亲自去请毛泽东下山指挥战斗，从而结束了毛泽东在东华山上休养的生活。

那是元宵节过后的一天，天色阴沉，乌云密布。

毛泽东在屋里正给警卫员讲时事，一个战士往窗外一看，说了句："有人上山来了。"

"是谁?"毛泽东连忙问。

"看不清楚，是两个骑马的。"

毛泽东站起身来，往门口走去。这时，来人已到庙门了。毛泽东定睛一看，原来是项英和他的警卫员。

项英见到毛泽东，急忙下马，面带严肃而焦虑的神情，走进屋内。毛泽东像预感到什么，开门见山地问："战事如此紧张，你这时来，有什么事吗?"

项英焦急地说："恩来同志让我专门来请你下山。"

"是不是为打赣州的事?"毛泽东马上猜到项英的来意。

"是的，打赣州很不顺利。所以，恩来同志请你赶往前线。"项英回答说。

"攻打赣州不是早已开始了吗?老毛'右'倾保守，能信任他去解难?"贺子珍在一旁插语。

---

① 吴庆彤：《周恩来在"文化大革命"中》，北京：中共党史出版社，2002年版，第152—153页。

项英一听，顿时面露三分愧色，似乎自责当初不该双手赞成攻打赣州，夺取中心城市的方针。此时此刻，他只好如实地向毛泽东说：敌人城防坚固，援兵又到，我军伤亡很大，红军处境非常困难……

项英介绍完战况，担心毛泽东不愿下山收拾这个困难局面，正想用什么话来说服对方，没想到毛泽东敏捷地站起来。语气沉重地说："那你先走一步，我随后就下山！"

但项英迟迟不肯离去，直到毛泽东叫警卫员收拾行李时，这才慢慢离开。刚走两三里路，项英又折身回来，再次恳切地说："泽东同志，看在恩来同志的份上，请早点下山吧！"

毛泽东爽朗地回答："同志，你放心，不会叫你三顾茅庐。我还是个共产党员，总得要顾全大局！"

恰巧这时，风雨骤来。贺子珍放心不下，说："等雨过后再下山吧！"

"不能等了，这是人命关天的大事，你慢慢来吧！"毛泽东边卷裤角边说着。

"你身体不好，再淋病了……"

毛泽东开玩笑地说："我一到战场，病就好了。"说着，毛泽东迎着风雨下山了！

毛泽东到前线后，连日深入阵地调查。赣州之战从2月4日至3月7日，历时33天。红军数次爆破，两次总攻，均未克城，反遭重大伤亡，丧失了扩大根据地和发展红军的许多有利时机。毛泽东到来后，坚决主张红军立即撤出赣州之围，开到赣西南休整。4月，周恩来接受了毛泽东提出的龙岩、漳州战役计划，并任命毛泽东以中央政府主席身份率领红军东路军攻打龙岩、漳州，虽说有点"名不正，言不顺"，但毛泽东不顾这些。周恩来还亲自到长汀做毛泽东的"后卫"，担任后方供应和组织工作。毛泽东出师获胜，再次表明他的战略目光确实高人一筹。周恩来对毛泽东也更加理解和信任了。

7月下旬，周恩来到前方，与毛泽东、朱德、王稼祥一起指挥红军作战。当他进一步了解毛泽东的战略指导思想之后，立即给予肯定，认为"前方决定于实际于原则均无不合"。同时发觉毛泽东以政府主席身份"随军行动"确实不方便。

于是，7月25日，周恩来立即与毛泽东、朱德、王稼祥联名致电中共苏区中央局，提议"部队改设政委制，毛泽东任总政委"。开始中央局不同意，坚持任命周恩来为总政委。

为此，7月29日，周恩来又以个人名义复信后方中央局，强调说明：如果由他任总政委，将"弄得多头指挥，而且使政府主席将无事可做"，而且毛泽东"以政府主席名义在前方，实在不便之至"，"泽东的经验与长处是指挥作战"，"须尽量使他发挥"，"由泽东负责，可指挥适宜"。

经过周恩来再三坚持和力争，中共苏区中央局终于同意，任命毛泽东为红一方面军总政委。

8月8日，以中央革命军事委员会主席朱德，副主席王稼祥、彭德怀的名义发布了正式任命毛泽东为红一方面军总政委的命令。

但是，在"左"倾路线的统治下，不管是毛泽东的才华，还是周恩来的苦心，都未能令毛泽东解脱困境。

面对蒋介石国民党发动的第四次反革命"围剿"，苏区中央局坚持要执行中央的"积极进攻路线"，要红军去攻打中心县城，主动进攻敌人，找敌人主力决战。为了统一前后方的战略指导思想，在宁都召开了一次中央局会议。

会上，毛泽东毫不客气地站出来反驳苏区中央局的主张，大胆地提出了自己及前方中央局诸领导人的战略指导计划。这一下可捅了"马蜂窝"，立即引来激烈的驳斥之词。说毛泽东自该年(1932年)8月重任红一方面军总政委以来，一贯与中央路线相对抗，号召全党全军对毛泽东的右倾错误观念要给予及时无情的打击，对毛泽东在军内的职务必须立即免除。中央局成员提出："由恩来同志负责战争领导总责，泽东同志回后方负中央政府工作责任。"

周恩来是后赶到会场的。会上冒出这些问题，也是他会前根本没有预料到的。他自从跟毛泽东在广州结识以来，特别是这次来中央苏区，跟随红一方面军一起在前线，跟毛泽东朝夕相处，他开始了解毛泽东。对毛泽东的远见卓识、气度才华及一整套独特的战略思想，他颇为佩服。正因如此，在恢复红一方面军建制时，他再三坚持任命毛泽东为红一方面军总政委。此时此刻，他尽力控制住自己激动的感情，平静而又严肃地提出了自己的意见：这次会议的目的，在于制定出正确的战略方针，各种意见都听听不无好处。毛泽东同志的意见并不全是他个人的。我的想法是，一、如果由我负主持战争总责，毛泽东必须"在前方助理"；二、仍由毛泽东"负主持战争责任"，我"在前方负责监督行动总方针责任"。

十分清楚，周恩来的这两条意见的一个总的精神和原则都是要把毛泽东留在前方，不同意他回后方工作。周恩来再次提出毛泽东的经验、长处和兴趣在于军事，坚持在两个方案中选一个：由周负责，毛助理，或者由毛负责，周监督。总而言之，是要毛留在前线。如果就此解释他从这时起就相信革命事业必须依靠毛泽东来领导才会取得成功，是难以令人信服的。但是从他的做法上，我们至少体会到这样的政治品格：个人的权力和地位对他个人来说并非重要，即使由于大家折服于他的才干威望主动让他，如果有碍于党和红军的事业，有损于他人，周恩来也不会伸手，更不会"墙倒众人推"，从中捞取好处。事实上，从1928年到第四次反"围剿"这一段时间内，他常常是全党工作的指导者和组织者，但他从来没有做过名义上的"一把手"，并不是没有这样的机会和可能。这就是周恩来伟大人格之所在。正如韩素音女士所说,"周恩来一个铜板也没有赢",但是,在人格上,他却赢得了许多东西。周恩来的伟大高尚决不在于他的地位如何,而在于他在自己的位置上做出了什么样的业绩和贡献。

周恩来的上述意见,遭到后方中央局的一致反对,中央局更加严厉地指责周恩来没有坚定的立场,没有集中火力反对毛泽东的"错误",是"调和主义"。

周恩来当然不能同意这个指控,他在写给临时中央的信中,明确说明了四个问题:

(1)只承认在会上"对泽东同志的批评是采取了温和态度",不同意是所谓的"调和";(2)指出"后方同志"对毛泽东有"过分批评",而这些批评不完全符合事实,特别指出:"后方同志主张召回泽东,事前并未商量好,至会议中提出后,解决颇为困难";(3)坚持向中央说明他提议留毛泽东在前方的理由:"泽东积年的经验多偏于作战,他的兴趣也在主张战争","如在前方则可吸引他贡献不少意见,对战争有帮助",同时对毛泽东本人也比较好;(4)再次为毛泽东的态度做了一些辩护。周恩来向中央表明:宁都会议后他去探望毛泽东,毛泽东"答应前方何时电召何时来,在情绪上还没有看出他有什么不积极的表示"。①

毛泽东是一个个性很强的人。他认为,既然不能取得中央局的全权信任,就坚决拒绝周恩来提出的前一方案,于是他提出到后方养病,必要时到前方。

周恩来的意见未能实现,也并不是他个人的责任。因当时的"尚方宝剑"在教条主义者手中,再行争执,便会被扣上"反国际

---

① 《周恩来致苏区中央局电报告宁都会议简情》,1932年11月12日。

路线"的帽子，并必然引出更大的冲突以至分裂，这是周恩来万万不愿看到的。在中央苏区面临国民党一次比一次疯狂而凶猛的反革命"围剿"的危急时刻，维护党和军队的团结统一，共同对敌不能不成为当时最为重要的问题，任何分裂活动都是犯罪行为。

在这种情况下，周恩来不得不违心地同意了后方中央局关于免除毛泽东在军队中职务的决定，让他回后方做政府工作。

毛泽东临行前，周恩来骑马给他送行。周恩来拉着毛泽东的手，深情地说："你放心去吧，敌人的第四次反革命'围剿'是一定能打破的！"

毛泽东会意地点点头，说："如果前方需要我，给我捎个信，我会立即赶来。"

分手时，周恩来还是留下了那句话：

照顾大局，
相忍为党！

毛泽东走了。

毛泽东在他那个家庭中自幼养成的是因家教过严受压抑，而迫切需要张扬个性的叛逆性格，是习惯于"同中求异"的思维方式。譬如他同斯诺讲述如何离家出走，跑到池塘边威胁他父亲时所说：如果再逼他就要跳进水里等往事，并从这件事认识到，当用反抗的办法来保卫自己的权利时，父亲便软下来，反之如温顺，则遭来更多的打骂……这样的斗争，给了少年毛泽东以极大的人生启示和深深的自信。这是一种正在"走上水"的家庭环境最容易熏陶出来的性格特征。他需要和渴望的不是维持和安宁，而是进击和挑战。这就是毛泽东丰富、独特而富有魅力的人格。毛泽东的脾气是，既然你们不支持我的观点，我就宁可不干。

周恩来呢？他又要服从多数，顾全大局，又要尊重中央，想不通也要暂时忍下去，继续干，他与毛泽东的性格不同。周恩来自幼所处的是不断"走下水"的家庭，他渴望的是安定、和谐与维持，这使他养成善于在"异中求同"的思维方式和务实的处世作风，并使他在后来繁杂的政治斗争中，体现出温和而热情强干，忍让而不失原则，谨慎而勇于果断等对立统一的性格侧面。

这是毛泽东和周恩来在后来的政治生涯中表现出来的某些性格的差异。

宁都会议后的一段时间内，红一方面军发布命令时，周恩来总是先署上"总政委毛泽东"，自己以"代总政委周恩来"的签署放在毛泽东的名字后面。在10月份制定的"绝密"的《红一方面军建宁、黎川、泰宁战役计划》书上，他亲笔注明："如有便，请送给毛主席一阅。"他还亲自告诉机要秘书：以后军事计划、命令等，都要送给毛主席看。这一切，充分表现了周恩来对毛泽东的信任和尊敬，而他当时绝没有想到毛泽东后来会成为全党的领袖。

后来，周恩来和朱德在领导第四次反"围剿"战争过程中，吸取了前三次反"围剿"战争的宝贵经验，坚持毛泽东的正确的作战原则，发挥红军的特长，主张用运动战辅之以游击战来打破敌人的进攻，而反对阵地战、攻坚战和堡垒战，并曾就作战方针和战役部署等问题向后方中央局进行过多次抗争。周恩来所坚持的虽然和毛泽东的军事战略思想基本一致，但作为军事家的周恩来，也有他自己的创造，红军首创大兵团伏击战法，连续歼敌3个师，缴获枪支万余。蒋介石在此战役中比前三次失败得更惨，他自己不得不承认："此次挫失，凄惨异常，实有生以来惟一之隐疼。"

毛泽东后来称赞这次战役是一次"大胜仗"。1936年在延安，毛泽东还同斯诺说过，南京蒋介石对中央苏区的第四次"围剿"，也许是败得最惨的一次"围剿"。①

  周恩来到中央苏区初期,批评毛泽东在肃反中的错误,尊重他在军事上的长处,坚持重新任命毛泽东为红一方面军总政委,恢复了毛泽东的军权;在宁都会议前后,周恩来在毛泽东危难之际周详地维护了毛泽东,这就为毛、周后来近半个世纪的亲密合作奠定了基础。虽说表面上看,是周恩来接替了毛泽东担任红一方面军总政委,但这是中央的命令,但事实上并不存在周恩来夺毛泽东权的问题。

---

  ① [美]埃德加·斯诺:《西行漫记》,董乐山译,北京:生活·读书·新知三联书店,1979年版,第155页。

4 毛泽东是军事方面领导我们最合格的领导人

遵义会议前后，周恩来全力推举毛泽东来领导红军的军事行动，自觉退居助手的地位。毛泽东说："遵义会议所以开得很好，恩来起了重要作用。"

周恩来发现了毛泽东。他发现了一个高瞻远瞩的天才，在这个天才的身上，他倾注了自己对中国深挚的感情。

罗伯特·弗罗斯特在诗中写道：

海岸对海洋的忠诚超越一切。

对毛泽东这个海洋来说，周恩来便是海岸，它不断阻挡住排山倒海的巨浪，然而又一刻也离不开汹涌澎湃的海洋。①

1934年10月10日下午，瑞金被初冬的一场大雾笼罩着，红军开始了史无前例的二万五千里长征。正如周恩来后来所说：红军长征是光荣的，也是非光荣不可的。

1933年年底，极端错误的政治、军事、组织路线，取得了对党和红军的完全统治。1934年1月召开的中共六届五中全会，使"左"倾教条主义发展到顶峰。

与此同时，蒋介石于1933年9月始，调集了100万军队，200架飞机，自任总司令，向各革命根据地进行第五次"围剿"，其中以50万军队进攻中央根据地。这次，蒋介石吸取了前几次失败的教训，实行所谓"三分军事、七分政治"的方针，经济上，实行严密封锁；军事上，采取"堡垒主义"的新策略，步步推进，层层包围，企图最后逼迫红军主力与之决战。

---

① 韩素音：《周恩来与他的世纪》，北京：中央文献出版社，1992年版，第160—161页。

当时，中央苏区红军主力8万余人，尽管形势严峻，如果红军能够正确估计形势，采取积极防御的方针，粉碎这次"围剿"仍然是有可能的。但是，"左"倾领导者错误地估计了形势，推行了一条"左"倾军事指导路线。

在反对敌人"五次围剿"中，周恩来是在博古、李德的领导下，做"领导核心"的实际工作，即是三人团的"管事"成员①，但红军的战略、战术、原则是李德、博古决定的，他是执行者。

当时临时中央负责人博古，依靠共产国际派来的军事顾问德国人李德负责军事指挥。李德原名奥托·布劳恩，李德是个化名，"姓李的德国人"的意思。他还有一个化名，叫"华夫"，即"中国的男子汉"的意思。据说，他1900年9月28日出生于德国慕尼黑附近的伊斯曼尼格镇，父亲是会计，母亲是教师。1914年，第一次世界大战爆发时，14岁的李德应征入伍，成为奥匈帝国军队中一名小兵。两年后，他在作战中被俄国军队俘虏，送往西伯利亚。不久，"十月革命"爆发，李德加入了苏俄红军，开始了他的革命生涯。1929年春，李德进入苏联伏龙芝军事学院学习。1932年春毕业后，接到共产国际执委会的通知，把他派到中国。

李德被选中派往中国，大抵有三个原因：一是他有过街垒战的经验，而当时中共王明路线正在搞"夺取中心城市"，很需要街垒战专家的指导；二是他会讲英语、俄语，便于在中国工作；三是他有过地下工作的经验。

就这样，这位日耳曼人，于1933年来到了瑞金。

据李德回忆："博古把我介绍给大家，毛泽东以生硬的形式向我表示欢迎。"他后来在《中国纪事》中这样记述他对毛泽东的印象：

> 给我印象最深的当然是毛泽东。他是一个身材修长的，

---

① 李维汉：《回忆长征》，载《党史通讯》，1985年第1期。

几乎可以说是很瘦削的40来岁的中年人。他给我最初印象，与其说是一个政治家和军人，不如说是一个思想家和诗人。①

李德的悲剧是他在莫斯科并没有学习过游击战术的课程，而他来到中国之后又对中国的国情、军情、民情知之甚少。他用下"国际象棋"的经验来下"中国象棋"，这不能不跌跤！因此，他与毛泽东和周恩来等人发生冲突也是不可避免的。

在第五次反"围剿"中，李德强调所谓"正规军"打"阵地战"，用红军的"多路分兵"来对付敌人的"多路进击"。而周恩来则主张集中兵力于一个方向，其他方向则部署牵制力量，使红军保持相对的优势和机动兵力，以粉碎敌人的进攻。据伍修权回忆："周恩来对李德的错误最为了解，只是由于当时中央主要领导坚持'左'倾错误，尤其支持李德的独断专行，周恩来只能在自己的工作范围内，采取某些具体措施，进行适当的补救，尽量减少红军的损失。"

1933年11月发生了"福建事变"。十九路军蔡廷锴等将领公开宣布与蒋介石破裂，成立中华共和国人民革命政府，并派代表同红军谈判合作。这时，失去军权的毛泽东当即提出，红军主力应利用蒋调军去福建之机，突进到以浙江为中心的苏浙皖赣地区去，将战略防御转为战略进攻，威胁敌人的根本重地，向广大无堡垒地带寻机作战。采用这种方法，一方面能迫使进攻江西南部、福建西部地区之敌回援其根本重地，粉碎其向江西根据地的进攻；另一方面并能援助福建人民政府。但"左"倾领导者拒不接受毛泽东的正确意见，从而坐失良机。1934年1月，蒋介石在打败福建人民政府后便完成对中央苏区的四面包围。

1934年春，当红军在广昌战役失败后，李德等又从进攻中的

---

① ［德］奥托·布劳恩：《中国纪事(1932—1939)》，李逵六等译，现代史料编刊社，1980年12月，第73页。

冒险主义转为"防御中的保守主义",提出"不失苏区一寸土地"的口号,主张"分兵把口"、"节节抵御",实行"短促突击",使红军辗转于敌之主力和堡垒之间,完全陷入被动地位。

1934年10月,战争进行了一年,已到了最紧急的时刻。毛泽东为了挽救大局,再次果断地提出:红军主力向湖南中部挺进,调动江西敌人至湖南消灭之。这样仍能打破敌人的"围剿"。但李德等人再次拒绝了毛泽东的正确主张。正如毛泽东所说:"此计不用,打破敌人第五次'围剿'的希望就最后断绝了,剩下只有长征一条路。"

1934年10月10日,这是载入中国近现代历史史册的日子。

这一天,红军被迫开始了战略大转移。

住在云石山古寺中的贺子珍,当时接到毛泽东警卫员送来的毛泽东的信,要她收拾衣物,随军行动。贺子珍只得去找妹妹贺怡和妹夫毛泽覃,把儿子小毛交给他们,寄住在小毛那位江西奶妈家中。谁知她这一走,便与小毛永别了。后来,毛泽覃牺牲,贺怡为寻找小毛遇祸身亡,小毛下落不明……①

红军长征是世界历史上前所未有的壮举。

"左"倾错误领导者在实行这次突围和战略转移的时候,又犯了退却中的逃跑主义错误,并且把战略转移变成大搬家式的行动,随军带上印刷机器、军工机器等一切笨重的器材。全军8万多人在山中羊肠小道上行进,拥挤不堪,常常是一夜只翻一个山坳。前面有堵兵,后面有追兵,天上有飞机,地下有大炮,红军

---

① 参见刘晓农:《寻找毛泽东儿子毛毛之始末》,http: // dangshi. peolple. com. cn/GB/85039/14603021. html。

处在被动挨打状态。毛泽东后来称这是"叫花子打狗,边打边走"的战术。国民党"追剿"军达16个师77个团,布置了四道封锁线。红军连续突破了四道封锁线,但损失惨重。

> 中央红军终于突破第四道封锁线,但渡江之后,红军已由长征开始时的8.6万余人,锐减到三万余人。红军在通过第一道封锁线时,损失2700多人;通过第二道封锁线时,损失9700多人;通过第三道封锁线时,损失8600多人;而通过第四道封锁线,尤其是湘江一战,红军死亡人数竟有30500多人!①

其中湘江之战,成为红军有史以来最惨重的败仗!

碧玉般的湘江水,被红军的鲜血染红了!一方在抢渡,在强渡,一方在狂轰,在滥炸。在湘江战役中,周恩来一直坚持在湘江东岸的渡口指挥部队抢渡。他焦急地询问指挥部人员:"毛主席过江了没有?"

"还没有!"指挥部人员回答。

周恩来踮起脚尖,焦急的眼光扫视着过江的队伍。当他看到毛泽东大步走过来时,立刻迎上去,请毛泽东迅速过江。

毛泽东说:"我们一起过江吧。"

周恩来摇摇手说:"不,你先过,你先过,我还要到后面去交代任务。"

于是,毛泽东先上了浮桥,然后大步奔向对岸。

战士们注意到,周恩来站在渡口,一直目送到毛泽东安全过江,才离开那里。当时毛泽东正受王明"左"倾路线的排斥和打击,而周恩来对他还是那么尊敬和关怀。毛泽东对他们在革命战

---

① 潘望:《从江浙沪走出来的国共两党领导人》,北京:中共党史出版社,2015年版,第68页。

争年代结下的深厚友谊并没有忘怀。1961年在中央工作会议期间,为纪念周恩来亲自领导的"南昌起义"34周年,毛泽东特意参加了在庐山人民剧院举办的建军节晚会。华灯初上时分,毛泽东驱车来到了剧院门口,一下车就问门卫同志:"总理来了没有?"当时有人告诉毛泽东,周总理正在路上散步,等一会儿就到时,毛泽东笑着点了点头,随手搬过一条板凳,坐在剧院门口,并对身边的警卫人员说:"等一等总理,我们一起进去。"

毛泽东和周恩来之间这种深沉而又牢不可破的革命友情是在长期的革命和建设实践中逐渐形成的。

据伍修权回忆:在中央红军反第五次"围剿"战争中,周恩来虽然在"有些个别战役"上提出过不同意见,同李德、博古的荒谬瞎指挥进行过斗争,但对"左"倾的整个战略、战术、原则没有像毛泽东那样从根本路线上认为是极端错误的。但是,随着中央红军被迫长征后,特别是在红军突破敌人第四道封锁线的湘江战役,红军兵力损失过半之后,惨痛的失败教育了周恩来,使他开始对李德、博古执行的这条"左"倾军事路线产生了怀疑,并予以抵制和批评,同时开始认识自己的错误。周恩来自己也曾说过:"我对军事错误开始有些认识,军事指挥也与以前不同,接受毛主席的意见,对前方只指出大方向,使能机动。"①

湘江大败之后,"左"倾领导者一筹莫展。毛泽东马上尖锐地提出:要讨论失败的原因!

毛泽东再也不能容忍李德的瞎指挥,再也无法容忍他"崽卖爷田"了!

过了湘江之后,红军的指挥权虽然仍在"三人团"手中,但"实际上已由周恩来担当起来"。②

周恩来赞同毛泽东的意见,并答应稍微安定时召集会议,加

---

① 《遵义会议文献》,北京:人民出版社,1985年版,第64页。
② 《周恩来传》上卷,北京:人民出版社,1989年版,第281页。

以讨论。

12月11日，中央红军占领了湖南通道县城，并在此举行了中央军事委员会的扩大会议，史称"通道会议"，中心是讨论红军的去向。

李德在会上继续坚持在瑞金时定下的路线，设法与贺龙部队会师。

周恩来说：在我们和贺龙的根据地中间有30万国民党军队。而且贺龙自己也在撤退。这时周恩来不再理会李德，并请毛泽东发表意见。

毛泽东打破了自宁都会议以来的沉默，两年多以来头一回参与军事决策，坚决反对李德的意见。他说：现在红军不可能再打仗了。在湘江蒙受巨大损失后，它还没有恢复过来。他建议改变原来的计划，向敌人力量最薄弱的贵州进军，以争取主动，打几个胜仗，使部队能够稍事休整，恢复体力和战斗力。

毛泽东的建议得到了与会多数同志的赞成，其中特别是"三人团"之一的周恩来的支持。李德对此十分恼火，他说："恩来同志，你开了一次非法会议。在没有召开政治局会议的情况下，你却让一个有农民意识的取消主义者毛泽东发表意见。"

周恩来面孔严肃地看着这位共产国际的德国军事顾问说："李德同志，这是军事指挥员们自发的决定。他们想听听其他意见。无论如何，这里的椅子怎么也不够开全会用的。"

李德已经显得孤立，"三人团"已经产生明显的分歧。

在历史的长河中，通道会议虽是一束小小的浪花，奔流而去。然而，这次会议表明，周恩来已公开站在毛泽东一边，完全同意和支持毛泽东的正确意见，使"三人团"开始分裂。同时，这次会议也是毛泽东重新崛起的标志，它为后来的黎平会议确定正确的战略方针及遵义会议确定毛泽东在党内的实际领导地位，都起了重要的作用。

会后，周恩来以军委名义向各军团纵队首长发出西入贵州"万万火急"的进军电令。

13日，红军西路转兵西进。

14日，中央纵队入黔后，军委命令活动在湘西的红二、六军团配合行动，钳制敌人。

15日，红军攻克黎平。

17日、18日，由周恩来主持，中央政治局会议在黎平召开。这是一次讨论红军今后战略方向的会议。会上展开了激烈的争论。主持会议的周恩来采纳了毛泽东的意见。会上"说话最多"的是周恩来。他自己后来回忆说："从老山界到黎平，在黎平争论尤其激烈。这时李德主张折入黔东。这也是非常错误的，是要陷入蒋介石的罗网。毛主席主张到川黔边建立川黔根据地。我决定采取毛主席的意见，循二方面军原路西进渡乌江北上。李德因争论失败大怒。"①

会上，周恩来支持了毛泽东的意见，争论结果放弃同二、六军团会师和建立湘西根据地的原订计划，通过了《中央政治局关于战略方针之决定》。《决定》指出：

> 鉴于目前所形成之情况，政治局认为过去在湘西创立新的苏维埃根据地的决定在目前已经是不可能的，并且是不适宜的。政治局认为，新的根据地区应该是川黔边区地区。

会后，周恩来、朱德为执行这一决议做出行动部署。这一决议及其实行，使中央红军从长征开始后的被动局面中摆脱出来，避免陷入绝境而争取了主动。

黎平会议和通道会议都是后来召开遵义会议的预备会议。如果说遵义会议是中共历史上生死攸关的转折点，那么黎平会议则

---

① 《遵义会议文献》，北京：人民出版社，1985年版，第64页。

可谓"转折点"前的里程碑。黎平会议肯定了毛泽东的正确意见，周恩来起了关键作用，所以说，周恩来则是这一"转折点"前的里程碑的奠基人。

贵州的天气常常被人称为"天无三日晴"。在向遵义进军的途中，天总是下着毛毛细雨，道路泥泞，行走艰难。毛泽东和周恩来同大家一样，穿着湿漉漉的衣服，冒雨行军。

1935年1月7日，红军攻克了黔北重镇遵义城。由于红军突然改变行军方向，甩开了原来尾追堵击的敌军，在遵义得到十几天的休整。

由于艰苦转战，毛泽东自长征以来就身体不好，加之对红军和革命的忧虑，同"左"倾错误的紧张斗争，毛泽东消瘦了许多。警卫员非常担心，想给毛泽东补充些营养，但总是弄不到。有一天，周恩来的警卫员来到毛泽东住地送来一大碗红烧蹄髈，并告诉毛泽东的警卫员说，这是国家保卫局李克农部长看周副主席身体不好，特地捎给他的，周副主席又亲手用刀切了一大半叫我给毛主席送来。

晚上，毛泽东回来，惊奇地问："蹄髈是哪里来的？"

警卫员如实地讲了。

毛泽东听后沉默了一会儿，认真地对警卫员说："下次可不能再收了。你看看周副主席行军作战，多么辛苦呀，要注意他的身体！"

一次，毛泽东的警卫员打着了两只小山鸡，毛泽东看到后就说："你们赶紧给周副主席送一只去，他身体不好，多给他增加一点营养。"

毛泽东和周恩来在生活上也总是互相关心。

1935年1月15日至17日，中共中央在遵义召开政治局扩大会议，史称"遵义会议"。这是中国共产党历史上最为重要和最著名的会议之一，也是毛泽东和周恩来关系史上的重要篇章。

遵义会议集中全力纠正当时具有决定意义的军事上和组织上的问题。

这次会议是王稼祥同毛泽东商议后，由他出面提议，并得到张闻天、周恩来、朱德、聂荣臻等支持而召开的。聂荣臻后来不无感慨地说："周恩来、王稼祥同志他们两个人的态度对开好遵义会议起了关键的作用。"①

周恩来负责遵义会议的组织工作。现在保留下一份他当年在1月13日致五军团政委李卓然和正在五军团任中央代表的政治局候补委员刘少奇的电报通知。电文是：

> 卓然、少奇：十五日开政治局会议，你们应在明十四日赶来遵义城。
>
> 恩来
> 二十四时。②

1935年1月，恰逢冬季。太阳的余晖渐渐掩没在玉屏山后，寒风吹拂着缓缓而流的湘江。15日这一天，在遵义一家公馆的楼上举行了中国共产党历史上具有转折性意义的政治局扩大会议。

长方形的屋子里摆满了椅子，取暖用的火盆里火势正旺。吃过晚饭后，出席会议的20人陆续来到客厅，围着桌子或旁边的火盆坐下。

博古主持会议。他戴着一副深度近视眼镜，口若悬河，滔滔不绝，代表中央做了关于总结中央苏区第五次反"围剿"战役的经验教训的报告。博古对军事上接连失利做了些检讨，但主要是强

---

① 《聂荣臻回忆录》，北京：战士出版社，1983年版，第240页。注：这里需要说明一下，由于本书的主题是毛泽东与周恩来，所以对王稼祥等人对遵义会议的伟大贡献描述不多，但这并不等于忽视他们的历史功绩。

② 转引自《周恩来传》，北京：中央文献出版社，1991年版，第283页。

调客观原因，认为第五次反"围剿"失败的主要原因是敌人过于强大，加之党在白区领导的反蒋运动没有显著进步、各个苏区的相互呼应配合不够紧密，等等。

博古不认识与不承认在军事领导上战略战术方面的错误，显然是想为自己开脱责任。

博古的报告大约一个小时。他的报告被称为"正报告"。

周恩来站起来第二个发言，作了"副报告"。周恩来是中央军委负责人，着重谈军事问题，他检查了"三人团"指挥上的重大失误，并主动做了自我批评，承担了自己的责任。

周恩来的副报告讲了约半个小时。

接着，博古希望与会者对正副报告加以讨论。

张闻天开始发言，认为博古的报告基本上是不正确的，并批评了博古的错误。张闻天的发言，被称为"反报告"。

正报告、副报告、反报告，这三个报告构成了遵义会议不寻常的旋律。

毛泽东在大口大口地吸烟。平时他在各种会议上，如同他喜欢作战一样"后发制人"，总是等大家都讲完才最后发言。这次，他一反常态。当张闻天刚讲完，他就接着发言。

在与会者的印象中，毛泽东的发言时间最长，大约持续了一个半小时。他的发言夹杂着幽默、辛辣、尖刻，语言通俗而生动，不时使会场爆发出笑声。只有博古和李德不笑。

毛泽东指名批评了李德和博古不重视红军传统的运动战，而搞不切实际的"短促突击"，单纯防御战术。他驳斥博古说的失败是由于红军处于劣势的观点，指出前四次反"围剿"中红军都是以少胜多，打败了占绝对优势的国民党军队。失败的原因不是人数的问题，而是战略战术的问题，是指挥的问题。他认为，博古和李德采取的军事方针是错误的，其表现为进攻中的冒险主义、防御中的保守主义、退却中的逃跑主义。

毛泽东的发言，得到了周恩来、王稼祥等大多数同志的赞同。

李德坐在靠门边的地方。他必须通过伍修权的翻译才知道毛泽东他们在说什么。不过从大家发言的神态和语气中，他已知道自己所处的不利地位。他脸色时而发红，时而发白，只是一个劲地抽烟。李德不承认自己的错误，他为自己辩解时说，他是作为共产国际派来的顾问到中国来的，他提出过许多建议，这是事实，但"你们可以接受也可以不接受这些建议，那是你们可以自主的嘛！"。言外之意，出了差错是由中国共产党领导人而不是由他这个顾问负责。

激烈的会议持续了三天。

随着会议的深入，越来越多的发言人站到了毛泽东一边。

在会议结束时，周恩来发言说：我必须承担"主要责任"，军事计划开始就是错误的。"毛泽东同志一再指出我们的错误，但是他的意见没有受到重视。共产党人绝不应回避责任，也不应诿过于人"。"毛泽东同志是军事方面领导我们最合格的领导人，现在他就应当担此责任。不仅红军，还有党都应当置于统一权威的领导之下。这是在面临严峻形势下确保军队和党的生存所必需的"。

对周恩来的讲话，会场反应十分强烈。每个人都深受感动和震撼，每个人的心头都为之一热，点燃了巨大的希望之火。周恩来就是这样一个人，除了党，他从不为自己争什么。他的崇高精神境界顿使出席会议的人心胸开阔，力量倍增，每个人都意识到自身的价值以及献身的意义。

最后，周恩来建议推举由毛泽东来领导红军今后的行动，原来由博古、李德和他本人组成的三人军事指挥机构停止工作。

这个建议，获得与会者绝大多数人的支持。

会议最后一天，局面已经完全明朗化，并做出了如下决定：

（一）毛泽东同志选为常委。

(二)指定洛甫(张闻天)同志起草决议,委托常委审查后,发到支部中去讨论。

(三)常委中再进行适当的分工。

(四)取消三人团,仍由最高军事首长朱、周为军事指挥者,而恩来同志是党内委托的对于指挥军事上下最后决心的负责者①。

会后不久,政治局常委决定由张闻天代替博古负总的责任,并成立由毛泽东、周恩来、王稼祥组成的三人小组负责全军的军事行动。

据周恩来后来回忆:

> 从遵义一出发,遇到敌人一个师守在打鼓新场那个地方,大家开会都说要打,硬要去攻那个堡垒,只毛主席一个人说不能打,打又是啃硬的,损失了更不应该,我们应该在运动战中去消灭敌人嘛!但别人一致通过要打,毛主席那样高的威信还是不听,他也只好服从。但毛主席回去一想,还是不放心,觉得这样不对,半夜里提马灯又到我那里来,叫我把命令暂时晚一点发,还是想一想。我接受了毛主席的意见,一早再开会议把大家说服了。这样,毛主席才说,既然如此,不能像过去那么多人集体指挥,还是成立一个几人的小组,由毛主席、稼祥和我,三人小组指挥作战。从那个时候一直到金沙江,从一月、二月出发,到五月,这是相当艰难困苦的一个时期。走"之"字路,四渡赤水河。从土城战斗渡了赤水河,我们赶快转到三省交界即四川、贵州、云南交界地方。有个庄子名字很特别,叫"鸡鸣三省",鸡一叫三省都听到。就在那个地方,洛甫做了书记,换下了博古。②

---

① 陈云:《遵义政治局扩大会议传达提纲》,1935年2月手稿。
② 周恩来:《党的历史教训(节录)》,见《遵义会议文献》,北京:人民出版社,1985年版,第69页。

遵义会议，随着时间的推移和历史的进展，日益受到国内外史学界的注目。因为它是毛泽东领袖地位的起点，随着毛泽东的声望的不断提高，人们才逐渐意识到这一起点的重要，这一历史的选择的重要。毛泽东在这以前曾几度被撤职，几度遭批判，几番病重，真可谓"天将降大任于斯人也，必先苦其心志，劳其筋骨，饿其体肤，空乏其身，行拂乱其所为"。正是在这历史的角逐中，毛泽东以其正确的思想、策略和路线，以其卓越的才华脱颖而出，一跃而成为中共领袖，从此领导中共达41年之久，深刻地影响了中国和世界的历史进程。

遵义会议在事实上确立了毛泽东在党中央的正确领导。周恩来在这个伟大历史转折过程中起着决定性的促进作用。究其原因是他无产阶级革命家的坦荡胸怀，坚持真理承认错误的高尚品质。他从血的教训中对"左"倾错误开始有所认识，并逐步认识到"在千军万马中毛主席的领导是正确的"，便义无反顾地支持、接受毛泽东的正确意见，心悦诚服地接受毛泽东的领导。对此毛泽东曾说过："遵义会议之所以开得很好，解决了军委的领导问题，恩来起了重要作用。"①

遵义会议也是毛泽东和周恩来之间紧密结合的开端，这种结合，终生未变。此后，毛泽东就在周恩来的辅佐下，领导中国革命和建设的伟大事业。这两位伟人感到彼此之间有一种互相吸引的魅力，因为他们在性格上、思想上和体魄上都完全不同，各有特色。正如韩素音女士所说："只有了解中国历史传统的人，才有可能理解这种结合，每一个朝代的开国皇帝之所以能执掌政权，一统天下，都因为有一个坚毅不拔、足智多谋和忠心耿耿的宰相。"②当然，毛泽东与周恩来不能与封建帝王与宰相相提并论，

---

① 《星火燎原》丛书之二，北京：解放军出版社，1986年版，第53页。
② 《周恩来和他的世纪》，北京：中央文献出版社，1992年版，第160页。

他们是无产阶级先锋队中国共产党的领袖人物，正是为了中国革命和建设的伟大事业，才使他们之间合作密切。周恩来通过革命实践发现了毛泽东作为中国革命领袖的雄才大略，从此始终不渝地拥护毛泽东，忠实于毛泽东。这种忠诚，与中国传统文化不无影响，但实际上已同几千年来的封建主义的"忠君"思想有着完全不同的性质。这种忠诚，包含着周恩来对革命和建设伟大事业及崇高理想的信仰和忠诚；这种忠诚，首先来源于对人民的忠诚，这也正是他们两人的共同之处。正如后来重庆谈判期间周恩来对记者所说：谁能代表人民和革命的根本利益，谁掌握真理，我就选择谁。我拥护毛主席是因为他最能代表中国人民的利益。

毛泽东作为领袖，作为帅才，高瞻远瞩，胸怀坦荡，大公无私，任人唯贤，表现了一个真正马克思主义者的崇高品格。这一点，是王明、张国焘之辈所无法与之相比的。他善于把在实际斗争中涌现出来的德才兼备的领导骨干充实到中央领导核心中来，还敢将那些一味追求个人权力、专横跋扈、夸夸其谈、不务实际、玩忽职守的人从领导岗位上撤下来。遵义会议后，毛泽东造就了中国共产党历史上最优秀最杰出的领袖群，如果说毛泽东和中国共产党的领袖群曾影响中国的进程和世界格局，那么毛泽东和周恩来两人的合作和友谊则是这种影响中最为重要的因素。

最后，不妨引用美国记者索尔兹伯里在1986年所写下的一段话：

> 遵义会议标志着毛泽东和周恩来的政治大联合，从此以后，他们一辈子保持了这种伙伴关系，至少一直保持到他们去世前的一两年。①

---

① ［美］哈里森·索尔兹伯里：《长征——前所未闻的故事》，过家鼎、程镇球、张援远等译，北京：解放军出版社，1986年版，第150页。

5 历史杰作
——西安事变的和平解决

毛泽东识大局弃前嫌，确定和平解决西安事变的方针。周恩来为民族赴西安，机智果敢解决西安事变。

美国一位研究中国问题的专家C.戴维曾这样著文:"如果说毛泽东是永恒的英雄,刘少奇是党务机构专家,那么,周恩来则被证明是中国处理公共关系最好的人。他总是能够容纳不同意见并找到解决办法。"加拿大学者罗纳德·C.基思在他所著的《周恩来的外交生涯》一书中指出:在毛的影响下,周成了一个勇于献身的中国式的马克思列宁主义者。特别是"在1936年12月发生的西安事变中,他的个人外交手段达到了革命现实主义的新的高峰"①。

和平解决西安事变,是遵义会议后毛泽东与周恩来首次进行的最为成功的合作。

1936年12月4日。

灰蒙蒙的西安上空,传来一阵马达的轰鸣声,由远及近。飞机停稳后,蒋介石脸色不悦地从舷梯上走下来,然后驱车到风景如画的华清池下榻。

西安的局势实在是令蒋介石头疼。据特务密报,张学良、杨虎城在西北与共产党关系密切,西安民众的抗日活动也搞得如火如荼。10月22日,蒋介石就曾到西安"督战"。这次来西安,是向张、杨摊牌,逼迫张、杨将东北军和十七路军全部开赴陕北前线"进剿"红军,"不成功,便成仁";否则,便将东北军调往福建,将十七路军调往安徽,接受改编。这两条路,对张、杨而言,都

---

① [加]罗纳德·C.基思:《周恩来的外交生涯》,封长虹译,北京:中共中央党校出版社,1992年版,第13页。

是绝路。

张、杨以各种方式,恳求蒋介石放弃"攘外必先安内"的误国政策,联合各阶层各党派共同抗日。蒋介石根本听不进去,反而拍案顿足,对张学良大发脾气地说:"你现在就是把我打死了,我的'剿共'计划也不能改变!""要抗日,等我死了,你们再去抗吧!"

"善说"、"哭谏",均无效。

张、杨为了国家民族的利益决心"兵谏"。

12月12日凌晨。

震惊中外的西安事变爆发了!

张学良、杨虎城指挥部队活捉了蒋介石和他的随从军政要员,扣留在西安,并通电全国,发表了抗日救国的八项主张:

(一)改组南京政府,容纳各党各派,共同负责救国。(二)停止一切内战。(三)立即释放上海被捕的爱国领袖。(四)释放全国一切政治犯。(五)开放民众爱国运动。(六)保障人民集会结社之政治自由。(七)确实遵行孙总理遗嘱。(八)立即召开救国会议。①

张、杨的爱国义举,在国内外掀起轩然大波,局势也骤然变得紧张起来。

以何应钦为首的亲日派,主张讨伐张、杨,炸平西安,企图置蒋介石于死地,以便取而代之。

以宋子文、宋美龄为首的亲英美派,则主张用和平方式营救蒋介石。

日本非常担心南京政府会由此采取联共抗日政策,因此极力干涉中国内政,要求中国政府在解决西安事变时不得损害任何日

---

① 《西安事变档案史料选编》,北京:中国档案出版社,1986年版,第3页。

本的利益。同时表示支持何应钦讨伐张、杨的军事行动。

德国、意大利与日本相勾结，积极支持汪精卫回国，组织卖国政府。

美国、英国因日本日益扩大对华侵略，危害了他们的在华利益，看到蒋介石被扣，南京政府有被亲日派夺去的危险，所以支持和平解决西安事变，营救蒋介石。

苏联主张争取蒋介石抗日，对于西安事变，深恐发生更大的内战，因而主张放蒋，求得和平解决。

国内外也有人指责张、杨的举动，认为是日本的阴谋。各地方实力派的态度也不尽相同。

全国人民积极响应和支持张、杨的爱国举动和八项主张。

张、杨发动事变后，面对纷纭复杂的国内外形势，在当天即拍电报给中共中央，要求派代表团指导。电文如下：

> 吾等为中华民族及抗日前途利益计，不顾一切，今已将蒋等扣留，迫其释放爱国分子，改组联合政府。兄弟有何高见，速复。①

当天深夜，毛泽东、周恩来复电张学良：提议立即将东北军主力调集西安、平凉一线，第十七路军主力调集西安、潼关一线，固原、庆阳、鄜县、甘泉一带仅留少数兵力。表示红军决不进占寸土。

另告：

> 恩来拟来兄处，协商大计。

---

① 《周恩来年谱(1898—1949)》，北京：中央文献出版社、人民出版社，1990年版，第332页。

听说蒋介石被捉，延安城一片欢腾。

公审蒋介石！

枪毙蒋介石！

曾经掩埋过烈士的遗体，又多年在蒋介石的枪口下出生入死的人们，听到蒋介石被捉的消息，真是喜出望外，大快人心，恨不得杀了蒋介石以报仇雪恨。

然而，毛泽东和中共中央的决定更为理智。

面对极其复杂的形势，中共中央在事变的第二天，即12月13日，举行了政治局会议。会议由毛泽东主持，周恩来、博古和张国焘出席。

毛泽东首先发言，对西安事变的性质做了分析。他指出，西安事变是中国一部分民族资产阶级的代表，也是国民党实力派的一部分人不满意南京政府的对日政策，要求立即停止"剿共"，停止内战，一致抗日，是接受共产党抗日民族统一战线并推动全国抗日民族统一战线而开始的。这次事变是有革命意义的，其行动和纲领都有积极的意义，是应该拥护的。

毛泽东还分析了西安事变的两种发展前途：他指出，一是由于事变的发动，引起新的更大规模的内战，削弱全国抗日力量，推迟全国抗战的发动，造成日本侵略的有利条件。这是日、德、意侵略阵线，特别是日本帝国主义和中国亲日派所欢迎的；一是如果事变能够和平解决，结束"剿共"内战，使抗日民族统一战线早日形成，使全民族的抗日战争早日实现。这是全国人民和国际和平阵线所希望的。所以，正确解决西安事变，成为时局转换的枢纽。

毛泽东明确指出：为了争取第二种前途，党的方针是：坚决反对新的内战，主张南京和西安间在团结抗日的基础上和平解决；用一切方法联合国民党左派，争取中间派，反对亲日派，推动南京政府走向抗日的立场；对张、杨给予同情和积极的实际援助，使之彻底实现其抗日主张。

接着，周恩来做了长篇发言。他着重分析了南京政府内部各派系和各地方军阀对事变采取的态度，也分析了国际上各种力量的动向，提出中国共产党人应采取的对策。面对当时的紧急局势，他认为，在军事上应该准备迎击南京方面对西安的夹击，"在政治上不采取与南京对立"，应努力争取蒋之大部，如林森、孙科、宋子文、孔祥熙等都应争取，对冯玉祥更应争取，孤立何应钦，要深入群众运动，巩固我们的力量。他说："我们的统一战线已获得初步的成功，我们的党应准备走上政治舞台，同时要注意地下党的艰苦工作，应有很正确的组织工作。"①

会议一致赞同毛泽东和周恩来的分析及提出的方针。据此，中共中央采取了一系列有力的措施，主要有：一是委派周恩来、叶剑英等组成中共代表团，前往西安参加谈判，争取和平解决西安事变；二是通电全国，表明中国共产党和平解决西安事变的立场；三是应张、杨的请求，派红军主力集中于西安附近的三原、泾阳等县，准备迎击国民党亲日派的进攻。

当天中午，毛泽东、周恩来再电张学良：

> 恩来拟来西安与兄协商尔后大计，拟请派飞机赴延安来接。②

张学良复电：

---

① 金冲及主编：《周恩来传(1898—1949)》，北京：中央文献出版社，1991年版，第325页。
② 金冲及主编：《周恩来传(1898—1949)》，北京：中央文献出版社，1991年版，第326页。

现此间诸事顺利，一切恩来兄到后详谈。①

毛泽东作为中国共产党的领袖，识大局、弃前嫌，确定了和平解决西安事变的方针。周恩来作为中国共产党的代表，为民族，赴西安和平解决西安事变。他们的举措，自然引起了世人的瞩目。人们期待着从毛泽东和周恩来的言行中观察和了解中国共产党。

12月15日清晨，周恩来肩负着党和毛泽东及人民的重托，率代表团由当时的中央所在地保安出发，冒着严寒和纷飞的大雪，日夜兼程，骑马来到延安。在他出发前，中共中央对西安的具体情况还不十分清楚，很多问题需要等周恩来到西安进一步了解情况后才能做出决断。对蒋介石的处置以及各种在保安难以估计到的复杂问题，都要由周恩来到西安后伺机处理。周恩来将面对的政治局势是那样错综复杂，瞬息万变，许多事情都需要当机立断，不可能事事请示毛泽东和党中央。

这是一副何等艰巨的重担！

毛泽东对周恩来深信不疑。周恩来不负众望，勇敢而沉着地挑起了这副重担。

17日，周恩来乘坐张学良派来的飞机到达西安，受到张、杨两位将军的热情接待。张学良早就盼望着周恩来的到来，他对人说："周恩来来了，一切就有办法了。"

周恩来到后，张学良就把他安排在自己的公馆里。公馆院内共有三幢小楼，张学良住在西边一幢，周恩来和他的随行人员住在东楼。

周恩来到达西安后，立即投入紧张的工作。他按照党中央和毛泽东制定的方针、政策，对张、杨的行动给予了充分的肯定，

---

① 金冲及主编：《周恩来传(1898—1949)》，北京：中央文献出版社，1991年版，第325页。

然后向他们分析了国内外形势，指出，在全国人民抗日运动高涨，国民党内爱国力量的形成，日本与英美在中国的利益发生冲突的新形势下，逼蒋抗日、和平解决西安事变是必要的，也是可行的。

周恩来精辟的分析，耐心地说服，使张、杨赞叹："中共从国家民族利益出发，置党派历史的恩怨于不顾，真令人极端佩服。"他们心悦诚服地接受了周恩来代表中共提出的和平解决西安事变的主张。周恩来还同他们商定了如何做好各方面的说服工作，并在军事上做了准备迎击国民党亲日派对西安的"讨伐"的部署。

周恩来在到达西安的当天晚上，就致电毛泽东并中共中央，报告了他到西安后所了解的情况，并说：对蒋介石的处置问题，准备"答应保蒋安全是可以的，但声明如南京兵挑起内战，则蒋安全无望"。①

这个处置办法，得到了毛泽东和中共中央的认可。

12月18日，中共中央第一次公开发表宣言，致电国民党中央，呼吁和平解决西安事变问题。

同日，周恩来经过了解情况，再次电告毛泽东并中共中央，电文如下：

  南京亲日派目的在造成内战，不在救蒋。宋美龄函蒋：宁抗日勿死敌手。孔祥熙企图调和，宋子文以停战为条件来西安，汪将回国。

  蒋态度开始（时）表示强硬，现亦转取调和，企图求得恢

---

① 金冲及主编：《周恩来传（1898—1949）》，北京：中央文献出版社，1991年版，第331页。

复自由。①

此外，他还报告了各省地方实力派对西安事变的反响。

毛泽东和中共中央接到电报后，在19日召开了西安事变发生后的第二次政治局会议。由于周恩来的电文，使毛泽东对西安和全国的情况比以前更清楚了。这次政治局会议对如何处理西安事变的方针也就比上次会议更为明确。

会上，毛泽东报告说："西安事变发生后，南京的一切注意力都集中在捉蒋介石问题上，动员一切力量对付西安，把张、杨一切抗日主张都置而不问，更动员所有部队讨伐张、杨，这是西安事变后所引起的黑暗方面的表现，这是对于抗日不利的。"

毛泽东强调："目前问题主要是抗日问题，不是对蒋个人的问题。""我们主要是要消弭内战与不使内战延长。"②

12月21日，中共中央书记处致电周恩来，提出达成和平协定，释放蒋介石的条件是：

（一）南京政府增加几位抗日运动的领袖人物，排除亲日派，实行初步改组。（二）取消何应钦等的权力，停止讨伐，讨伐军退出陕甘，承认西安的抗日军。（三）保障民主权利。（四）停止"剿共"政策并与红军联合抗日。（五）与同情中国抗日运动的国家建立合作关系。③

周恩来根据这一指示电，同张学良、杨虎城商讨了与蒋介石和南京方面谈判的有关问题。

---

① 金冲及主编：《周恩来传(1898—1949)》，北京：中央文献出版社，1991年版，第332页。
② 毛泽东在中共中央政治局会议上的发言记录，1936年12月19日。
③ 《周恩来年谱(1898—1949)》，北京：中央文献出版社、人民出版社，1990年版，第338页。

在 12 月 20 日的上午，宋子文曾由蒋介石的私人顾问端纳陪同飞赴西安，并将宋美龄的信亲自交给蒋介石。信中写道："如子文三日内不回京，则必来与君共生死。"蒋介石阅后伤感掉泪。宋子文来西安后了解了中共和平解决西安事变的方针喜出望外，对中共态度十分赞赏。第二天，便乘飞机回南京报告。

22 日下午四时，宋子文、宋美龄等人飞到西安。蒋介石见到宋氏兄妹后表示：改组政府，三个月后开救国会议，改组国民党，同意联俄联共①。他还提出两个条件：一是他本人不出面，由宋氏兄妹代表他谈判；二是商定的条件，他以"领袖的人格"做保证，而不做任何书面签字②。

23 日，周恩来、张学良、杨虎城同宋子文在公馆西楼二层房间开始正式谈判。谈判一开始，先由周恩来提出中共和红军的六项主张：

  （一）停战，撤兵至潼关外。（二）改组南京政府，排逐亲日派，加入抗日分子。（三）释放政治犯，保障民主权利。（四）停止剿共，联合红军抗日，共产党公开活动（红军保存独立组织领导。在召开民主国会前，苏区仍旧，名称可冠抗日或救国）。（五）召开各党派各界各军救国会议。（六）与同情抗日国家合作。

以上六项，要蒋介石接受并保证实行。中共、红军赞助他统一中国，一致抗日。宋子文听后，表示个人同意，许诺转达给蒋。下午，又就组织过渡政府、撤兵、释放爱国领袖、放蒋等问题进行了讨论。当天，周恩来给毛泽东发了一封电报，简要地讲述了他本人同宋子文之间达成的临时协议。

---

① 《周恩来选集》上卷，北京：人民出版社，1980 年版，第 70 页。
② 《西安事变纪实》，北京：人民出版社，1979 年版，第 154 页。

24日上午,谈判继续进行。蒋方由宋子文和宋美龄两人出席,西安方面仍由周、张、杨三人出席。宋美龄明确表示赞成停止内战,她说:"我等皆为黄帝裔胄,断不应自相残杀,凡内政问题,皆应在政治上求解决,不应擅用武力。"①她和宋子文对谈及的一些问题也都做了明确的承诺。这些承诺,中国共产党长时期内一直没有把它公开发表。经过近半个世纪后,才在《周恩来选集》上卷所收集的《关于西安事变的三个电报》中第一次披露出来。

下午,周恩来同宋子文会晤,并通过宋子文同蒋约定:晚间在蒋的住处与蒋见面。傍晚7时半,周恩来、博古致中央书记处电告:

> 今日蒋答复张:子、下令东路军退出潼关以东,中央军决离开西北。丑、委托孔、宋为行政院正副院长,责孔宋与张商组府名单,蒋决令何应钦出洋,朱绍良及中央人员离开陕甘。寅、蒋允回京后释放爱国七领袖。卯、联红容共。蒋主张为对外,现在红军、苏区仍不变,经过张暗中接济红军,俟抗战起,再联合行动,改番号。辰、蒋意开国民大会。巳、他主张联俄联英美。②

12月24日晚,即圣诞节前夕晚8时,周恩来在宋氏兄妹陪同下去见蒋介石。蒋介石心里很明白,为了恢复自由,他需要做出一些明确的承诺,但他又不愿意多做表示。因此,宋氏兄妹预先就对周恩来说:蒋这两天病了,不能多说话。

在有人通报后,周恩来走进蒋介石的卧室,看见蒋介石正躺在床上。蒋介石见周恩来进来,做出勉强在床上坐起来的样子,

---

① 《西安事变简史》,北京:中国文史出版社,1986年版,第86页。
② 周恩来、博古致中共中央书记处的电报,1936年12月24日。

并请周恩来坐下。周恩来的态度不卑不亢，温和有礼而又坚毅沉着。他先对蒋介石说："蒋先生，我们有十年没有见面了，你显得比以前苍老些。"

蒋介石点点头，叹口气，然后说："恩来，你是我的部下，应该听我的话。"

周恩来回答说："只要蒋先生能够改变'攘外必先安内'的政策，停止内战，一致抗日，不但我个人可以听蒋先生的话，就连我们红军也可以听蒋先生的指挥。"①

蒋介石听后表示同意停止"剿共"，联共抗日等条件，并表示在他回南京后周可以到南京去谈判。然后，蒋显示出很疲劳的样子，指着宋氏兄妹说："你们可以同恩来多谈一谈。"

见此状，周恩来站起身来说："蒋先生休息吧，我们今后有机会再谈。"

蒋介石说："好，好。"

周恩来便辞出。

同蒋介石会面后，宋子文坚持要蒋与宋美龄离开西安返南京。张学良同意并表示愿亲自送蒋。周恩来同意，但认为在走以前还须有一个政治文件来表示，并且不赞成蒋在25日就走，也不同意张学良前往。

12月25日下午3时许，张学良拉着杨虎城陪同蒋介石夫妇及宋子文等悄悄离开住地，乘车直奔西郊机场。行动非常秘密，没有告诉任何人，连周恩来也没有通知。蒋介石临别时，对张、杨说："今天以前发生内战，你们负责，今天以后发生内战，我负责。今后我绝不剿共。我有错，我承认；你们有错，你们亦须承认。他还把答应的六项条件重申了一遍。张学良当即表示：愿意陪蒋回南京。接着，他就在飞机旁写了一个手令，大意是：余去南京期间，东北军由于学忠统率，听从杨虎城副主任委员

---

① 申伯纯：《西安事变纪实》，北京：人民出版社，1979年版，第157页。

指挥。

在蒋、宋登机起飞时,张学良也登上了自己的座机陪同飞往南京。

这时,已是下午4时了。

周恩来正坐在办公室工作,一位副官气喘吁吁地跑进来说:"他们走了……"听到消息,周恩来忙乘汽车赶往机场,但飞机早已经起飞了。

周恩来望着寥廓的天空,叹息道:"张汉卿就是看《连环套》那些旧戏中毒了,他不但像窦尔墩那样摆队送黄天霸,还要负荆请罪啊!"

蒋介石到南京后,立即将张学良软禁起来。12月27日,《中央日报》发表所谓蒋介石对张、杨训话,欺世盗名。同日,毛泽东代表中共中央发表《关于蒋介石声明的声明》,以正视听。

12月30日,蒋介石在南京组织高等军事法庭悍然对张学良开庭审理。第二天,判处他10年徒刑。几天后,又由国民政府宣布"特赦",但"仍交军事委员会严加管束"。从此,张学良便失去自由,开始了他长达半个多世纪的囚徒生涯。

据中国香港《文汇报》1993年3月18日报道:

年已93岁的"少帅"张学良先生,稍早时接受台湾《时报周刊》记者的访问。张学良谈到西安事变时说:"至于你们问我,为什么有西安事变,我只能这么说,我相信中国一定要统一,要枪口对外,不要再打内战了。这是我的一贯信仰,从东北易帜到西安事变都是如此,谈不上后悔不后悔。"对于蒋介石,在他过世的时候我私下写了一副挽联:

关切之殷,情同骨肉;

政见之争,宛如仇雠。

他还透露,在他跟蒋到南京时,周曾劝阻过他。张学良说:

"我怎么会不知道去南京的结果,周恩来也劝我不要去,但我非去不可。我虽然不想做军人,可是我做了。军人就得服从命令,何况我也把我的看法向蒋先生表示得很清楚,听不听在他了。"到了南京,"西安事变"面对军法审判。他笑着说:"审判长是以前江西督军,参加二次革命的李烈钧。他问我为什么不服从命令,为什么反抗我的上司蒋先生?我反问他:当初你为什么要反抗袁世凯?所以,我没有罪,李烈钧应该最清楚。"张学良还说:"对蒋先生,我只有一件事不明白,他为什么要杀杨虎城?该处死的是我才对。"

张学良被蒋介石软禁的消息传到古都西安后,东北军和西北军广大官兵无不为之愤慨。特别是东北军内主和的稳健派和主战的少壮派之间意见尖锐对立。少壮派对张学良怀有很深的感情,他们救少帅心切,或痛哭,或长跑,或绝食。出于义愤,竟冷枪杀害了东北军内主和的高级将领王以哲,以求与蒋介石决一死战。

一时间,古都西安局势动荡,面临着一个危急关头。为营救张学良将军和团结东北军和西北军将士,避免内战,一身系天下安危的周恩来把自己的生命危险置之度外,在最困难的情况下,坚定而细致地进行了大量工作。当时有人谣传,杀王以哲的指使者是共产党,甚至有人扬言要对共产党实行兵谏。在这千钧一发之际,周恩来处变不惊,耐心细致地做各方面工作,还冒着危险赶到王以哲的住宅。当时王躺在血泊中,家里乱作一团。周恩来率李克农、刘鼎等同志料理后事,设灵堂,祭奠死者,安慰生者。消息传出后,对共产党的谣言不攻自破。随后,周恩来又与杨虎城商议善后。杨虎城派人到潼关和国民党顾祝同谈判,争取和平解决。

王以哲事件发生后,西安前途难卜。毛泽东和中共中央十分关心周恩来等在西安工作的同志们的安全,并电告"紧急时立移三原"。周恩来以执行任务为名把叶剑英、李克农、刘鼎等派往三原,而他自己仍坚守西安。周恩来很清楚,环境越危险,局势越险恶,他越不能离开西安。如果他离开西安,正在建立的红军联络处就难以在西安存在,红军难以在关中立足,国共谈判也难以进行,蒋介石难免不再开始"剿共"。他留在西安,就是向全国人民宣布共产党、红军打不败,压不垮,在中国政坛上必须考虑到中共和红军的力量及态度。由于周恩来的努力,终于基本保持了西安事变和平解决的成果。

西安事变的和平解决,结束了10年内战,促进了抗日民族统一战线的形成和发展,开始了国共合作的新时期,成为时局转换的枢纽。周恩来受毛泽东和中共中央的重托,在极其复杂而紧张的历史时刻来到西安,一直置身于这个巨大风暴的中心。在充满惊涛骇浪的险恶环境里,他临危不惧,沉着机智,忘我工作,力挽狂澜,表现出对人民革命事业的赤胆忠心,也显示出一个伟大政治家的卓越才能。正如罗瑞卿等人评价的那样:当时如果没有周恩来同志在西安,毛主席、党中央和平解决西安事变的方针就很难得到贯彻,内战可能再起,西安事变和平解决的初步胜利就无法巩固。毛泽东对周恩来和平解决西安事变非常满意,他说:"西安事变成为国民党转变的关键,没有西安事变,转变时期也许会延长,因为一定要有一种力量来逼着他来转变。""十年内战,什么来结束内战?就是西安事变。"①他还说:西安事变的和平解决,成了时局转换的枢纽,在新形势下的国内合作形成了,全国的抗日战争发动了。

和平解决西安事变后,周恩来于1937年4月初回到延安。周恩来到延安时,面容憔悴,显得极为疲惫,胡子又长得长长的。毛泽东和政治局全体成员和大批群众都到机场迎接他。毛泽东在

---

① 1936年12月27日中共中央政治局会议上的发言。

机场还同周恩来合影，留下了象征他们合作成功的珍贵的历史镜头。

让我们用权延赤在《走下圣坛的周恩来》一书中的一段话，作为本题的结尾。

张学良和杨虎城实行兵谏，拘捕蒋介石后，毛泽东作出和平解决的重大决策，以建立抗日统一战线。正是在中国现代史上这一最危急最关键时刻，周恩来作为有条件释放蒋介石的调解人，来到西安，最出色地完成了毛泽东的设想，摆脱了重大的民族灾难，对中国共产党和整个国家作出了历史性的伟大贡献。

6 同愤共慨"皖南事变"

周恩来以极其愤慨的心情挥笔写下了:"为江南死国难者志哀"的题词。毛泽东从延安致电周恩来说:"收到来示,欣慰之至,报纸题字亦看到,为之神往。"①

① 毛泽东致周恩来的电报,1941年2月2日。

1941年1月，蒋介石国民党顽固派背信弃义，以重兵袭击中共北移的新四军，制造了震惊中外的"皖南事变"。事变发生后，毛泽东和周恩来互相配合，领导全党胜利地打退了国民党顽固派的进攻。

1939年年底，当周恩来在苏联疗伤的时候，国民党顽固派便向我陕甘宁边区等地发动了第一次反共高潮。

这一年的7月10日，周恩来在延安骑马到中央党校去做报告，途中由于马受惊吓，周恩来从马背上摔了下来。他的右臂撞在石崖上，造成粉碎性骨折。当时延安的医疗条件很差，没有完全把骨头接好，就打上了石膏。等取下石膏时，肘部已不能活动，右臂肌肉逐渐萎缩。于是，毛泽东建议他赴苏联治疗。据师哲回忆：苏联请了一批高级专家给周恩来治病，先后进行了三次大会诊，讨论治疗方案。医生们提出两个方案，供周恩来选择。第一个方案是把肘骨拆开，另行接骨。其好处是胳膊可以运动自如，缺点是痛苦大，所需时间也较长，而且要冒手术不成功的风险。第二个方案是不开刀，采用按摩等治疗方法，好处是治疗时间短，缺点是胳膊只能活动到一定的角度，不能运用自如。周恩来说：国内工作很忙，不允许我长期在国外治病，就选择后一种方案吧！

在苏联治病期间，周恩来仍然坚持工作，着手起草共产国际的报告《中国问题备忘录》。1940年2月底，苏联派专机送周恩来回国，一直送到兰州，同行的有任弼时、蔡畅和师哲等人。3月25日，周恩来一行到达延安。周恩来比出国前体重增加了9磅，面容也略为丰满一些。据师哲回忆：我们从莫斯科启身时，共产国际为我们准备了两大箱食品，有奶油、乳酪、各种罐头、饼干、糖果、巧克力、烟、酒等。在旅途中，恩来同志建议大家一概放弃西餐，改用中餐。他的建议自然得到大家的拥护，但是久寄国外的同志不解其意，觉得把这些食品带到延安去，岂不是把石头往山上背吗？到达延安的第二天清晨，恩来同志亲自检查了食品箱，然后对我说。"把这两箱食品交给警卫员，转送到杨家岭（毛主席的住地）去。"这时，我才恍然大悟，敬爱的周副主席心里时刻想着我们的领袖毛主席。这虽是一件小事，但从这里可以看出恩来同志高尚的品格。人们常说以小见大，这句话用在这里是最合适不过的了。①

3月26日下午，在延安杨家沟外的宽敞草坪上举行了盛大的欢迎会。毛泽东亲自出席了大会。

周恩来在会上说：从报刊上看到反动派准备妥协投降，搞摩擦、分裂以及倒退的现象，实在令人痛心；但坚信在毛泽东和共产党坚持抗战、坚持团结、坚持进步的口号下，在全党全国人民的共同努力下，投降派必然失败，中国抗战定能获得最后胜利。

因为大家都非常关心周恩来的臂伤治愈情况，会后，他亲自用手摇放映机，给大家放映从莫斯科带回来的新拍影片《大战张鼓峰》，直到深夜。

回延安后，毛泽东和党中央接连举行会议，听取周恩来的汇报。讨论了一系列重大问题，并对各项工作进行调整，做出具体部署。

周恩来这次回国，只在延安停留了一个半月，便接受毛泽东和党中央的指示，踏上征途，前往重庆，继续主持南方局的工作。

---

① 师哲：《在历史巨人身边》，北京：中央文献出版社，1991年版，第154页。

周恩来之所以匆忙赶往重庆，主要原因是当时国内的政治局势正在日趋恶化。国民党顽固派发动的第一次反共高潮被击退后，又重新酝酿发动第二次反共高潮。

当时有两个突出的问题严峻地摆在毛泽东和中国共产党面前：

一是国民党这次反共高潮的重点，是企图搞突然袭击来消灭大江南北的新四军。可是，主持新四军工作的中共中央东南局书记项英，对国民党进攻的严重性估计不足，存在右倾错误。这就使新四军处于十分危险的处境。二是随着反共逆流的高涨，国统区内的共产党组织连续遭到破坏，迫切需要国统区内党的工作必须有一个转变。

为解决这两个问题，毛泽东为中共中央起草了给东南局的指示《放手发展抗日力量，抵抗反共顽固派的进攻》，强调要"不受国民党的限制，超越国民党所能允许的范围，不要别人委任，不靠上级发饷，独立自主地放手地扩大军队，坚决地建立根据地，在这种根据地上独立自主地发动群众，建立共产党领导的抗日统一战线的政权，向一切敌人占领区域发展"。指示还强调，同顽固派的斗争，应从"有理、有利、有节的原则出发"；党在国统区的方针应是"隐蔽精干，长期埋伏，积蓄力量，以待时机"。①

周恩来赶往重庆，正是要处理这两个异常紧急而又棘手的问题。

周恩来到达重庆后，作为中共中央代表，一方面同国民党当局正式谈判，另一方面连续召开南方局会议，详细听取各省情况汇报，并对国统区党的工作做了初步的部署。

这时国际形势也发生了重大变化。1940年9月27日，德、意、日三国军事同盟条约在柏林签订，轴心国集团正式形成。蒋

---

① 《毛泽东选集》第2卷，北京：人民出版社，1991年版，第753—756页。

介石在日本诱降、德意劝降和英美极力拉拢的国际背景下，自感身价倍增，得意忘形。

对此，周恩来分析道："三国协定后，英积极拉蒋，蒋喜。现在日本拉蒋，蒋更喜。斯大林电蒋，蒋亦喜。此正是蒋大喜之时，故蒋于日军退出南宁，斯大林复电之后，立往成都，此行绝非偶然。""蒋现在处于三个阵营争夺之中，他认为以一身暂时兼做戴高乐、贝当、基马尔最难左右逢源。故他自己躲在成都，让其夫人及英美派拉英美，朱家骅、桂永清拉德，让亲日派谈和，让孙（科）、冯（玉祥）亲苏，让何（应钦）、白（崇禧）反共，以便他居中选择，并以反共为轴心来运用。"①

毛泽东对此也有一个分析："在七八月间蒋介石确曾准备于重庆失守时迁都天水，准备亲苏和共与某些政治改良，至九月已动摇，至十月乃大变，这是德意日同盟与英美对日积极化的结果。"②

正是在这种国际形势下，蒋介石才有恃无恐地下了发动皖南事变的决心。

10月19日，蒋介石指使何应钦和白崇禧以国民政府军事委员会正、副参谋长的名义致电朱德、彭德怀、叶挺，限八路军、新四军在一个月内全部开赴黄河以北。这便是"皓电"。随后，国民党军汤恩伯部南进豫皖苏边区，桂军李品仙部向皖东北进逼，冷欣在苏南频频向我挑衅，顾祝同秘密策划围攻皖南新四军的阴谋……一时间，华中地区战云密布，大有内战一触即发之势。

10月24日，周恩来电告毛泽东：

蒋之宴会，何之报告，白之反共，汤恩伯、李铁军与马

---

① 《皖南事变》（资料选辑），北京：中共中央党校出版社，1982年版，第74页。
② 毛泽东致周恩来、彭德怀、胡服、项英的电报，1940年10月29日。

鸿逵等纷纷来渝，江南北部队亦在调动，对于华北进步报章之限制，对舆论反共之动员，对凡有共产左倾嫌疑者之加紧监视和被逮捕，均证明反共高潮是正在着着上升。何白十九日电是表示了国方决心。①

面对蒋介石发动新的反共高潮的严重局势，毛泽东及时向全党提出："我们的对策是稳健地对付国民党的进攻。军事上采取防卫立场，他不进攻，我不乱动。政治上强调团结抗日。"②毛泽东和中共中央在延安连续召开会议，研究应变措施，并与在外地的周恩来等人往返电商对策。

毛泽东在10月25日这一天内，接连两次急电周恩来，其中指出：

> 尽管蒋介石现在仍是动摇的，全面反共的决心也不容易下，但我们应估计到最困难、最危险、最黑暗的可能性，并把这种情况当作一切布置的出发点，而不是把乐观情况作出发点。③

11月1日，周恩来致电中共中央，同意毛泽东的全部分析，并且断言："破裂的危机已至，""反共局部战争会开始"。同一天，他在另一个电报中反映了反共高潮中的各方意见："大家一致望我们拿出办法来，并望我们让步，以缓和破裂。"他还转达了冯玉祥的建议："要软硬两用，表面让步，实际自干。"④

---

① 周恩来致毛泽东的电报，1940年10月24日。
② 《皖南事变》（资料选辑），北京：中共中央党校出版社，1982年版，第35页。
③ 毛泽东致周恩来的电报，10月25日。
④ 周恩来致毛泽东并中共中央的电报，1940年11月1日。

第二天，毛泽东致电周恩来说：

今日会议，讨论你东日（一日）来电，仍主表面缓和，实际抵抗。

11月3日，毛泽东又致电给周恩来，说明中共中央的政策是：

一面极力争取好转避免内战，一面准备应付投降应付内战，而把重点放在应付投降应付内战方面，方不吃亏，方不上蒋的当。立即准备对付黑暗局面，这是全党的中心任务。有了这一着，就不会重蹈陈独秀的覆辙了。①

对新四军的行动问题，周恩来向毛泽东和中共中央提出两个方案：一个是新四军主力北移，让出江南，到江北坚持斗争；另一个是皖南新四军一部转苏南渡江，一部就地打游击，江北的部队不论怎样都必须做应战的准备。

对何、白的"皓电"，周恩来认为，"皓电"的原则和办法决不能同意，但必须给予回答，不能置之不理。他在致电给毛泽东和中共中央时建议：用朱、彭、叶、项名义通电答复何、白，表示皖南新四军在有充分保障的条件下，可以移到江北，但要保证在移动中不许友军袭击。

毛泽东和中共中央接受了周恩来的建议，在11月9日，以朱德、彭德怀、叶挺、项英的名义发出"佳电"，对"皓电"做出公开答复。电文不仅驳斥"皓电"对八路军、新四军的造谣和攻击，也采取缓和态度，申明为顾全大局，决定将江南正规部队"遵令北移"，"对于江北部队则暂时拟请免调"。

"佳电"的发表，表明了中国共产党维护团结抗日的诚意，在

---

① 毛泽东致周恩来的电报，1940年11月3日。

政治上赢得了广大中间力量，包括不赞成国共分裂的国民党人士的同情。

圣诞节的前夕，即12月25日，蒋介石邀请周恩来赴宴。周恩来应邀前往。这一天，正是蒋介石在西安事变中获释四周年。

在宴会厅，蒋介石热情地与周恩来握手后，很动感情地说："连日琐事甚多，情绪不好，本不想见，但因为今天是四年前共患难的日子，故以得见面谈话为好。"

接着，蒋介石又说："抗战四年，现在是有利时机，胜利已有希望，我难道愿意内战吗？愿意弄坍台吗？现在八路军、新四军还不都是我的部下？我为什么要自相残杀？就是民国十六年，我们何尝不觉得痛心？内战时，一面在打，一面也很难过。"

随后，蒋介石话锋一转，又以威胁的口吻说：你们"如果非留在江北免调不可、大家都是革命的，冲突绝难避免，我敢断言你们必败。如能调到河北，你们做法一定会影响全国，将来必成功"。

蒋介石又用缓和的语气说："只要你们说出一条北上的路，我可担保绝对不会妨碍你们通过。只要你们肯开过河北，我担保至一月底，绝不进兵。"至于"政治问题，都好解决"①。

周恩来在第二天就向毛泽东和中共中央报告了蒋介石的谈话内容，并冷静地指出：蒋的许多承诺是"靠不住的"。

事情果然不出周恩来所料，就在蒋介石会见周恩来说了那么多"好话"之后还不到10天，震惊中外的"皖南事变"终于发生了！

1941年1月4日晚，天空中下着蒙蒙细雨，在伸手不见五指的黑夜中，新四军军部以及直属纵队9000余人，开始冒雨行军。1月6日傍晚，当新四军行至泾县茂林地区丕岭脚下的时候，突然遭到国民党军队7个师8万多人的包围袭击。面对国民党蒋介石的倒行逆施，广大新四军指战员无不表示极大的愤慨，他们经

---

① 周恩来致毛泽东并告中共中央的电报，1940年12月26日。

过7天7夜的浴血奋战，终因寡不敌众，弹尽粮绝，除2000余人突围外，大部壮烈牺牲。军长叶挺被无理扣押。项英、袁国平、周子昆等遇难。

1月17日晚，国民党中央通讯社发布了蒋介石的通令，悍然宣布撤销新四军番号，反诬新四军为"叛军"，声称将叶挺交军事法庭审判。至此，国民党发动的第二次反共高潮已达到了登峰造极的地步。

事变发生后，毛泽东和周恩来密切配合，领导全党对蒋介石的反共活动奋起反击。当新四军被围时，毛泽东得讯后，十分关心其处境。他一方面电示刘少奇、陈毅："望你们就近随时帮助他们，并加鼓励。"①同时，飞电重庆，要周恩来速"向国民党提出严重交涉，即日撤围，放我军北上，并向各方面呼吁，注明国民党有意破裂，促国民党改变方针"。② 另一方面，以朱、彭、叶、项名义发表抗议皖南包围通电，公开揭露国民党的阴谋。

1月15日，毛泽东电告周恩来："中央决定发动政治上的全面进攻，军事上准备一切必要力量粉碎其进攻。"③

1月18日，毛泽东和中共中央发表《关于皖南事变的指示》，决定对于国民党亲日派顽固派围歼皖南新四军的血腥暴行提出严重抗议，彻底揭露国民党消极抗日、积极反共的罪行。

1月20日，中共中央革命军事委员会发布重整新四军军部的命令，任命陈毅为代理军长，刘少奇为政治委员。

同日，毛泽东以中共中央军委发言人名义发表谈话，揭露国民党当局的反共阴谋，抗议其反革命暴行。并在谈话中提出了取消1月17日反动命令，惩办祸首，释放叶挺，交还皖南新四军全

---

① 《皖南事变》(资料选辑)，北京：中共中央党校出版社，1982年版，第131、137页。

② 《皖南事变》(资料选辑)，北京：中共中央党校出版社，1982年版，第131、137页。

③ 《皖南事变》(资料选辑)，北京：中共中央党校出版社，1982年版，第147页。

部人枪等 12 项要求。

23 日，新四军陈毅等将领通电就职。

28 日，新四军军部在苏北成立，并将全军改编为 7 个师 9 万余人，坚持战斗在大江南北。

在重庆，周恩来得知皖南事变的消息后义愤填膺，他立即给何应钦打电话，痛斥了他们的反共罪行。他说：你们的行为，使亲者痛，仇者快。你们做了日寇想做而做不到的事。你何应钦是中华民族的千古罪人！

为了把皖南事变的真相向国民党统治区的广大人民揭露出来，周恩来指示新华日报社撰写揭露皖南事变真相的报道和抗议国民党制造皖南事变的社论。当他得知报道和社论被国民党政府新闻检查官扣压后，决定在《新华日报》上刊登题词。他指示报社准备两种不同的版面：一种是应付新闻检查官用的，上面没有周恩来的题词。另一种刊登有周恩来题词的手迹。

1 月 17 日夜晚，周恩来在重庆红岩村八路军办事处，以极其悲愤的心情把题词写好后，便派副官立刻送往新华日报社，并且指示：要报社加快编排和制版，组织好发行力量，务必抢在第二天各大报发行以前，将报纸送到广大读者手中。

周恩来的题词共有两条。

报纸第二版占六栏地位的题词是：

为江南死国难者志哀
中华民国三十年一月十七日夜
周恩来（印）

报纸第三版占五栏上题的是一首诗：

千古奇冤，

江南一叶；

> 同室操戈,
>
> 相煎何急?!
>
> 　　　　　　　　周恩来

尽管题词和诗一共只有25个字,但却产生了震撼人心的强大力量,不仅揭露了皖南事变的实质,还表达了对国民党顽固派最强烈的抗议!

黎明前,新华日报社的同志就把印好的报纸包在铺盖卷里,然后装在箩筐里,从红岩后山偷运进城,送到广大读者手中。

18日清晨,当国民党顽固派发现市面上出现印有周恩来题词手迹的报纸时,大批报纸早已冲破山城的浓雾传遍了全城,轰动了整个重庆市。

这天的报纸,上午就在市内销售一空,每份后来增卖到五角钱,在社会上产生了极大的影响。

2月2日,毛泽东从延安致电周恩来说:

> 收到来示,欣慰之至,报纸题字亦看到,为之神往。

皖南事变的真相公之于世后,在国内外引起了强烈的反响。国内各界人士和海外华侨纷纷打电报给蒋介石,要求撤销反共部署,呼吁停止内战,团结抗日,反对分裂。英国大使说:"这是可悲的事。"美国武官也做了同样的表示。罗斯福私下向蒋介石发出警告:美国向中国提供援助是为了抗日战争,如果发生这类可悲的事件,这种援助将是无益的。

国内外的反响如此强烈,令蒋介石感到惊讶,并陷入了四面楚歌之中。迫于国内外舆论的压力,蒋介石于3月1日召开了第二届国民参政会,并表示"以后再亦决无剿共的军事"行动。接着,蒋介石邀请周恩来面谈,答应解决国共之间的若干问题。至此,国民党的第二次反共高潮被击退。

毛泽东在 3 月 18 日《打退第二次反共高潮后的时局》一文中指出：这次斗争表现了国民党地位的降低和共产党地位的提高，形成了国共力量对比发生某种变化的关键。皖南事变的结果，显示了中国共产党人在政治上的成熟。

在这场惊心动魄的斗争中，毛泽东作为一个杰出的无产阶级政治家和军事家，审时度势，运筹帷幄，挽狂澜于既倒，为打退国民党第二次反共高潮做出了卓越的贡献。周恩来作为毛泽东的有力助手，始终战斗在第一线，参与毛泽东和中共中央的各项重大决策，以炉火纯青的斗争艺术，机智灵活地处理着各种复杂的事态，从而更加赢得了毛泽东的信赖。周恩来本人也已心悦诚服地认定毛泽东对中国革命的领导是正确的。这主要体现在 1943 年 8 月周恩来回延安参加整风运动，并在中央办公厅为他举办的欢迎会上的发言。

周恩来热情洋溢地说：

> 有了毛泽东同志的领导和指示，在这三年来许多紧急时机、许多重要关键上，保证了我们党丝毫没有迷失方向，没有走错了道路。
>
> 没有比这三年来事变的发展再明白了。过去一切反对过、怀疑过毛泽东同志领导或其意见的人，现在彻头彻尾地证明其为错误了。
>
> 我党二十二年的历史证明：毛泽东同志的意见，是贯穿着整个党的历史时期，发展成为一条马列主义中国化、也就是中国共产主义的路线！
>
> 毛泽东同志的方向，就是中国共产党的方向！
>
> 毛泽东同志的路线，就是中国的布尔什维克的路线！①

---

① 《周恩来选集》上卷，北京：人民出版社，1980 年版，第 138 页。

7 重庆谈判中的日日夜夜

毛泽东望着周恩来消瘦的脸庞，关心地问："我不告而别，蒋介石会不会对你下手?""不会。"周恩来宽心地一笑，"主席，你放心地走吧。"他来了句幽默话，"我想，蒋介石再毒辣，大概还不会杀他的救命恩人吧。"

延安枣园的灯光，又摇摇曳曳地亮到了拂晓。毛泽东刚刚起草完《中共中央关于同国民党进行和平谈判的通知》。他经常是这样夜以继日地工作，即使是新中国成立后，也未能改变这种工作和生活习惯。

周恩来这时踏着熹微的晨光，急匆匆地走进窑洞。

"恩来，有什么急事么？"毛泽东站起来问。

"十万火急！"周恩来手里拿着一叠厚厚的电报，并指着最上面的一封说："这封电报的开头就是这样写的……"

毛泽东似乎感到了问题的严重，连忙从周恩来的手中接过电报，一张一张地在桌子上展开，当见到落款处都是些解放区部队和地方党委负责人的名字后，这才笑眯眯地瞪了周恩来一眼，然后自己大声地朗读起来：

"蒋介石一面积极备战，一面又请毛泽东去重庆谈判，这里头一定有个大阴谋！"

"重庆之行太危险，千万请毛主席不要去。不仅毛主席不能去，周副主席也不能去，中央任何领导同志都不能去！"

读着这些"十万火急"的电文，毛泽东忍不住笑道："这些同志呀，虽然天各一方，倒好像开了个什么碰头会似的，意见还蛮统一的哩！"

周恩来的脸上却没有一丝笑容。

1945年抗战胜利后，蒋介石在美国的导演下于8月14日、20日、23日，连发3电，邀请毛泽东赴重庆"共商国是"。蒋介石的如意算盘是：如果毛泽东不来，可以说共产党拒绝和平谈判，把内战的责任推到共产党身上；如果来了，则可以利用"和平谈判"来麻痹共产党，诱使它交出人民军队和解放区政权，还可以争取时间，调兵遣将，部署内战。

"不入虎穴，焉得虎子？"在8月25日召开的中央政治局会议上，毛泽东决定亲自去重庆和蒋介石谈判。

"主席呀，你还是要慎重地考虑一下各方面的意见。昨天晚上，你通宵达旦，延安军民也是一夜未合眼呀。听到你要亲自去重庆的消息，他们心里都非常着急呢。今天，天不亮就已经陆陆续续地来了不少人，让我千万千万要劝劝你啊！"

"事情有这么严重吗？"毛泽东这时倒也很想听听各方面的意见，便道："恩来，你说说，都有些什么看法呀？"

周恩来开始如实地转述着：

"有位私塾先生说着说着就控制不住感情了。他说，蒋介石不讲信义，已是司马昭之心，路人皆知。现在计上心来，迭电相邀，更是心怀叵测。而主席你不曾三思，却贸然行事，莫非要学着宋江的样子，接受朝廷的招安不成？……"

毛泽东点点头，佩服私塾先生的联想和比喻。

"有位战士曾对我这样说：'毛主席不能去重庆，要谈判，请他蒋介石到延安来，咱们保证和西安事变一样，有来有去。谈不成不要紧，要打仗，战场上见高低……'"

毛泽东听得很认真。

周恩来继续转述着：

"有位老同志说着说着就掉泪了。他说，自从上了井冈山，毛主席就没有离开过我们一步，五次反'围剿'，万里长征，八年抗战，毛主席都和我们在一起，没有离开过自己的军队和根据地。如今，却要亲自去重庆和蒋介石谈判，说什么也难以让人转过弯来呀，去那个地方，与这么一个不守信义的人谈判，太危险了啊！"

听到这里，毛泽东的心头忽然一热，眼睛湿润了。多么好的同志，多么好的人民啊！为了中华民族，为了中国广大的人民群众，我毛泽东就是有天大的危险，也应该赴汤蹈火，在所不惜呀！……

毛泽东听完周恩来反映的各方面意见后，说：看来，我们有必要向延安和解放区的广大军民，分析一下日本投降以后国内外形势的发展，说明一下中共中央关于和平谈判的方针，以及在谈判中准备在不损害人民利益的根本前提下做出的某些让步。另外，对谈判结果的两种可能情况的对策也应交代清楚。总之，我们既要告诉广大军民没有必要为我们的安全担心，也要告诉全党，绝不能因为谈判而放松对蒋介石的警惕和斗争。周恩来非常赞同毛泽东的意见。

8月26日，经中央书记处讨论通过，并由党中央向全党发出了《中共中央关于同国民党进行和平谈判的通知》。

8月28日，毛泽东、周恩来、王若飞在张治中和赫尔利的陪同下，同机飞离延安去重庆。据师哲回忆说：

> 当天到机场送行的各级干部约千人，但所有到场的干部表情沉闷，心事重重，大家都沉默不语。看来，他们所考虑和担心的都是同一个问题——毛主席的人身安全有保证吗？尽管张治中一再声言，他对主席的安全负有绝对不可推卸的责任，可是一贯背信弃义的蒋介石心里究竟作怎样的打算，谁能知道呢？……飞机起飞了，人们带着沉重的心情返回各自的机关去了，为主席的安全，谁也没有放下心来。①

---

① 师哲：《在历史巨人身边》，北京：中央文献出版社，1991年版，第308—309页。

当天下午3时，飞机到达重庆九龙坡机场。前来欢迎的各党派代表见毛泽东健步走下飞机后，便彬彬有礼地向他走去。但那些年轻的中外记者们却一拥而上，一下子把毛泽东团团围住。有的递名片，有的报姓名，有的提问题，有的争先恐后地和毛泽东握手……而这时那些各党各派的代表都被挡在人墙之外，无法同毛泽东接近。

周恩来一看这种情形，立刻把一个纸包高举在空中，并大声说："新闻界的朋友们，我从延安为你们带来了礼物，请到这儿来拿吧！"

话音刚落，一大群中外记者又蜂拥般地来到了周恩来的身边。周恩来看到毛泽东已经能同各党各派的代表握手交谈时，才微笑着打开纸包，向记者们一一分发"礼物"。原来，这是周恩来从延安带来的毛泽东的书面谈话。

内容如下：

> 现在抗日战争已经胜利结束，中国即将进入和平建设时期，当前时机极为重要。目前最迫切者，为保证国内和平，实施民主政治，巩固国内团结。国内政治上军事上所存在的各项迫切问题，应在和平、民主、团结之基础上加以合理解决，以期实现全国之统一，建设独立、自由与富强的新中国。①

毛泽东的书面谈话，把中国共产党的主张光明磊落地公布于众。

当天晚上，蒋介石在他的官邸山洞林园设宴欢迎毛泽东。这是自1927年国共分裂，事隔18年后，毛泽东和蒋介石的首晤。双方握手问候，感触颇深。

---

① 《毛泽东文集》第四卷，北京：人民出版社，1996年版，第19页。

"一个像普鲁士式的,一个看上去像波希米亚人式的。蒋介石的服装笔挺合身,戴满了勋章,毛的衣服则毫无装饰。好像是从一百件服装里任意拣来的。"

"蒋介石看上去像根铁柱子,而毛像一根竹子。"①

蒋介石曾多次对他的侍从们强调过"一个领袖"、"天无二日"。但是,毛泽东却执意地要证明,中国的天空会对这两个"太阳"做出选择的。

毛泽东来重庆谈判,完全出乎蒋介石的预料。蒋介石虽然对谈判毫无准备,但既定方针,早已确定。他在 8 月 28 日的日记中曾写道:

> 正午会谈对毛泽东应召来渝后之方针,决心诚挚待之。政治与军事应整个解决,但对政治之要求予以极度之宽容,而对军事则严格之统一,不稍迁就。②

毛泽东在重庆期间,多次与蒋介石面谈。毛泽东从历史到现实,批评了国民党的反共反人民的政策,阐明了我党和平、民主、团结的方针,为谈判规定了总的原则。

周恩来根据毛泽东和中共中央决定的方针,同国民党代表就军队、解放区、国民大会和政治协商会议等具体问题进行了谈判。谈判中,既表现出了坚定的原则性,又在不损害人民根本利益的前提下,采取了灵活性的策略。周恩来严正驳斥了国民党代表诬蔑共产党领导的人民军队和解放区是"封建割据"、"裂土封侯"的论调,坚决拒绝国民党要求共产党交出解放区和人民军队的无理要求。

每次谈判的情况,周恩来都向毛泽东汇报,听取毛泽东的指

---

① 《中国出了个毛泽东》,北京:解放军出版社,1991年版,第309页。
② 宋平:《蒋介石传》,长春:吉林人民出版社,1987年版,第472—473页。

示和意见。谈判中每一个新的建议的提出，都是周恩来和毛泽东商讨后，由毛泽东亲自做出决定。例如，关于军队整编问题，9月3日谈判时，中共代表提出将八路军、新四军及其他人民武装整编为48个师，而国民党却要中共缩编为12个师，另加几个补充师。9月18日，经毛泽东和周恩来研究，向国民党提出新的建议，即国民党军队和中国共产党的军队整编比例可为7∶1，国民党军如为263个师，中共的军队即为43个师，较原方案让步5个师。后来国民党代表说，他们的军队缩编为120个师。经毛泽东决定，中共军队也按比例减下来，可缩编到24个师以至20个师。关于军队驻地和解放区问题的几次新的建议，也是毛泽东和周恩来研究后提出的。

在重庆，周恩来协助毛泽东进行了大量的统一战线工作。毛泽东会见了国民党上层的包括左、中、右方面的人物；会见了各民主党派、无党派民主人士；会见了美、英、法、苏等国的大使、中外新闻记者及其他人士。毛泽东的每次会见和活动，周恩来都是亲自陪同或亲自安排。

有一次，毛泽东会见了柳亚子先生。柳亚子先生是首次国共合作时期毛泽东在广州共事的老朋友，他一见到毛泽东就兴奋得流出了热泪，促膝畅谈后，当即赋诗一首赠给毛泽东：

阔别羊城十九秋，
重逢握手喜渝州。
弥天大勇诚能格，
遍地劳民乱倘休，
霖雨苍生新建国，
云雷青史旧同舟，
中山卡尔双源合，
一笑昆仑顶上头。

这首诗，不仅赞颂毛泽东为拯救水深火热的中国人民，不避艰险、亲临虎穴、弥天大勇的英雄气概，也充分表达了这位老朋友的炽热感情，同时也代表了一部分坚持孙中山先生革命传统的国民党左派人士的政治态度。应柳亚子先生的索求，毛泽东把1936年2月写的《沁园春·雪》手书赠送给他：

北国风光，
千里冰封，
万里雪飘。
望长城内外，
惟余莽莽；
大河上下，
顿失滔滔。
山舞银蛇，
原驰蜡象，
欲与天公试比高。
须晴日，
看红装素裹，
分外妖娆。

江山如此多娇，
引无数英雄竞折腰。
惜秦皇汉武，
略输文采；
唐宗宋祖，
稍逊风骚。
一代天骄，
成吉思汗，

只识弯弓射大雕。
俱往矣，
数风流人物，
还看今朝。

　　在这首词中，毛泽东以丰富的想象和精巧的构思，描绘了一幅祖国山河气势宏伟波澜壮阔的画面。并由祖国的壮丽河山引出中国历史上几个具有代表性的封建帝王，加以评论。最后强烈地赞美了无产阶级和广大民众。这首词抒情与议论，评古与颂今融为一体，给人以极强的艺术感染力和思想启迪。

　　柳亚子先生捧着毛泽东的《沁园春·雪》这首词，万分激动，爱不释手。他赞叹道："这种宽阔胸怀、远大抱负的词句，只有润之先生才能写出来呀，我要珍藏它，以作永久的纪念。"

　　此后，这首气势磅礴的词便在重庆广为流传，大有令重庆纸贵之趋势。后来重庆的《新民晚报》干脆将它全文发表，这就引起了巨大的轰动，凡有市井之处，无不在谈毛泽东的词。蒋介石通过报纸读到这首词后，引起他极大的不快。他虽不会填词赋诗，但凭直觉，他品味到这是一首气度不凡的好词，该词借古说今，意境不俗。蒋介石千方百计想找出一点差错，以平衡自己妒忌的心理。他命令其秘书陈布雷组织一批人，写文章以评论毛泽东词的名义，批判毛泽东的"帝王思想"，攻击毛泽东来重庆的目的不是为了和谈，而是为了称帝。毛泽东看见了重庆大大小小的攻击辱骂文章后，笑着对周恩来说："看来要称王称霸的还是蒋公介石啊！不然，我的一首小词，怎么就触怒了他，引得他万炮齐发呢？他不就是怕中国共产党参政，打破他的一党专制的统治吗？"

　　在重庆期间，周恩来为了毛泽东的安全，和他形影不离，朝夕相处，从保卫工作到生活安排都亲自布置，精心照顾。

周恩来为毛泽东操尽了心。因为他把毛泽东的健康和安全，看作是中国革命事业的保证。他曾多次告诫工作人员，主席的一举一动，一切问题都是有关党和革命的事业和全国人民利益的。

在毛泽东赴重庆谈判前，周恩来就多次召集会议，决定保卫毛泽东的安全工作，并为此费了一番思量。据当时周恩来的副官回忆说：在重庆谈判前夕，周恩来在居室内踱着步，沉吟不止，忽然停下步，望着他问："你有什么意见？""毛主席是真龙，当然贴身的警卫也应该是龙。"周恩来笑了，说："应该是龙，那么我们就用三条龙！"

于是，周恩来宣布了他的决定：毛泽东的警卫由陈龙和龙飞虎负责，跟随毛泽东外出活动，不得稍离片刻。颜泰龙跟周恩来行动，周恩来不离毛泽东左右，出则同车，停则同坐同息，吃则同食。每次出动，周恩来紧挨毛泽东，左右身后高度警戒着三条龙：陈龙、龙飞虎、颜泰龙。

当毛泽东踏上重庆这块山城的沃土时，周恩来对他的副官讲的第一句话就是："主席到了，再不要管我，你们都要全力以赴去保卫毛主席。"

有一次，毛泽东和周恩来应蒋介石的邀请，在原国民政府主席林森的公馆里住了一天。一到那里，周恩来特别嘱咐警卫人员要仔细检查，各个角落都不能放过，看看是否放有炸弹和易燃品等。在警卫人员检查后，他仍不放心，又亲自检查，床上床下，枕头都看过，又在椅子上先坐一坐，然后才让毛泽东进去。毛泽东住下后，周恩来告诉警卫员：保证房间不离人，不要让别人进来。甚至连毛泽东喜欢吃什么，重庆的臭虫多，要注意弄好床铺等细节都反复地交代警卫和工作人员。由于周恩来的亲自照顾，毛泽东在重庆43天的谈判和频繁的活动中，健康情况始终很好，连一次小感冒都没有。

9月1日，中苏文化协会举办苏联民族生活展览，该会会长孙科邀请毛泽东和周恩来前去参观。周恩来让八路军办事处的人都到展览馆周围担任警戒。这时，重庆人民还没有发现毛泽东和周恩来到展览馆参观。可不一会儿，消息便传开了，人们纷纷向展览馆汇集。由于四川的房子大都是用竹子做的，人越来越多，房子都摇晃了。周恩来看到这种情况，马上从毛泽东的后面插到前面带路，想把毛泽东引走。毛泽东知道了，说看完再走吧。这时，人如潮涌。大家都很担心毛泽东的安全，冯玉祥和张治中也告诉周恩来说："这房子危险，让毛先生赶快离开这里吧。"但毛泽东还是坚持要看完。院子里的人更多了，挤得水泄不通。这时周恩来非常着急，跟警卫人员说："你们不要管我了，要保护主席的安全。"就这样，周恩来走在前面开路，一边走一边说："请大家让开路！请大家让开路！"

毛泽东走在中间，三条龙即三个警卫员左一个，右一个，后边一个，保护着毛泽东往外走。到了大门口原来停车的地方，毛泽东的汽车不见了。原来人多了，宪兵维持秩序，把汽车调到另外一个地方了。但周恩来早已安排警卫人员在门口等候，当毛泽东等人一出来，他们马上和宪兵打开了一条路，保护毛泽东上了汽车，安全地回到了红岩村八路军办事处。

9月2日晚，毛泽东、周恩来、董必武和王若飞又应邀出席了中苏文化协会为庆祝中苏友好同盟条约签订而举行的鸡尾酒会。出席这次酒会的有苏联驻华大使彼得罗夫、武官罗申及沈钧儒、郭沫若、冯玉祥、李德全、邵力子，还有陈诚、陈立夫、吴铁城等，300多人。

当毛泽东和周恩来等人来到大厅时，全场热烈鼓掌，一片轰动。当毛泽东等人来到二楼时，楼下的人几乎全部涌到楼上来了。数不清的热情的手，说不完的盛情的欢呼。毛泽东的脸上泛着欢乐和感动的光彩。大家兴奋地举杯，人人都要向毛泽东敬酒，向他表示祝福。周恩来挡在毛泽东的前面，接过一杯杯盛情难却的酒往下干。他的脸上红光流溢，两眼更加炯炯有神，威武的两道眉毛稍稍上扬，更显得神采飞扬。

"现在我提议，所有能喝酒的先生都举杯，我代表毛主席敬大家三杯。"周恩来说完，彬彬有礼地将目光扫过全场，微笑点头："先喝为敬啊！"他那嗓音，如同绍兴黄酒一样温和醇香。

据说，那段时间，周恩来的酒量得到了超常的发挥，天天喝大酒，喝得轰轰烈烈，惊心动魄，然而却没有一次醉过。他的警卫员和身边的工作人员目睹周恩来喝酒的情景，都忍不住哭了。那真是拿命来保卫毛泽东啊！

事后，周恩来的副官心疼地问："你怎么一杯也不让主席喝呢？"

"我怕酒里有人做手脚，放毒。……"周恩来只耳语般地喃喃了一句。

据周恩来的副官回忆说：当时我也流泪了，近三十年后我又流了一次泪。那是江青搞"批周公"，我义愤填膺。毛主席当年去重庆，她也在，她自己说过："恩来关心主席都关心到家了，我们谁也比不了。"可她现在居然"批周公"！我曾问一位老同志："主席讲话了没有？"老同志忧郁地摇摇头。于是，我难过得流下了眼泪……

毛泽东雄才大略，他所关心、日夜思考的只是如何根据自己对世界及规律的认识，从广度和深度上去推进中国革命，以他顽强的意志和超凡的自信心去开拓，去实践，去创造一个光辉灿烂的新世界。他不大在意别的同志为他个人做了哪些帮助和牺牲；他不属于他自己，所以别人为他做出的一切他也视为整个革命行动中的一部分，而非个人之间的关系和情谊。毛泽东似乎有意约束自己，一般不同某一个或几个重要的党政军领导人发展超出同志和战友关系的私人情谊。同志就是同志，战友就是战友，尽量避免加进过于浓厚的个人感情。因此，对与同他合作共事半个世纪的周恩来也是如此。新中国成立后，据说他也很少去西花厅。也许他认为看望问候叙旧是俗人之举？是妇人之仁？然而每当关键时刻，毛泽东总是信任地将大权交给周恩来。即便周恩来晚年身患绝症，卧床不起，仍然不允许任何人去替换他，仍然委任他为总理。这也许才是毛泽东这位伟人表达对这位忠心耿耿的战友的信赖、理解和感激、尊敬之意吧？

10月8日，也就是毛泽东回延安的前三天，一件不幸的事件发生了。

那天晚上，毛泽东、周恩来到军事委员会礼堂，参加张治中为欢送毛泽东回延安而举行的鸡尾酒会。酒会后，在礼堂看戏。这时，龙飞虎走到周恩来身边附耳小声报告："周副主席，李少石同志遇刺。"李少石是第十八集团军驻重庆办事处秘书，共产党员，是廖仲恺的女婿。在乘车外出途中遭到国民党士兵的枪击，伤势严重，送入市民医院抢救。周恩来听到消息后，为之一震。但是他没有立刻惊动毛泽东，只是对他轻轻地说了声："有点事，我出去一趟。"毛泽东也习惯地点了点头。

周恩来立刻找来国民党的宪兵司令张镇，同他一起赶到医院。这时李少石因伤势太重，抢救无效去世了。周恩来流下了眼泪，悲痛地说："二十年前，在同样的情况下，我看到你的岳父……如今，我又看到你这样！……"

周恩来轻轻抹去泪水，锐利的目光转向张镇："我要求你必须严加侦察、缉凶归案。现在毛主席的安全你必须负全责，你必须用汽车亲自护送他回红岩村。"

张镇连忙都应承了。周恩来迅速安排了各项事宜，又轻轻地回到剧场，在原来的位置上坐下来，仿佛什么事情也没有发生一样，一直默默地坐到戏剧演完散场。这时，毛泽东起身同张治中握手道别，张镇亲自护送毛泽东回到了红岩村。

周恩来在场内外判若两个人，如果这不是他在政治上的高度警惕和出于对毛泽东安全的赤诚关怀,怎么能够当场如此镇定自若呢?后来查明了李少石遭枪击的原因。即当李少石坐汽车回城时,司机开快车,撞伤了在路边的一名国民党士兵。班长见汽车肇事后未停车,就朝汽车开枪。子弹从车后的工具箱穿过,打中李少石的肺部。事情弄清楚后,周恩来还在安葬李少石后,亲自到医院看望了那个受伤的士兵,表示愿负担一切医疗费用。这件事的处理,也反映了周恩来实事求是的高尚品格。

毛泽东在重庆期间,国民党宪兵司令张镇确实尽了努力,负责毛泽东的安全。这件事周恩来一直记在心里,新中国成立后他多次对负责统一战线工作的罗青长、童小鹏说:"将来台湾解放,对张镇在重庆谈判时期的这一功劳,一定不要忘记。"

蒋介石一方面与毛泽东握手和谈,举杯联欢,另一方面又调动大批军队向解放区进攻,给毛泽东施加压力。8月下旬,他命令阎锡山部侵入晋冀鲁豫解放区的上党地区。毛泽东电令刘伯承和邓小平:你们打得越坚决越彻底,我在重庆越安全。刘、邓遵照毛泽东的指示率部反击,粉碎了蒋介石的军事阴谋,促进了"双十协定"的签订。

10月10日,经过边谈边打43天的较量,国共双方代表签订了《政府与中共代表会谈纪要》(即"双十协定")。"双十协定"迫使蒋介石承认了中共提出的和平建国的基本方针;承认要避免内战,给人民某些民主权利;承认了各党派,提高了各民主党派的地位。协定规定,迅速结束训政,召开政治协商会议;承认中共领导的抗日军队可以缩编为20个师;但在解放区政权和其他问题上仍然没有达成协议。周恩来留在重庆继续谈判。

"双十协定"签订后,毛泽东决定返回延安。蒋介石要用他的专机送毛泽东,周恩来为此很担心。恰好张治中透露,蒋介石派他11日乘飞机去兰州。周恩来听说后,立即驱车去找张治中。

"文白兄，国共和谈的事，多亏你四处周旋呀。"

"哪里，哪里。"张治中呷了口茶，客气地说，"你翔宇兄对抗战胜利后维持和平局面，出了大力。"说着，他叹了口气，"我也是为官身不由己呀，还望见谅。过两天，我就要到兰州去一趟。"

周恩来一听，急忙问道："哪天走？"

"10月11日"，张治中说。

"那么就让我党领袖毛先生搭你的飞机回延安吧。"

张治中疑惑地问："毛先生的回程，委员长不是安排了专机吗？"

周恩来笑了笑说："文白兄，你是知道的，蒋先生也有许多为难处，我党办事处的李少石事件，就是一个鲜明的例证。"

张治中默默无语，答应了。

"不过，"周恩来又补充说："请文白兄对此事守口如瓶。"

"当然。"张治中点了点头，"走那天，我调军委政治部的警卫营去警戒，翔宇兄该放心了吧。"

10月10日这天，蒋介石在"双十协定"上签字后，便叫来戴笠，对这位中国的希姆莱吩咐道："毛泽东返回延安的专机，你亲自带人检查一下。"

"校长。"戴笠直挺挺地立在蒋介石的桌旁，鼓足勇气说："这可是放虎归山呀。"

"雨农，"蒋介石带点亲昵地拍了拍这位忠实部下的肩膀，"你呀，跟了我这么多年，该有点政治头脑了。"他第一次动了点真情，"假如毛泽东在重庆出了事，我是脱不了干系的。只要他离开了山城，一切都与我无关，懂吗？"他挥挥手，示意戴笠去干事。

戴笠于是调来了特别警卫组，驻扎在九龙坡机场，"保护"这架专机的安全。

10月11日这一天，戴笠前来"检查专机的安全情况"，突然发现九龙坡机场警戒森严,荷枪实弹的士兵从机场大楼,一直排到了跑道上停着的一架双翼飞机旁。

戴笠仔细一看,这些士兵不是机场警卫部的人。一问,方知是张治中奉委员长之命,今天要乘机前往兰州。

他不以为然地撇撇嘴,带着自己的部下往停放专机的地方走去。

戴笠刚走,几辆小轿车箭似地往九龙坡机场开来,后面跟着一辆坐满士兵的十轮大卡车,卡车车头的顶棚上,一挺机枪探出头来。

这支车队一直开到张治中的专机旁。

第一辆小轿车里,走出了张治中和他的副官;第二辆小轿车里,毛泽东和周恩来走了出来,其他警卫员和工作人员也纷纷走出汽车。

毛泽东望着周恩来消瘦的脸庞,关心地问:"我不告而别,蒋介石会不会对你下手?"

"不会。"周恩来宽心地一笑,"主席,你放心地走吧。"他来了句幽默话,"我想,蒋介石再毒辣,大概还不会杀他的救命恩人吧。"

"一有情况,你立即撤回。"毛泽东叮嘱道。

"只要共产党人还有实力,蒋介石是不敢把我怎么样的。"

这时,飞机的引擎声隆隆响起,周恩来催促道:"主席,快上飞机吧。"

毛泽东没言语,突然握住了周恩来的手,注视良久,才从肺腑里吐出两个字:"保重!"

说完,他转身登上了飞机,扬了扬手,向周恩来等留下的人员告别……

毛泽东回延安后,周恩来的脸上一整天都带着笑容,常常无缘无故地就笑出声来。他平时节俭得近乎苛刻，炒个咸菜吃都说浪费了油。这次却破例地对身边工作人员说："请客，请客，把为毛主席服务的宪兵和服务人员统统请来！"

周恩来的心境极佳。毛泽东安全返回延安，使他终于放下了那悬挂着的心。此时的周恩来在想些什么呢？有可能想起他和身边的警卫及工作人员参观张良庙的情景，想起他对他们讲的鸿门宴，张良如何帮助刘邦取得政治上的主动，并帮助刘邦安全脱险的故事吧！

那是1940年5月的一天，周恩来身边的警卫和工作人员随他一起从延安赴重庆。

沿途经宝鸡、凤县，卡车在崎岖的土路和石路上颠簸，午后驶入一道大山沟子。

映入眼帘的是，千柯争翠，万木葱茏，风景如画的自然景色。

"都下来吧。"车门打开，传来召唤："去看古迹！"

大家都纷纷跳下车，心里不禁纳闷：这一路多少古迹都不看，特别是西安，住的时间长，名胜古迹又多，还不时有各方人士邀请，周副主席却一处未看。如今特意钻进这大山沟子来看什么古迹？真不理解！

周恩来已经下车了。"走啊，看张良庙去！"

他率先朝山上走去，那儿叫紫柏山。

"周副主席，张良是谁呀？"。有人问。

"张良是古代一位英雄，帮助刘邦打天下，统一全中国，建立了历史上著名的汉王朝。后人给他修的庙就叫张良庙。"周恩来一边登山，一边用通俗的语言解释着。

接着，周恩来便不厌其烦地给战士们讲了张良的许多故事。从博浪沙阻击秦始皇，到下邳起兵反秦；从鸿门宴救刘邦，到"四面楚歌"，使西楚霸王项羽的军队土崩瓦解，落得个"霸王别姬"。最后，周恩来放低声音说："汉王刘邦得天下，主要依靠三个人，韩信、萧何和张良。"

"张良都打过什么仗？"有人感到不满足，又问道。

周恩来的脸上显露出一种沉思的表情，深邃的两眼闪烁着严肃隽冷的目光，缓缓地说："张良没有独自领兵打过仗，他不是帅才。但是他追随汉王左右，出谋划策，是优秀的军师。运筹帷幄，决胜千里……懂吗？"

路经成都时，周恩来还带身边的警卫和工作人员去看了纪念诸葛亮的武侯祠。他从"隆中对"讲到"出师表"，说诸葛亮有思想，出山前就料定三分天下，并制定了兴复汉室、统一全国的计划。最可贵的是，诸葛亮为此做到了鞠躬尽瘁，死而后已。一个封建地主阶级的优秀政治家都能做到这一点，何况我们共产党人呢？这时，他的两眼亮起来，一闪一闪地，充满了一种自信和激情："我们现在要比他做得好，我们在全国执政后要做得更比他好。"

可以说，周恩来这时已经非常勇敢、自信、明智地选定了自己在中国革命和中国历史上的位置，并且当仁不让地在这个位置上坚持奋斗到生命的最后一刻。

周恩来谢世后，没留任何遗产，甚至连骨灰都撒入江河湖泊。他不许人们给他"立庙"——建纪念馆或保留故居。他确实超越了古代的张良和诸葛亮，何止百倍、千倍、万倍。他的丰碑矗立在亿万人民的心中，亿万人民有口皆碑。

周恩来不仅赢得了中国人民的爱戴，也赢得了世界人民的崇敬。当新华社向全世界宣告了周恩来逝世的不幸消息后，所有国家的人都被震惊了。联合国总部大厦最上层飘扬的大旗，也默默地降下了一半，所有联合国会员国的国旗一面也未升起，全给叠成小方块儿放进了抽屉。那面联合国大旗，自1945年10月24日在联合国大厦升起，30年来，没有因哪一国的元首逝世而下半旗；各会员国的国旗也没有因哪一人物的逝世而被叠成小方块儿……这时，有的国家有意见了：我国的第一元首去世，联合国的大旗依然升起，而中国的第二首脑去世，联合国降半旗不算，还把会员国的国旗收起来，这是为什么？

联合国秘书长瓦尔德海姆走出来说：

为悼念周恩来，联合国下半旗，不升会员国的国旗，这是秘书处的决定。原因有两点：一、中国是一个文明古国，她的金银财宝多得不计其数，她使用的人民币多得我们数不过来。可是，她的总理周恩来在国际银行没有一分钱存款！二、中国有10亿人口，占全世界人口1/4。可是，她的总理周恩来没有一个孩子！你们任何一个国家的元首，如能做到其中一条，在他逝世之日，总部照样为他下半旗，为他不升会员国国旗。完了。

说得何等好啊，句句震撼人心！全场都默然了。一个曾经污蔑中国最起劲的先生，也不得不暗暗点头佩服。

10月11日下午1时半，毛泽东在张治中陪同下，安然无恙地抵达延安。

机场两边黑压压地站满了人群，无论是干部、学生、战士、群众，看到毛泽东神采奕奕地走下飞机时，都热烈欢呼，欣喜若狂，尽情地表达他们对毛泽东的无限爱戴，欢呼重庆谈判的胜利。

张治中看到这一场面，事后曾多次对人说：延安的军民对党的领袖最大的关切，真叫人看了感动！

中央书记处办公室主任师哲这时上前迎接毛泽东，并请他给大家讲话。毛泽东的讲话很简短，大意是说：这次到重庆同蒋委员长会谈，涉及各方面的问题，日内就要发表一个文件，叫"双十协定"。这是初步的收获，但还有许多问题没有谈到，更有许多问题没有解决，就是说以后应该做的事情还多着呢！总之，打开了局面。

毛泽东讲完话后转向师哲说："你请张先生讲话。"

师哲走向张治中，请他给大家讲话。

张治中拍着胸脯说："我把毛先生迎接到重庆，今天又负责把他护送回来，这对得起大家。兄弟的责任是尽到了，我也感到光荣。谢谢大家！"①

10月17日，毛泽东在延安干部会上做了《关于重庆谈判》的报告，总结了这次谈判斗争的经验和意义，提出了今后斗争的任务。他指出："谈判的结果，国民党承认了和平团结的方针，这样很好。国民党再发动内战，他们就在全国和全世界面前输了理，我们更有理由采取自卫战争，粉碎他们的进攻。"②

毛泽东和周恩来的重庆之行，在中国革命历史上留下了光辉的足迹，其巨大影响与日月同辉，永存人间！他们之间亲密而默契的合作，深厚而伟大的友谊，也成为佳话，世代传颂！

---

① 师哲：《在历史巨人身边》，北京：中央文献出版社，1991年版，第311页。

② 《毛泽东选集》第4卷，北京：人民出版社，1991年版，第1159页。

8 "李德胜"与"胡必成"

周恩来提议：为了保密，每个人都应起个代号。毛泽东表示赞成，笑着说："我们一定取得胜利，我就叫李德胜。"周恩来接着说："革命事业必定成功，我叫胡必成。"

轰！轰！轰！

这是1947年3月13日，蒋介石下令派飞机轰炸延安。当时的延安，真可谓硝烟弥漫，弹片飞扬。

突然，有一颗炸弹，落在了毛泽东居住的窑洞前面，炸弹把土地炸了一个大坑，飞起的弹片还把附近的一棵大树的树皮都炸掉了。而此时，毛泽东一如既往，照常坐在窑洞里批阅文件。警卫员从外面拣回两块弹片递给毛泽东看，并焦急地劝他赶快撤离延安。可是，毛泽东接过弹片，在手上掂了掂，轻轻地敲着说："嗬，真是块好钢呀，还可以打两把菜刀嘛！"

3个月前，周恩来通过地下党员熊向晖就已经得知胡宗南要进犯延安的企图。重庆谈判后，蒋介石国民党当局自以为内战准备已就绪，便立刻翻脸，悍然撕毁一切协定，于1946年6月26日进攻中原解放区，挑起了中国历史上的最大内战。从1947年3月起，国民党军队在全面进攻受挫的情况下，对陕北和山东解放区实施重点进攻。

胡宗南集团是蒋介石的嫡系，武器装备精良，兵力共23万人。陕北人民军队共2万多人，兵力只有敌军的1/10，处于绝对的劣势。毛泽东和中共中央当机立断，决定暂时放弃延安，依靠陕北优越的群众条件和有利地形，与敌周旋，寻机待敌。

延安，是中共中央的所在地，是全国人民心中的灯塔，是世界闻名的红色首都。听说要放弃延安，许多解放军干部和战士在感情上接受不了。他们离不开宝塔山，离不开延河水，更离不开延安的人民。

3月14日，毛泽东接见了部队的旅首长，同他们进行了长时间的亲切交谈。

"我们要撤出延安，战士们有些什么意见？"

"我们拥护党中央的决定，但是只要党中央下命令，我们全体指战员誓死保卫陕甘宁边区、保卫延安、保卫党中央和毛主席。"

毛泽东听后微笑着说：这个决心很好啊！延安是要保的。我们在延安住了十年，挖了窑洞，吃了小米，学了马列主义，培养了干部，指导了中国革命，全中国全世界都知道有个延安，延安不能不保。但是延安又不可保。因为蒋介石调集了23万国民党军队，在美国的支持下，有飞机、坦克、大炮。而我们保卫边区的部队只有两万多人，基本上还是小米加步枪。两万多人一下子要消灭23万敌人是有困难的。

毛泽东用过去的革命战争实例，反复地说明作战不在于一城一地之得失，主要是歼灭敌人有生力量的道理。他说：我们有些人把不放弃一寸土地的政治口号用在战术上，不管自己的力量大小，和敌人生打硬拼，这是错误的。寸土必争，这是对的。但要看怎样争？"存人失地，人地皆存；存地失人，人地皆失"。这是显而易见的道理。我们今天放弃延安，就意味着将来要解放西安，解放南京，解放全中国！

旅首长们听着毛泽东的讲话，不时地点头。可是，对放弃延安心里又总不是滋味。有位同志说："一枪不放，就把延安让给敌人，真有些不甘心！"

毛泽东听后笑了笑说：你可以放枪呀，你完全可以放几枪"欢迎"胡宗南嘛！告诉他：我们走了，延安这个包袱，送给你背上吧！

停了片刻，毛泽东又说：延安是党中央所在地，我们要主动放弃它，战士们是会有些反应的。当然敌人更会有反应。中央搬了家,他们就会喊叫:共产党垮台了,解放军垮台了,去欺哄人民。一切反动派都喜欢造谣,喜欢无事生非。他们要是占了延安,更该吹牛了,蒋介石还会开一个庆祝大会,庆祝他们的"胜利"……说到这里,毛泽东又爽朗地大笑起来,笑声里含着对敌人的鄙夷和蔑视。这笑声也感染了在场的所有人。

谈话结束后,毛泽东把大家送到门口,一面和大家握手,一面笑着说:好啊!我们下次在哪里见面呢?可能不是在延安,也许是南京、上海,或是北平吧!

历史完全证明了毛泽东的英明预见。

这时,周恩来针对干部和战士的思想情况,也反复做动员。在对警卫战士的动员会上,周恩来说:"我也不愿意离开延安,毛主席也不愿意离开。但是,我们撤离延安是为了保卫延安,现在走是为了将来不走。"

周恩来问战士们:"你们一顿饭能吃多少个馒头?"

战士回答:"一斤。"

周恩来接着说:"一斤一个没法吃,还得做成三四个才好吃。这次蒋介石调动20万大军围攻延安,也得把他们拉开,一个一个地吃。这样才能吃掉。"

他满怀信心地说:"毛主席讲了,这次撤离延安,少则三个月,多则一年,我们是一定要回来的。"①

退出延安是有计划、有秩序地进行的。撤退前,周恩来做了周密的部署和细致的检查。周恩来检查后说:"要不是有条延河,胡宗南连口水也休想喝上。"②

据斯特朗回忆:在撤离延安前的一天晚上,周恩来请她去戏院看戏。但戏里演的什么,她一点也记不清了。只记得毛泽东和其他首长坐在前排,把手伸到炭火盆边取暖,因为戏院没有取暖

---

① 《周恩来传》,北京:中央文献出版社,1991年版,第681页。
② 《毛主席转战陕北》,西安:陕西人民出版社,1979年版,第2页。

设备，而那晚非常冷。散戏之后，斯特朗被邀陪同毛泽东、周恩来到一个窑洞里。毛泽东对她说："你明天必须火速离开延安，就坐明早的飞机。如果再逗留，就可能长期同外面失去联系。大约两年后，你可以再来。"毛泽东当时平静而充满信心的面容，曾深深地印在斯特朗的记忆中。她后来赞叹道：延安撤退是世界上最有秩序的撤退，丝毫没有惊恐和混乱。

　　3月18日清晨。

　　敌军已接近延安，炮声已听得很清楚了。

　　快到黄昏时分，全部军队及老百姓已撤离完毕，炮声响得更近了。

　　情况万分危急。彭德怀考虑到毛泽东的安全，几次催他撤离，他仍不走。警卫员也非常焦急地说："主席，你经常教导我们要全心全意为人民服务，今天我们要保证你的安全，也就是全心全意为人民服务啊！"

　　毛泽东亲切地笑着说："不要紧，来得及。大路朝天，一人半边，他走他的，我走我的，他在那个山头，我在这个山头，怕什么！"

　　毛泽东胸有成竹，稳如泰山，他不是害怕胡宗南进攻延安，而是害怕他不来进攻。他深谙孙子兵法"兵不厌诈"和"声东击西"的道理，并没有随大部队撤离边区。

　　下午4点多钟，敌人逼近了延安。这时，周恩来再次请毛泽东动身，他对毛泽东说："该走了！"

　　毛泽东说："好吧。现在还有点时间，咱们吃了饭再走。"

　　周恩来赞同地说："那好，吃了饭再走。"

　　吃过晚饭，傍晚6时，毛泽东得知群众、干部机关已全部安全转移了，才和周恩来等一行人离开王家坪，踏上了转战陕北的征途。

临上汽车前,毛泽东双手握着前来送行的彭德怀的手说:"你的担子很重,要谨慎用兵,出奇制胜。天空黑下来就预示着黎明在即。我们走后,你要检查一下群众纪律;把延安打扫得干干净净,迎接胡宗南进来,这叫有客不容怠慢。"

说完之后,互道保重。

19日清晨,胡宗南部队占领了延安,立即给蒋介石拍电告捷。蒋介石见到电报后,忘乎所以,欣喜若狂,20日便回电嘉奖。其实,胡宗南得到的不过是一座空城,根本无法知道毛泽东和周恩来等中央首脑和解放军主力转移的踪影。胡宗南命令其主力部队气势汹汹地向延安西北方向推进,力图寻找西北解放军主力决战。

这时,彭德怀指挥部队主力一直隐蔽在敌人背后的另一侧。胡宗南侵占延安后不到一个星期,他们突然在延安东北的青化砭打了一个伏击战。这一仗,一举歼灭胡宗南部2900多人,活捉旅长李纪云。这是人民解放军在西北战场的第一次大捷。为此,毛泽东颁布了嘉奖令。

这次战役后,前线部队准备拿出一部分缴获的卡宾枪等,将中央警卫战士的武器更新一番。但毛泽东和周恩来知道后,坚决不同意,坚持把新式武器送到前线,警卫战士仍然使用旧的。

胡宗南发现中共主力在延安东北地区,急令两个军的兵力向瓦窑堡方向扑来,情势十分紧张。

3月29日深夜,中共中央政治局在绥德以南的清涧县北面的小山庄枣林沟召开扩大会议,讨论中央机关的行动和中央领导人是否留在陕北等问题。参加会议的除毛泽东、周恩来、任弼时外,还有朱德、刘少奇、彭德怀等,会议讨论得很激烈。

会上,毛泽东力排众议,坚持留在陕北。

他说:"我不能走,党中央最好也不走。我走了,党中央走了,蒋介石就会把胡宗南投到其他战场。这样,其他战场就要增加压力。我留在陕北,拖住胡宗南,别的地方就能好好地打胜仗。"

毛泽东在会上也不同意给陕北增加部队。他说:"不能再调部队了,陕甘宁边区巴掌大块地方,敌我双方现在就有几十万军队,群众已经负担不起。再调部队,群众就更加负担不起了。"毛泽东考虑问题总是从人民的利益着想。

会议最后决定:毛泽东、周恩来、任弼时留在陕北,主持中共中央和中央军委的工作;刘少奇、朱德、董必武东渡黄河,前往华北,担负中央委托的任务;叶剑英、杨尚昆在晋西北地区,负责中央机关的后方工作。

毛泽东、周恩来、任弼时等留在陕北,这一着棋是许多人所未料到的。人们不能不对他们的安全感到担心。警卫战士们对此也纷纷议论。周恩来听到后,便问他们:"你们见过大海吗?"接着,他说:"航船在大海上遇到风暴,舵手坚守岗位,沉着驾驶,会给全船的人带来无穷的力量,这是战胜风暴的决定因素!"

"今天,蒋介石又掀起了一股反共反人民的恶浪,全国、全世界的人都望着咱们陕北。在这一严重的时刻,毛主席确定,我们的帅旗高高举在陕北,指挥中心坚决不挪动,这是多么雄伟的革命气魄啊!"[①]

事实的确如此。中共中央和中央军委坚持留在陕北,不仅牢牢地吸引住了胡宗南这支敌人的战略预备队,减轻了其他战场的压力,有力地支援了全国的解放战争,而且对鼓舞各解放区军民的斗志,粉碎国民党反动派的进攻,进而夺取胜利,都起到了重大的作用。

据毛泽东的机要秘书高智回忆:有一次行军,天下着大雨,队伍停在一个山包上,山下就是敌人的几万兵马。向导迷路了,毛泽东立在山包上和周恩来小声谈着话,还在遮雨的被子下打亮

[①] 《周恩来传》,北京:中央文献出版社,1991年版,第683页。

手电筒查看地图。老同志望着山下的敌人小声问:"小鬼,怕不怕?"我立刻说:"毛主席还在这儿呢,咱怕什么?放心得很。"①

这就是当时的真实历史。

枣林沟会议的第二天,周恩来带着两个警卫员骑马北上,经绥德,在军渡渡过黄河,到山西省临县三交镇去部署中央机关人员的转移和中央后方工作委员会成立的准备工作。当各方面工作有条不紊地走上轨道时,周恩来很快就回到毛泽东身边。

这时,毛泽东率领中央机关已向西转移。周恩来在路上走了一个多星期,4月10日这天赶到靖边县青阳岔同毛泽东、任弼时等会合。

为了适应战争的需要,毛泽东命令中央机关人员,按照军事编制组织起来。为了统一指挥,成立一个司令部,下属四个大队和中央警卫团。任弼时任司令员,陆定一任政委,叶子龙为参谋长。周恩来提议:为了保密,每个人都应该起个代号。毛泽东表示赞成,笑着说:

"我们一定得胜,我就叫李德胜。"(离得胜的谐音)

周恩来接着说:"革命事业必定成功,我叫胡必成。"

任弼时说:"我叫什么名字好呢?"

毛泽东说:"你是支队司令,就叫史林。定一同志是政委,就叫郑位吧!"②

就这样,毛泽东把自己的名字改成了李德胜。后来,毛泽东和贺子珍的惟一女儿娇娇从苏联回国,并到毛泽东身边生活。在娇娇要上中学前,毛泽东决定给她取一个正式学名,而且这个名字要有深刻意义。毛泽东打开《论语》中的《里仁》篇,指着其中的一句话"子曰:'君子欲讷于言而敏于行'"对娇娇解释说,讷,就是语言迟钝的意思。敏,则解释很多。他讲到这里又打开《辞

---

① 权延赤:《领袖泪》,北京:中共中央党校出版社,1990年版,第75页。
② 《中共中央在陕北》,北京:解放军出版社,1988年版,第183、184页。

源》,指着敏字解释道,敏字有好几种解释,如敏捷、聪慧、勤勉。《论语·公冶长》:"敏而好学,不耻下问。"敏,还可做"灵敏迅速"、"聪敏通达"、"聪明多智"等解释。杜甫《不见》诗:"敏捷诗千首,飘零酒一杯。"

娇娇听得入了迷,深感爸爸学识渊博。

"你的名字就叫敏,但不一定叫毛敏,也可以叫李敏。"毛泽东对娇娇说。

"为什么?大哥叫毛岸英,二哥叫毛岸青,他们都跟爸爸姓毛,我为什么不姓毛?"娇娇睁着大眼睛,十分不解地问。

毛泽东爱抚地用手拍拍娇娇的头说:"娇娇,爸爸姓毛,这是不错的,但是为了革命工作的需要,爸爸曾经用过毛润之、子任、李德胜等十多个名字,爸爸特别喜欢李德胜这个名字。爸爸给你讲讲李德胜这个名字是怎么来的。……"

毛泽东给女儿取名的真正用意,是勉励她继承父辈的事业,刻苦学习,做一个对革命有用的人。

在转战陕北时期,毛泽东准备了两套班子。后来,周恩来还谈到:"我们领导革命战争时,在全国、在中央决定问题的只有三个人。当时中央书记处共有五个人,分散在两个地方:一个地方是刘少奇同志和朱德同志,他们领导全国土改,搞根据地;在中央只有三个人,毛主席、周恩来与任弼时同志。所谓中央,就是三个人嘛!"①

1947年4月13日,毛泽东和周恩来率部转战到靖边县的王家湾(今属安塞县)。这个小山村,只有十七八户人家。坡底下是双羊河,绕过山庄,缓缓地向北流去,对面是石寨山。毛泽东、周恩来、任弼时住在贫农薛老汉腾出来的两孔半套窑里。一盘土炕、一张破桌、一个树墩,便是他们住宿、办公的用具。

因为住得很挤,进出又只有一个门,平时除开会外,都各自

---

① 《周恩来传》,北京:中央文献出版社,1991年版,第685页。

聚精会神地工作，窑里一点声响也没有。周恩来每天清晨起来，常要连着咳嗽几声。他怕影响毛泽东等休息，总是快步走到院子里咳嗽。他们的生活同战士、老百姓一样艰苦。细粮很少，主食大多是粗粮，青菜也很困难。

当时，最重要的是军事工作。他们不仅指挥着陕北战场的作战，而且指挥着全国战场的作战。由于军委副主席兼总参谋长彭德怀已在前线，担任西北野战兵团司令员兼政委，无法再顾及总部的工作，作为中央军委副主席的周恩来事实上成了毛泽东指挥全国解放战争的主要助手。他们到王家湾后，就成立了一个军事小组，有五六个参谋主管作战方面的工作，直接受周恩来指挥。当时担任作战参谋的张清化后来回忆说：

> 在这个阶段，我有一个深刻的体会：周副主席在军事上是党中央、毛主席完全不能缺少的得力助手，是一个非常杰出的军事组织者和指挥者。当时他运筹帷幄，出谋划策，深得党中央、毛主席的称赞和全军的拥戴。凡是党中央研究、毛主席下了决心以后，具体的组织布置和如何执行等都是周副主席具体来抓的。无论前方或后方，无论是后勤供应或部队调动，总离不开他的具体的组织指挥。①

邓颖超也曾说："恩来同志在陕北时实际上是总参谋长。许多作战方案，包括以后朝鲜战争时期的作战方案，都是他先拟好了送给主席看，由主席批，或者他先找主席请示，谈好后，由他再来贯彻。"②这确是事实。

毛泽东、周恩来和中共中央领导人在王家湾住了近两个月。

---

① 张清化：《雾都遇险巧周旋解放战争建奇功》，见《怀念周恩来》，北京：人民出版社，1986年版，第416页。

② 《党的文献》，1993年第2期。

在这段时间里，由于他们指挥，西北战场及山东和全国其他战场都是捷报频传。

当时，胡宗南的几十万人马，杀气腾腾，四面"围剿"，狂妄叫嚣要不惜一切代价活捉毛泽东。

毛泽东根据胡宗南急于和我军主力决战的心理和敌强我弱的特点，制定了一套"蘑菇战术"，来对付志大才疏的胡宗南。青化砭战役后，当胡宗南发现西北解放军主力在延安东北地区，就由安塞扑向延安以东。这时，西北解放军主力已转移至榆林坪一带隐蔽休整，只派出一小部分部队和敌人"蘑菇"。当胡宗南的数万大军在延川、清涧、瓦窑堡（即子长）一带兜了400多里的大圈子，企图稍事喘息之时，我军又于4月14日在羊马河地区进行伏击，全歼由瓦窑堡向蟠龙前进的敌军135旅计4700余人，又活捉敌旅长麦宗禹，胡宗南对此大伤脑筋！

4月下旬，蒋介石错误地判断中共中央及西北解放军主力正在东渡黄河，命令胡宗南部迅速沿咸（阳）榆（林）公路北进，第22军由榆林南下，企图夹击歼灭西北解放军于葭（佳）县、吴堡地区，或逼迫其东渡黄河。西北解放军遵照毛泽东的指示，在彭德怀的指挥下，以一部佯装主力，诱敌主力北上，而集中4个旅秘密南下，袭击重要补给基地蟠龙镇。5月2日，对蟠龙镇守敌发起攻击，经两天三夜激战，全歼敌军6700余人，俘敌旅长李昆岗，缴获夏季军装4万多套，面粉12000多袋，子弹百万余发，骡马千余匹，药品无数，解决了解放军衣、食、弹、药缺乏的问题。

青化砭、羊马河、蟠龙镇三战三捷，狠狠打击了胡宗南进攻陕北时那种嚣张气焰，极大地鼓舞了陕甘宁边区军民胜利的信心。5月9日，新华社发表了经周恩来修改的评论《志大才疏阴险虚伪的胡宗南》，辛辣地指出："蒋介石的最后一张牌胡宗南，现在在陕北卡着了，进又进不得，退又退不得。胡宗南现在是骑上了老虎背。""不到两个月,事实证明蒋介石所依靠的胡宗南实际上是一个'志大才疏'的饭桶。"①5月14日,陕甘宁边区军民在安塞县真武洞举行祝捷大会。周恩来代表中共中央向全体军民致贺,并宣布:党中央、毛泽东主席从撤出延安后,一直在陕北与边区军民共同战斗。陕北军民十分振奋,大家认识到:

黑暗即将过去,
曙光就在前头!

1947年6月9日夜,乌云翻滚,天昏地暗。

蒋介石的特务发现中共中央就在王家湾一带活动。蒋介石密令胡宗南:"即使牺牲三个师,也要消灭中共首脑,把毛泽东赶过黄河!"

情况异常危急。当时毛泽东身边只有4个半连,能战斗的不足200人;而敌人刘戡部扑来的是4个半旅,比我兵力多几十倍。

这时候,毛泽东正坐在王家湾的土窑里和农民谈话。侦察员接二连三地前来报告:

"敌火离我们只有30里路了!"

"大批敌人扑来,离这儿只有20里路了!"

毛泽东走到土窑掌,看着一张地图,仍在开玩笑:"刘戡追来吧,你追不上,我就叫胡宗南来追;胡宗南追不上,我就叫蒋介石来追!反正我们不过黄河,就要同你泡蘑菇!磨得你筋疲力尽,我再好一个一个地吃掉你们!"

坐在一边的周恩来在沉思。

任弼时主张赶快向东撤。

毛泽东则坚持要西进。他说:"胡宗南就是要把我们往东赶,赶过黄河就是胜利。我们要完全出乎他的意料,偏偏不往东,而

---

① 《晋察冀日报》,1947年5月12日。

往西走！"

任弼时坚持不让，说向西危险太大，闹不好会全军覆没！他哀求道："主席，为了你的安全，也还是向东走好啊！"

毛泽东不满地问："弼时同志，你为什么老是考虑我的安全？"

任弼时说："这是我的任务！"

周恩来急得到外边看了看，又回到窑洞里说："不能再争了！你们看，敌人已经到了家门口了！"远处，不时传来炮声。

毛泽东坚定地说："立即向西出发！"

任弼时说："我不能再让你冒险！"

毛泽东气得满脸通红，大声吼道："我要求你立即下令！"

"这个命令我很难下！"任弼时寸步不让。

毛泽东转过身来说："恩来，从现在起，由你担任昆仑纵队司令兼政委！"

"我个人的生命算得了什么？可是，主席和中央的安全，关系着革命的成败。万一出了事，我怎么向全党和人民交代呀？！"说着，任弼时的眼里流下两行热泪。

周恩来被任弼时的精神所感动，眼圈也红了。毛泽东解释说："敌人没有群众，耳聋眼瞎，看来气势汹汹，其实是在胡扑！我们要指挥他，叫他往东，我们向西。反其道而行之，看似危险，实际上才安全。"

周恩来走到外面环视一下山势地形，又走回窑洞对毛泽东说："这样吧！按主席说的，我们向西拐！请主席决定。"

毛泽东的火气也消了，笑着问："弼时的意见呢？"

周恩来说已和任弼时商量过了，他同意。

天黑了。夜幕笼罩着大地。滂沱大雨越下越大。毛泽东、周恩来、任弼时在夜幕中冒雨指挥部队，带领群众向西北方向转移。黎明时分，他们来到了靖边县的小河村，在此只做了短暂的停留。这时,接到报告说:一股敌人已穿过王家湾朝这里扑来。周恩来立即命令警卫团长刘辉山派一个警卫排带一挺机枪,到村东制高点监视敌人,中央纵队迅速撤离小河村,向天赐湾转移。

这是转战陕北中最艰险的一段旅程。

部队还未出村,一阵电闪雷鸣,瓢泼大雨又下了起来。为了隐蔽脱险,规定部队不许打手电,不许抽烟,不许有喧哗声,静悄悄地在风雨中摸黑前进。队伍过了河,又上了月亮山。

毛泽东坐在山顶的一块石头上稍事休息。

警卫人员用手支起一件棉大衣,顶在毛泽东头上,为他遮雨。

毛泽东笑着说:"真是铜墙铁壁,风雨不透!"

这时,山下面的敌人车鸣马叫,人流汹涌,顺川向前奔驰,随时都有可能冲上山来。战士们的心几乎都提到了嗓子眼上。

毛泽东却谈笑自若。他风趣地说:"这场雨,下得好!再过半个月,就该收麦子了。"

听到那镇定的话语,战士们的心又安定下来。12日清晨,队伍来到了天赐湾。

队伍在天赐湾刚要生火做饭,又传来消息:敌人正奔袭小河。大家劝毛泽东再向前进,而他就是不走。他解释说:"这次敌人从延安、安塞出动,奔袭小河一线之役,是蒋介石亲自部署的,而胡宗南、刘戡等仅仅是执行者。所以,只要他们的部队到达小河一线,就算执行了命令,完成了任务。至于结果如何,有什么收获,那他们就不管了。只要能向蒋介石交差就行了。其次,敌人到达小河,也不得不立即后撤,原因是他们只准备了4天的口粮。如果再驻下去,几个师的人马吃什么?"①

毛泽东分析后问周恩来:"你看是不是这样?"

---

① 师哲:《在历史巨人身边》,北京:中央文献出版社,1991年版,第344—345页。

周恩来回答:"是这样。"

事情的发展果然如此。毛泽东的确摸透了蒋介石的脾气和他部下的特点,敌人就像是在毛泽东的调遣下行动似的。

毛泽东、周恩来等在天赐湾住了一个星期,于6月17日上午率部返回到小河村。

与此同时,西北解放军为了打击青海马步芳和宁夏马鸿奎的势力,于5月21日至7月7日进行了陇东战役,歼敌4000余人。8月上旬,为调动胡宗南主力北上,配合陈赓、谢富治集团在晋南强渡黄河挺进豫西,西北野战军对榆林发动围攻,至8月11日,全歼守敌5200余人。接着,主力撤围,转移到米脂县东北的沙家店地区,做好围歼国民党援军的部署。

毛泽东亲自来到前线布置沙家店战役,并同彭德怀通电话:"你是彭老总吗?……"

"我是毛泽东。"

周围的工作人员,听到"我是毛泽东"那沉着、坚定而饱含信心的声音,高兴得笑了起来。自敌人侵占延安后,毛泽东一直使用代号,今天第一次使用真实姓名,这说明形势已发生重大变化了,这是多么令人兴奋呀!

8月20日,具有决定意义的沙家店战役打响了,经过激战全歼敌36师师部和123旅全部、165旅大部,俘虏敌旅长以下6000余人。

沙家店战役的胜利,标志着解放军在西北战场上开始了反攻,西北战争已经发生了根本变化。

沙家店战役的第三天,毛泽东、周恩来、任弼时到西北解放军司令部驻地同彭德怀等开会。毛泽东高度赞扬沙家店战役的胜利,他说:"它将使西北形势很快发生变化。用我们湖南话来说,打了这一仗,就过坳了。"

西北解放军经过青化砭、羊马河、蟠龙和沙家店等战役，共歼国民党军3万余人，彻底粉碎了蒋介石国民党对陕甘宁边区的重点进攻。

1948年3月23日，毛泽东、周恩来等率中共中央机关东渡黄河，进入晋绥解放区。

4月21日，西北解放军收复了延安，延安又重新回到了人民的怀抱！

从1947年3月18日撤离延安，到1948年3月23日东渡黄河，中共中央转战陕北的时间总共1年零5天。在这一年之中，中国人民解放军从重点防御转入全面进攻。战争形势发展之快，几乎是出人意料的。毛泽东、周恩来等坚持留在陕北，指挥全国的人民解放战争，取得了震惊中外的胜利，真可谓"运筹帷幄之中，决胜千里之外"。

新中国成立后，毛泽东曾说过："胡宗南进攻延安以后，在陕北，我和周恩来、任弼时同志在两个窑洞指挥了全国的战争。"周恩来也曾回忆说："毛主席是在世界上最小的司令部里，指挥了最大的人民解放战争。"周恩来没有提到他自己，他总是把"聚光灯的焦点只对准毛泽东一个人"。但周恩来以其卓越的军事才华协助毛泽东转战陕北，指挥西北及全国各战场取得胜利的历史功绩已载入史册！

随着新的历史时期的到来，毛泽东和周恩来在河北省西柏坡村，在更加宽阔的舞台上，指挥了夺取全国胜利的战略决战！

9 登上天安门城楼

毛泽东在天安门城楼上启动电钮，亲手升起第一面五星红旗，向全世界庄严宣告："中华人民共和国中央人民政府今天成立了！"周恩来注视着冉冉上升的五星红旗，无限感慨地说："中国人民世世代代为之奋斗的这一天终于来到了！"

记得国外曾有人做过这样的评论：新中国的设计师是毛泽东，而一砖一石地把设计变成现实的建筑师是周恩来。看来，这话不无道理。

从1948年9月开始，人民解放军先后发起了空前规模的秋季攻势。随后，毛泽东及时地将秋季攻势引向就地歼灭国民党主力部队的战略决战，并在周恩来等的协助下，先后组织了辽沈、淮海、平津三大战役及其他几个重要战役。这些战役一环扣一环、一个胜利接着一个胜利地向前发展，构成中国革命战争史上一幅气势磅礴、波澜壮阔的画卷。当历史的车轮呼啸着驶入1949年的时候，全国解放战争胜利的大局已确定无疑了。毛泽东和周恩来又率领全党，投入到缔造新中国的伟大而艰巨的斗争之中。

为了迎接全国胜利的到来，1949年3月5日至13日，中共中央在河北省平山县西柏坡村召开了第七届中央委员会第二次会议。当毛泽东兴致勃勃地同周恩来、朱德、刘少奇、任弼时等走进会场时，代表们起立热烈鼓掌。

在掌声中，毛泽东手拿一叠讲稿，穿着一件新做的棉袄来到主席台前。在鲜红的党旗的照映下，毛泽东以洪亮的声音开始做报告。他在报告中提出了如何消灭国民党残余部队，迅速夺取民主革命在全国胜利的方针；说明在全国胜利的局面下，党的工作重心必须由乡村转到城市；阐述在全国胜利以后在政治、经济、外交等方面的基本政策，以及中国由农业国转变为工业国、由新民主主义社会转变为社会主义社会的总任务和主要途径。

报告快结束时,毛泽东说:"我们很快就要在全国胜利了……因为胜利,党内的骄傲情绪,以功臣自居的情绪,停顿起来不求进步的情绪,可能生长。因为胜利,人民感谢我们,资产阶级也会出来捧场。可能有这样一些共产党人,他们是不曾被拿枪的敌人征服过,但经不起糖衣裹着的炮弹的攻击,他们在糖弹面前要打败仗。"

讲到这里,毛泽东扫视全场,严肃庄严地发出号召:"务必使同志们继续保持谦虚、谨慎、不骄、不躁的作风,务必使同志们继续地保持艰苦奋斗的作风。"①

他的讲话,再次被热烈的掌声所中断。

周恩来在会议最后一天,做了长篇发言,他说:

三年多来,党中央在毛主席的领导下,大家非常团结,取得了很大成绩。我们党的发展,不是突然而来的,而是在斗争中发展的。我们党内过去有错误,但我们有自我批评的精神。

现在我们正处于从根本上打倒国民党走向完全打倒国民党的过渡时期,正在由分散到统一。这不是几个月而是要几年才能走完的。过渡时期是特点,我们要抓住这一特点,不然会犯错误。现在是前方打仗前进,后方搞生产。后方生产,第一步是要恢复,支援前方,争取全国胜利。②

周恩来在发言中,还对金融、交通、工业、城市接收、兵工生产等各方面工作提出了系统的意见。

毛泽东对周恩来的发言非常满意,他在做大会总结时说:新

---

① 《毛泽东选集》第 4 卷,北京:人民出版社,1991 年版,第 1438—1439 页。
② 金冲及:《周恩来传(二)》,北京:中央文献出版社,1998 年版,第 1211—1212 页。

中国中央人民政府的主要人员配备，现在尚不能确定，还需要同民主人士商量，但"恩来是一定要参加的，其性质是内阁总理"①。

在七届二中全会召开前，即1949年1月底，联共政治局委员米高扬秘密来到西柏坡。当他同周恩来交谈后，对周恩来印象极佳，并同师哲说："你们成立中央政府时不愁没有领导人，周恩来是当总理最合适的人选。从哪儿找得到周恩来这样的好总理？你们有这样一位好总理真幸运！"②

相比之下，毛泽东可谓是最了解周恩来的人。毛泽东之所以能够领导中国共产党和全国各族人民成就开天辟地的大事业，其中最重要的原因之一，就是知人善任，在自己周围培养和形成了一批处于新中国权力顶层的领袖人物，即第一代党和国家的领导成员。这曾被老百姓简化成：毛、刘、周、朱、陈、林、邓。毛泽东曾说过：周恩来这个同志，在大的国际活动方面比我强，善于处理各种复杂矛盾。所以，他一直信任地让周恩来在总理这个岗位上干了27年，直至他谢世。

七届二中全会，是在中国革命胜利前夕，中共中央在山沟里召开的最后一次会议，也是历史转折关头的一次极为重要的会议。它为促进和迎接全国胜利的到来，保证中国由新民主主义向社会主义转变，从政治、思想和理论上做了充分的准备。

3月23日，七届二中全会的新闻公报由新华社向全国发表。就在同一天，党中央决定离开西柏坡迁到北平去。这一天，也正是毛泽东率中共中央前委由陕北东渡黄河开赴华北的一周年纪念日。

这天清晨三四点钟，毛泽东上床睡觉的时候，告诉值班卫士

---

① 毛泽东在七届二中全会上的发言记录，1949年3月13日。转引自《周恩来传》，北京：中央文献出版社，1991年版，第745页。

② 师哲：《在历史巨人身边》，北京：中央文献出版社，1991年版，第388页。

说:"9点钟以前叫我起床。"

周恩来知道毛泽东又连夜工作睡得很晚,便嘱咐卫士说:"让他多睡会儿,没关系。"因此,快到10点钟时,卫士才把毛泽东叫醒。

毛泽东一睁开眼就问:"几点啦?"

"快10点啦。"

"让你们9点以前叫我,为什么才叫我?"

"周副主席想让你多睡会。休息不好,怕你路上太疲劳。"

听了这个解释,毛泽东再没有说什么。

饭后,毛泽东带上手头东西刚出门,周恩来就迎上来说:"没有休息好吧?"

"休息好了,睡四五个小时,精神就很好了。"

"多睡一会儿,长途行军坐车也是很累的。"

毛泽东兴奋地说:"今天是进城的日子,不睡觉也高兴啊。今天是进京'赶考'嘛。进京'赶考'去,精神不好怎么行呀?"

周恩来笑着说:"我们应当都能考试及格,不要退回来。"

毛泽东也笑着说:"退回来就失败了。我们决不当李自成,我们都希望考个好成绩。"

据毛泽东的机要秘书高智回忆:进城前夕,在进行准备工作的时候,毛泽东曾经对我们大家说:"同志们,我们就要进北平了。我们进北平可不是李自成进北京。他们进了北京就变了。我们共产党人进北平,不要中了资产阶级的糖衣炮弹,不要以功臣自居,不要搞腐化,不许讲享乐,要坚持继续革命……"

汽车离开西柏坡,沿着山间土路,尘土飞扬,向东北方向驰去。

24日下午,毛泽东等一行到达河北省涿县。傍晚,叶剑英和滕代远等从北平乘火车赶来,接中央领导同志进城。

在研究如何进城时,有的人认为这是胜利后进城,声势要大一些，仪式也要隆重一些，但党中央认为用简单形式为好，决定从清华园火车站下车后，改乘汽车进颐和园住宿，第二天去西苑机场举行入城式，接受各界欢迎。

周恩来说：在西苑机场举行入城式，先检阅部队，然后与各界代表见面，特别是要与那些知名人士李济深、沈钧儒、郭沫若、柳亚子、茅盾等见面。这些人与我们合作共事，今天胜利了，他们高兴了，急于见我们。他们也在考虑今后怎么办。新政府里给他们安排什么工作，这些，都需要进行协商的。

毛泽东说：我赞成恩来的意见。明天就要和他们之中的一些人见面了。明天见面，是他们欢迎我们，也是我们欢迎他们，并向他们表示感谢。希望他们继续同我们合作，在今后的政府工作中，使他们做出应有的贡献。

大家决定由周恩来具体抓这一工作。

3月25日中午，周恩来睡了会儿，起床后便乘车到西苑机场检查，虽然颐和园到机场直线距离很近，但没有直路相通，预先到西直门外紫竹院再往西拐，绕一个大圈。周恩来预测好后告诉司机："这段路，一般说用不了一个半小时，可是路窄人多，马车也多，路上不顺就会耽误时间，不管怎样，一定要按时到达，城市人时间观念是很强的。我们这是进城的第一天，一定要按时到达。"

下午3时，中央领导人分别乘车准时出发。毛泽东坐的那一辆是美国造的老道吉防弹车。

这时，北平的天气已经开始转暖，可毛泽东和周恩来等因为没有适合这个季节穿的衣服，仍然穿着棉袄、棉布鞋，外面披着延安时期的皮大衣。

下午5时，毛泽东、朱德、刘少奇、周恩来、任弼时等在叶剑英和聂荣臻陪同下，乘敞篷吉普车开始检阅部队。

当检阅车行至万名群众代表队伍前时，群众欢呼跳跃，高呼:"中国共产党万岁!"

"毛主席万岁!""中国人民解放军万岁!"

当检阅车驶向民主党派、人民团体和无党派民主人士的队伍时,毛泽东和周恩来等人都下了汽车,同他们亲切握手。这些人,大都在重庆时见过毛泽东,同周恩来打过交道,这几年没见,今日故友重逢,格外亲切。他们之中有:李济深、沈钧儒、黄炎培、郭沫若、马叙伦、谭平山、章伯钧、柳亚子等。他们与毛泽东和周恩来等相互交谈了半个多小时。

周恩来看了看表说:"朋友们,先生们,谢谢大家到这里来欢迎毛主席、党中央和人民解放军总部进驻北平。天快黑了,请诸位先生早些回去休息吧,以后有机会再谈,以后见面的机会多得很。"

周恩来的话音一落,就响起一片掌声。

告别了民主人士,毛泽东、周恩来等和中共中央机关转往香山。

毛泽东高兴地对警卫员和秘书们说:"今天总算完成了一件大事。从现在起,我们就可以向全中国全世界宣布,中国共产党中央委员会和中国人民解放军总部已经进驻北平了,这标志着中国革命已取得了伟大胜利,但还不是完全胜利。"

此后,随着形势发展的需要,毛泽东和周恩来的工作重心,先后转入和平谈判和新政协的筹备工作。

在三大战役期间和其后,国民党政权处于风雨飘摇之中。蒋介石为挽救败局,达到"划江而治"的目的,以便争取时间,东山再起,在美国的导演下发动了一场和平攻势。

1949年元旦,蒋介石发表了一篇求和声明,声称在确保伪宪法、伪法统和反动军队等条件下,愿意与中国共产党谈判。这些条件是中国人民无法接受的。

1月14日,毛泽东代表中国共产党发表了《关于时局的声明》，提出了惩办战争罪犯、废除伪法统、改编一切反动军队等八项谈判条件。

1月16日，周恩来在民主人士座谈会上做了关于时局的报告，指出时局的趋向不外乎三种：第一种是国民党改组政府，并且同意我们提出的八条；第二种是美国出兵，对此我们已经有了准备；可能性最大的是第三种，继续打下去。

1月21日，蒋介石在各方压力下，以"因故不能视事"的名义宣布"引退"，由李宗仁担任"代总统"。

第二天，李宗仁发表文告，表示："中共方面所提八项条件，政府愿即开始商谈。"

3月26日，中国共产党正式通知南京政府，决定派出周恩来、林伯渠、叶剑英等组成的代表团，从4月1日开始，在北平同国民党政府代表团举行和平谈判。南京方面指定张治中、黄绍竑、邵力子、章士钊、李蒸、刘斐组成代表团，以张治中为团长。这时的李宗仁虽然对和谈一再表示"诚意"，但他的内心却是想通过谈判达到"划江而治"。他曾对刘斐说："我想划江而治，共产党总满意了吧！只要东南半壁得以保全，我们就有办法了。那样，至少可以和共产党平分秋色。"

4月1日下午2时许，以张治中为首的南京代表团到达北平。当晚6时，周恩来等设宴招待他们。饭后，周恩来和林伯渠又邀请张治中和邵力子谈话。

周恩来说："文白先生，很对不起，没有亲自到机场去接你。"他话锋一转严肃地质问道："你为什么在离开南京前要到溪口去见蒋介石？"

张治中解释说：蒋介石虽退到溪口，但实力还在他手上，如果得不到他的同意，即便是商谈达成协议也没有用，这是一种现实的做法。

周恩来表示：这样做只会加强蒋的地位，混淆视听，证明蒋是有力量控制代表团。"这种由蒋导演的假和平，我们是不能接受的。"

接着，双方还就其他问题交换了意见。

经过十余天商谈和交换意见，周恩来根据毛泽东提出的八项条件为基础，起草了作为正式谈判的依据《国内和平协定草案》，在4月13日晨，提交给南京政府代表团并通知当晚9时在中南海勤政殿举行第一次正式会谈。

会谈开始，周恩来就《草案》的各条做了概括说明。他指出，战争的全部责任应该由南京政府担负。因为这是一个历史性的协定，是保证今后国内和平的一个文件，所以必须明确这个责任。接着，他对草案各个款项的具体内容也做了说明。14日，南京代表团经过一天的研究，提出一个修正案。张治中后来回忆："这个修正案和原草案最大的不同之点是：词句力求缓和，避免刺眼的词句，同时对军队改编、联合政府两项也有若干的修正。当晚，张治中与周恩来进行了长时间的交谈。

4月15日晚7时，周恩来把最后定稿的《国内和平协定》送给张治中，向他表示：这是最后的一个文件。

张治中说："所谓最后的文件，是不是解释为最后的通牒？是不是只许我们说一个对或者不对？"

周恩来表示：这是最后的态度。

张治中说："也好，干脆！"

随后，由张群带着《协定》和张治中的信去溪口向蒋介石请示。蒋介石看完《协定》和信大发雷霆，大骂："文白无能，丧权辱国！"并吩咐手下的人，速发电给广州的中常会和中央政治会议，发表声明，绝不能接受中共的条件。

20日深夜，李宗仁、何应钦复电张治中并各代表，拒绝接受《国内和平协定》。

21日，毛泽东、朱德向中国人民解放军发布《向全国进军的命令》。

23日，中国人民解放军占领南京，从而结束了国民党22年的反动统治。毛泽东异常兴奋，大笔一挥，写下了那首著名的《七律·人民解放军占领南京》：

> 钟山风雨起苍黄，
> 百万雄师过大江。
> 虎踞龙盘今胜昔，
> 天翻地覆慨而慷。
> 宜将剩勇追穷寇，
> 不可沽名学霸王。
> 天若有情天亦老，
> 人间正道是沧桑。

这首诗，生动地记录了人民解放军占领南京的伟大历史史实，深刻地表现了毛泽东敢于斗争，敢于胜利，不断革命，彻底革命的伟大战略思想。

此时，南京和谈代表团成员却神态各异，另有一番滋味。

张治中以为，情况既已如此，和谈业已破裂，自然没有留下的必要。别人不回去则可，我是首席代表，理应回去"复命"。4月22日，张治中一面电复南京，一面通知中共方面。

周恩来知道后，风尘仆仆地来到六国饭店看望张治中说："西安事变时我们已经对不起一个姓张的朋友，今天再不能对不起你了！"在周恩来深情而坚决的劝阻下，张治中和南京代表都留下来了。4月25日，白崇禧派飞机来北平接代表，不仅一个人也没有接回去，飞机却把张治中的夫人和家属9人一起送到北平。这是周恩来事先通知上海地下党组织秘密地将他们送上飞机的。

人民解放战争胜利发展的步伐如此之快，大大超出了人们的预料。

一个新生的人民共和国,已有足够的条件,很快就要诞生了。"它是站在海岸遥望海中已经看得见桅杆尖头的一只航船,它是立于高山之巅远看东方已见光芒四射喷薄欲出的一轮朝日,它是躁动于母腹中快要成熟了的一个婴儿"。

中共中央早在1948年发布的《五一劳动节口号》中就已经提出由各民主党派、人民团体、社会贤达召开政治协商会议,成立民主联合政府的号召,并得到全国各民主党派、民主人士和爱国华侨的热烈响应。在周恩来周密细致的安排下,从1948年秋开始,各爱国民主人士陆续从全国各地和海外进入解放区。这时,召开新政治协商会议筹备会议的条件已渐次成熟了。

1949年6月15日,新政协筹备会第一次会议在中南海协政殿开幕。参加会议的有共产党和各民主党派、无党派民主人士及人民团体等23个单位的代表,共134人。

毛泽东在会上指出:"召集新的政治协商会议成立民主联合政府的一切条件,均已成熟。"通过这次会议,"完成各项必要的准备工作,迅速召开新的政治协商会议,成立民主联合政府,以便领导全国人民,以最快的速度肃清国民党反动派的残余力量,统一全中国,有系统地和有步骤地在全国范围内进行政治的、经济的、文化的和国防的建设工作"。

周恩来在会上强调:这次会议期间,"凡是重大的议案不是光在会场上提出",而是在提出之前"总是有协商的","协商这两个字非常好"。

会议决定成立以毛泽东为主任、周恩来等为副主任的政协筹备会常务委员会,负责起草共同纲领、拟定政府方案等,全面展开筹建新中国政权的工作。

参加这次会议的成员有着广泛的代表性,整个会议的气氛是团结和谐的。但有些共产党员由于过去长期生活工作在农村,缺乏同党外人士共事的经验。因而在会议过程中也出现过一些问题。会议最后一天，有一位民主人士提议向毛泽东和朱德发致敬电，另一位民主人士认为也可以不必这样表示。这时有一位农民代表（共产党员）站起来说：我们农民只知道毛主席和朱总司令，从我们劳动人民看，只有共产党、解放军才使中国得到解放。周恩来对这个情况十分重视。他在新政协筹备会的党员大会上严肃指出：新的政治协商会议的召开，就是人民民主统一战线的具体组成。国家的一切大事都可以事前在此协商。我们要善于和党外人士相处，态度应该是谦虚的、诚恳坦率的。

会后，周恩来协助毛泽东主要抓两件要事：一件是协商参加新政协的代表名单，一件是起草《共同纲领》。

8月28日，受到全国人民爱戴的宋庆龄，受中共中央和毛泽东、周恩来的邀请，作为特邀代表由上海来北平参加政协会议。

这一天，毛泽东很早就向身边工作人员打招呼要亲自去火车站迎接宋庆龄，让事先给他准备衣服。

毛泽东对宋庆龄始终保持着特殊的尊重，他们之间的交往有极为深厚的诚挚友谊，且感人至深。据警卫员回忆：毛泽东对党内同志交往，从不拘礼节。这也许是毛泽东有意约束自己，一般不同某一个或几个重要的党政军领导人发展超出同志和战友关系的私人情谊，避免加入过于浓厚的个人感情，即使对周恩来也是如此。但毛泽东对党外人士特别对宋庆龄，无论是新中国成立前后，每次会见，他都亲自迎接和欢送，这一点给人的印象是极为深刻的。当然，这次也不例外。

在历史转折时刻，毛泽东和周恩来并未忘记一向支持我党，始终在政治上与党和人民保持一致的宋庆龄。

早在1949年1月，毛泽东和周恩来联名向宋庆龄发出了邀请电。电文说：

新的政治协商会议将在华北召开，中国人民革命历尽艰辛，中山先生遗志迄今始告实现。至祈先生命驾北来，参加此一人民历史伟大的事业，并对如何建设新中国予以指导。

宋庆龄接到此电后，因健康情况，未能成行。但她亲笔回信给中共中央，表示"我的精神是永远跟随着你们的事业"，深信中国共产党所领导的人民民主革命必将取得最后的胜利。

5月27日，上海解放后，毛泽东还委托陈毅和其他中央领导人前往宋庆龄寓所表示慰问，并派出警卫部队为她站岗放哨，以保证安全。

6月，毛泽东又与周恩来商议，决定派中共候补中央委员邓颖超前往上海迎接宋庆龄北上，参加新中国的筹建工作。临行前，毛泽东将亲笔信交给邓颖超带给宋庆龄。信中写道：

庆龄先生：
　　重庆违教，忽近四年。仰望之诚，与日俱积。兹者全国革命胜利在即，建设大计，亟待商筹，特派邓颖超同志趋前致候，专程欢迎先生北上。敬希命驾莅平，以便就近请教，至祈勿却为盼！专此。
　　敬颂
大安

毛泽东
一九四九年六月十九日

周恩来与宋庆龄向有许多交往，颇有厚谊。这次恰是邓颖超前往迎接，因此也附信托之转交。信中写道：

庆龄先生：
　　沪滨告别，瞬近三年，每当蒋贼肆虐之际，辄以先生安全为念。今幸解放迅速，先生从此永脱险境，诚人民之大喜，私心亦为之大慰。现全国解放在即，新中国建设有待迎先生指教者正多，敢借颖超专诚迎迓之便，谨陈渴望先生北上之情，敬希早日命驾，实为至幸。

专上。敬颂

大安

周恩来
一九四九年六月二十一日

6月25日，邓颖超抵达上海，当晚即在宋庆龄住所与之会面，并递交了毛泽东和周恩来的亲笔信。宋庆龄看到信后，十分兴奋，对中共中央领导人的深厚情谊非常感激，欣然决定北上。

当毛泽东得知宋庆龄由上海乘车来北平参加新政协的消息后，高兴地说："邓颖超这次上海之行，出色地完成了党中央交给她的任务。"

8月28日，下午3时45分，毛泽东、周恩来及朱德、刘少奇、李济深、沈钧儒等中共领导和民主党派代表80余人来到火车站，欢迎宋庆龄的到来。

宋庆龄乘坐的专车，于下午4时15分进站。车刚刚停稳，毛泽东便走上车厢，亲自欢迎她下车。

毛泽东伸出双手，与宋庆龄握手，并热情地说："欢迎你，欢迎你，一路上辛苦了。"

宋庆龄高兴地说："谢谢你们的邀请，我向你们祝贺。"

毛泽东说："欢迎你来和我们一起筹建新中国的大业。"

宋庆龄说："祝贺中国共产党在你的领导下取得伟大胜利。"

宋庆龄在毛泽东陪伴下走出车厢，她身着黑色旗袍，系一条白色纱巾，步履轻盈，丰采依然。无怪后来赫鲁晓夫说，宋庆龄往那儿一站，就给中国人争光，说她是"东方妇女的骄傲"呢！

欢迎队伍中爆发出热烈的掌声。

周恩来迎上前去握手问候，宋庆龄拉着周恩来的手高兴地说:"谢谢你的夫人去接我。"

周恩来说:"欢迎你来和我们一起领导新中国的建设。"

然后,由周恩来陪伴,向站在月台上的欢迎者做介绍,与他们一一相见。

随后,宋庆龄与何香凝、周恩来、邓颖超同车前往寓所休息。毛泽东等欢迎者才乘车相继离去。

1949年9月21日晚7时,在北平中南海怀仁堂,即将举行中国历史上前所未有的盛会。

怀仁堂门前,彩色气球悬着墨绿色的飘带,大门两侧,彩旗迎风招展,会场之内,玻璃灯、水银灯交相辉映,使整个会堂显得庄严瑰丽,光彩夺目。经过政协筹备委员会工作人员一个多月的努力,把这座古老建筑,布置得焕然一新。

主席台布置得庄严大方。主席台的上空,悬挂着巨幅会标:"中国人民政治协商会议第一届全体会议",主席台的后幕上,悬挂着政治协商会议会徽。会徽的下方,并排悬挂着孙中山先生和毛泽东主席巨幅画像,两旁是中国人民解放军军旗。

6点40分,周恩来代表政协筹委会向到会代表报告:出席今天会议的代表来自54个单位或地区,共634人,来宾300人,还有友好国家的新闻记者数十人,并宣读筹委会提出的89名主席团成员名单和秘书长名单,得到全场热烈的掌声,获得一致通过。

时针正好指向7时,大会执行主席毛泽东宣布:"全国人民所渴望的政治协商会议现在开幕了。"军乐队齐奏中国人民解放军进行曲,同时在场外鸣放礼炮54响。全体代表起立,热烈鼓掌达5分钟。

毛泽东致开幕词。他庄严地宣告:

　　诸位代表先生们,我们有一个共同的感觉,这就是我们的工作将写在人类的历史上,它将表明:占人类总数四分之一的中国人从此站立起来了！

　　我们的民族将再也不是一个被人侮辱的民族了，我们的民族将从此列入爱好和平自由的世界各民族的大家庭，以勇敢而勤劳的姿态工作着，创造自己的文明和幸福，同时也促进世界的和平和自由。①

　　是啊！我们中华民族再也不是一个被人侮辱的民族了，我们全国各族人民已经站起来了！毛泽东的讲话代表了中国人民的共同心声。他那洪亮的声音，令人精神振奋的话语，博得多次长时间的热烈掌声。有人统计，这个不太长的讲话，鼓掌高达41次之多，有的掌声长达4分钟。

　　毛泽东说："在人民解放战争和人民革命中牺牲的人民英雄们永垂不朽！"并提议全体起立，致默哀礼。

　　接着各方面代表发言。

　　会议的第二天，周恩来代表主席团向大会做了关于主席团常务委员名单和设立6个分组委员会的报告。他当选为主席团常务委员。9月23日，政协会议的第三天，周恩来又做了政协共同纲领草案起草经过和纲领特点的报告。他首先概述起草的经过，指出共同纲领草案初稿写出之后，经过7次反复的讨论和修改，广泛地吸收了各方面的意见，然后提交筹备会第二次全体会议做了基本通过，现在提交政协全体会议讨论。接着对纲领草案在协商过程中着重讨论到的统一战线问题、总纲问题、政权制度、军事制度、经济政策、文化教育政策、民族政策、外交政策8个问题，逐一加以简要说明。

　　9月25日晚，毛泽东召开国旗、国徽、国歌、纪年、国都协商座谈会。毛泽东在谈到国旗问题时指出：五星红旗这个图案表现我们革命人民大团结。现在要大团结，将来也要大团结。对毛

---

① 《毛泽东文集》第5卷，北京：人民出版社，1996年版，第343—344页。

泽东的讲话，代表们都予以赞同并报以热烈的掌声。

国旗的设计者是一位普通的经济工作者曾联松。国旗的旗面为红色，象征我国革命的性质，它又像一团熊熊烈火，如凤凰涅槃，象征古老中国获得新生。黄色是华姓的颜色，它既代表和平，又表明我们是黄种人。大五角星代表中国共产党，围绕它的4颗小五角星是代表中华人民共和国成立时我国人民所包括的4个阶级，即工人阶级、农民阶级、城市小资产阶级和民族资产阶级。五角星还代表着中华民族5000年文明历史和5亿人口，代表着中国人民大团结，这是我们共和国庄严伟大的标志。

征选国歌词谱工作，在第一届政协会议即将开幕时仍未定稿。毛泽东亲自召集20多位同志商议，希望大家出主意。著名画家徐悲鸿提议用《义勇军进行曲》作为代国歌。他说，这支歌唱出了人民的意志，唱出了民族的自信心，唱出了不怕牺牲、敢于与敌人血战到底的英雄气概。毛泽东、周恩来当即予以热情支持。

9月27日、29日，人民政协全体会议在周恩来等主持下，先后通过《中华人民共和国中央人民政府组织法》，中华人民共和国国都、纪年、国歌、国旗的4个议案，《中国人民政治协商会议共同纲领》和《关于选举中国人民政协全国委员会和中央人民政府委员会的规定》。

执行主席周恩来宣布道："从现在起，北平改为北京，为中华人民共和国首都，纪元以公历，今年为一九四九年。"

周恩来的话音未落，全场掌声雷鸣，经久不息。

周恩来又说："在正式国歌未制定前，由《义勇军进行曲》为国歌，保留原歌词。国徽留待中央人民政府成立后再做决定。"

征集国徽图案公布之后，收到应征稿件112件，包括图案900幅。最后确定在以天安门为主要内容的国徽征集图案的基础上，加以修正，绘制图案。清华大学和中央美术学院成立的两个国徽设计小组，查阅了国内外大量资料，反复征求各方面的意见,最后确定用天安门图案做民族精神的象征;用齿轮、麦穗象征工农联盟;用国旗上的五颗星,代表中国共产党领导下的中国人民大团结。关于国徽的确定,这里面还有一段故事:

那是1942年冬天,山城重庆寒风凛冽,宋庆龄在她的寓所为欢送董必武返回延安而举行茶话会。周恩来和邓颖超也应邀出席。桌上摆着重庆近郊农民送来的两串颗粒饱满的禾穗,被炉火映照得金光熠熠。这时有人赞美说:"真像金子一般。"宋庆龄说:"它比金子还宝贵。中国人口80%都是农民,如果年年五谷丰登,人民便可丰衣足食了。"周恩来抚摸着饱满的禾穗,意味深长地说:"等到全国解放,我们要把禾穗画到国徽上。"因此,在制定国徽图案时,周恩来曾建议要把禾穗画上去。

9月30日,举行最后一次会议。毛泽东当选为中央人民政府主席。周恩来当选为中央人民政府委员和中国人民政协全国委员会委员。随后,中央人民政府委员会召开第一次会议,由毛泽东提名,一致通过任命周恩来为政务院总理兼外交部部长。毛泽东曾说过:我们继承的是一条布满窟窿的毯子。而周恩来作为"大管家"就开始着手来修补这条破毯子,开始塑造新中国的未来!30年后,国际上许多政治家评论:"在半个多世纪里,中国是被置于毛泽东的头脑里,同时也被置于周恩来的手掌中。"会议通过宣言和给中国人民解放军的致敬电后,毛泽东宣布大会闭幕。

大会闭幕后,为追念100多年来为新中国的诞生而英勇献身的人民英雄们,全体代表乘车前往天安门广场,举行人民英雄纪念碑奠基典礼。

下午6时,奠基仪式开始举行。

周恩来在庄严的气氛中,代表大会主席团致辞:

我们中国人民政治协商会议第一届全体会议为号召人民纪念死者,鼓舞生者,特决定在中华人民共和国首都北京建立一个为国牺牲的人民英雄纪念碑。现在，一九四九年九月三十日，我们全体代表在天安门外举行这个纪念碑的奠基典礼。

周恩来致辞后，全体代表脱帽静默致哀。然后，毛泽东宣读纪念碑碑文：

三年以来，在人民解放战争和人民革命中牺牲的人民英雄们永垂不朽！

三十年以来，在人民解放战争和人民革命中牺牲的人民英雄们永垂不朽！

由此上溯到一千八百四十年，从那时起，为了反对内外敌人，争取民族独立和人民自由幸福，在历次斗争中牺牲的人民英雄们永垂不朽！

最后，毛泽东和各单位首席代表一一执锹铲土奠基，表示对先烈们的崇敬。后来，毛泽东撰写的这段碑文，由周恩来手书，镶刻在人民英雄纪念碑上。对此，著名作家韩素音女士在《周恩来与他的世纪》一书中这样评价：

这象征着这两人之间的关系。中国的未来取决于他们两人同心协力、努力奋斗的结果。中国的成功与失败，主要来自毛泽东和周恩来，而不是其他什么人。几十年来，他们风雨同舟，既有团结，又有斗争。

当然，韩素音在这里所说的"斗争"，是指毛泽东和周恩来在遵义会议前所发生的意见冲突。遵义会议之后，他们之间始终是通力合作，相辅相成的关系。正是由于这种关系，才保证了中国革命的胜利。中国取得伟大胜利，是毛泽东英明领导的结果，也是和周恩来的名字紧紧联结在一起的。

1949年10月1日的北京，秋高气爽，晴空万里，古老巍峨的天安门城楼被装饰一新。城楼檐下，八盏大宫灯分挂两边，靠着城楼左右两边的石栏，八面红旗迎风招展，宫墙的正中挂着毛泽东的彩色画像。

这一天，首都军民30万人，排列在天安门广场，举行隆重的中华人民共和国开国庆典。

据毛泽东的保健医生王鹤滨回忆：在大典前的国宴上，为使中央领导人不致因饮酒过多而不能登上天安门，他想出了一个办法。即用茶水代替葡萄酒，用白开水代替茅台酒给首长们喝。这个办法经杨尚昆的首肯就执行了。在五大书记中，大概刘少奇是酒量最小的，这也可能是他长期做地下工作养成的习惯。因此，当他喝了特酿的"通化葡萄酒"后，满意地向王投来一丝微笑，表示赞许和感激。周恩来是能喝几杯的，这大概是多年外交活动的锻炼吧。当他喝下这特制"酒"后，立即转过头来，用严厉和疑虑的眼神射向王鹤滨。周恩来对工作的要求是很严格、很认真的，从来一丝不苟，在这重大的外交场合更来不得半点马虎。他误认为工作人员粗枝大叶，把水当成酒给客人喝了。他又用带着歉意的眼神看了看客人，见他们并无任何反应，都在兴奋地开怀畅饮，倒也没责备他们。据说因为事先来不及向周恩来汇报，后来他的秘书何谦走到周恩来身边耳语了几句，周恩来又回转头用缓和的目光看了王一眼。毛泽东喝下"特酿酒"后没动声色，好像什么也没有察觉。由于王鹤滨距离朱德和任弼时较远，没有看到他们有什么反应。这样，宴会下来，畅饮的首长们，脸都未红，都是海量。

下午3时整，毛泽东和周恩来等党和国家领导人，登上天安门城楼。顿时，广场上欢声雷动，红旗飞舞，一片欢腾。中央人民政府秘书长林伯渠宣布典礼开始，军乐队高奏《义勇军进行曲》，54门礼炮，齐鸣28响。它象征着组成人民政协第一届全体委员会的54个单位和中国共产党领导中国人民英勇斗争的28年。在这激动人心的时刻，毛泽东庄严宣布：

中华人民共和国中央人民政府今天成立了！

这洪亮、豪迈的声音，震动了环宇。它穿过高山，越过海洋，向全国人民，向全世界庄严地宣告了新中国的诞生。

此刻，毛泽东在城楼上启动电钮，亲手升起了第一面五星红旗。周恩来注视着冉冉上升的五星红旗，无限感慨地说："中国人民世世代代为之奋斗的这一天终于来到了！"

旧中国灭亡了，新中国诞生了！

中华民族遭受外国列强蹂躏奴役的历史已经一去不复返了！

中国人民从此站起来了！

新中国的诞生来之不易，它是百年来中国人民革命事业结出的灿烂成果，是无数先烈用鲜血和生命换来的。

毛泽东和周恩来从青年时代起，为之奋斗的新中国，终于像一个巨人那样，开始矗立在世界的东方！

在开国大典的焰火之夜，毛泽东在天安门城楼凝视着前方，他大概是在回忆着过去艰苦的历程。毛泽东似乎透过飘拂在眼前的从口中流出的轻烟，想努力看清楚展现在他脑海里的，建设社会主义的，尚不清晰的蓝图。毛泽东给他自己、给全党、给全国人民提出了更艰巨的任务："新中国政权的建立这仅仅是万里长征的第一步！"民主革命时期结束了，现在又要向社会主义革命、社会主义建设新的长征路上迈进了。毛泽东也许正在努力地描绘着今后尚不清楚的历史向前进展的长卷吧……

开国大典结束后，永不知疲劳的周恩来，又要和毛泽东踏上新的征途，着手新的探索，为建设一个社会主义新中国而共同奋斗了！

10 毛泽东在莫斯科急召周恩来

毛泽东委婉地对斯大林说:"东西不仅要搞,而且要既好看,又好吃,但必须让周恩来到莫斯科来搞。"

在中华人民共和国诞生前的一个世纪，即1850年，卡尔·马克思曾推测：

  如果我们欧洲的反动分子在不久的将来会逃奔亚洲，最后到达万里长城，到达最反动最保守的堡垒的大门，那么他们说不定就会看见这样的字样：
  中华共和国
  自由，平等，博爱。①

在马克思时代以"天朝"而闻名，并被马克思称为"活化石"的这片国土，如今在以毛泽东和周恩来为代表的中国共产党人的领导下，不但是一个"共和国"，而且是一个"人民共和国"。

中华人民共和国的建立，不仅开创了中国历史的新纪元，也是震撼世界的一件大事。它不仅在国际共产主义运动中产生了重大影响，而且也对整个世界历史的发展产生了重大影响。正如美国学者莫里斯·迈斯纳在他所著的《毛泽东的中国及后毛泽东的中国》一书中所说：

  中国共产党人在10月1日欢呼庆祝的这场革命，其深远意义绝不亚于1789年的法国大革命和1917年的俄国十月革命。就政治破坏性而言，它的重要性较之后两者绝不逊色；

---

① 《马克思恩格斯全集》（中译本）第7卷，北京：人民出版社，1998年，第265页。

在为社会发展开拓一条新的史无前例的道路方面，它们具有同等的重要性；这三场革命都在世界范围内产生了巨大的影响。

然而，中华人民共和国成立之时，面临的是欧风美雨、咄咄逼人、纷纭复杂的国际形势。毛泽东深知，他和周恩来等所从事的事业，是开天辟地的革命伟业。它不仅要推翻压在中国人民头上的三座大山，扫除近百年来的民族屈辱、陈规陋习；而且打破了世界的格局，惹恼了帝国主义列强。现在，中华人民共和国成立了。那些一直想鲸吞蚕食中国的帝国主义列强们不但不会承认它，而且会千方百计地破坏它、推翻它、扼杀它；那些受侵略和压迫的弱小国家，虽抱着同情，有心支持，但无能为力。还清楚记得，在1949年6月30日，他在《论人民民主专政》一文中，曾经做出过明确的判断：

> 我们在国际上是属于以苏联为首的反帝国主义战线一方面的，真正的友谊的援助只能向这一方面去找，而不能向帝国主义战线一方面去找。①

毛泽东的预见是正确的。

10月2日，即中华人民共和国成立的第二天，苏联政府从首都莫斯科拍来了世界上第一份外交贺电：

> ……苏维埃社会主义共和国联盟热烈祝贺中华人民共和国的成立，并正式承认中华人民共和国中央人民政府……

苏联政府来电正式承认中华人民共和国，表示愿意立即与我

---

① 《毛泽东选集》第4卷，北京：人民出版社，1991年版，第1475页。

国建立外交关系，并互派全权大使。接着，朝鲜、蒙古及其他人民民主国家也都相继来电承认中华人民共和国政府。

毛泽东深知，建设新中国，建设社会主义更不容易，除自力更生外，还需要友谊的援助，要学前人的经验。而在这方面，苏联的经验是可资借鉴的。因此，他明确指出：

> 苏联共产党人开头也有一些人不大会办经济，帝国主义者也曾等待过他们的失败。但是，苏联共产党是胜利了，在列宁和斯大林领导下，他们不但会革命，而且会建设。他们已经建设起来了一个伟大的光辉灿烂的社会主义国家。"苏联共产党就是我们最好的先生，我们必须向他们学习"。①

想到这里，毛泽东立刻打电话，请周恩来、刘少奇等人到自己的住处，商谈有关出访苏联、亲自会晤斯大林的问题。

"恩来同志，我看现在我到苏联去一趟比较合适了。"

早在1948年5月，毛泽东率中共中央部分同志到达河北省阜平县城南庄时，就打算亲自访问苏联，并组织了一个精干的代表团，准备乘吉普车开往中苏边境。但当电询斯大林的意见时，斯大林复电讲：中国革命战争正处于决定性关头，毛泽东作为统帅，不宜离开岗位，如有重大问题需要商谈，他将派一位政治局委员作为全权代表去听取毛泽东的意见，望毛泽东再三考虑。毛泽东接受了斯大林的建议。1949年1月底，斯大林派苏共中央政治局委员米高扬秘密来华。毛泽东同他详尽地说明当时我国国内战争形势和我们解放全中国的决心、步骤，以及即将建立的新中国的政权性质、形式、经济建设、外交政策等多方面的问题。

周恩来轻轻地点点头："是啊，今年12月21日是斯大林同志70寿辰的生日，苏联准备庆贺。很多社会主义国家的党和政府领

---

① 《毛泽东选集》第4卷，北京：人民出版社，1991年版，第1481页。

导人都要到莫斯科去为斯大林同志祝寿。主席选择这个时候去苏联很适合。"

毛泽东笑着说:"我可是只管去祝寿啊!有关中苏双方的会谈、协定、签约之类的事情,还得靠你这位政务院总理了。"

周恩来知道这一段时间,毛泽东因为过分劳累,体力不支,需要休息。就说:"主席可以先在苏联休息一段时间,好好休息,恢复恢复;有关中苏双方商谈的具体工作,我到苏联后按主席的意见和政治局的决定去办。"

"好哇!"毛泽东赞同地点点头,从沙发上站了起来,叮咛周恩来组织人员做好访苏的准备工作,并要和苏联方面及时取得联系。

斯大林给毛泽东复电:欢迎毛泽东到莫斯科来。

12月6日,北京下了一场大雪。白皑皑的积雪,把京城打扮得玉砌银装,分外妖娆。

北京车站,一辆编号为9002次的专列,像一条绿色的钢铁长龙,整装待发。

毛泽东访苏,是中国共产党和新中国最高领导人的第一次出国访问,非同寻常。党和国家的领导人几乎全部前往车站送行。

毛泽东同周恩来握手时,风趣地对这位外交能手说:"一言为定,我在莫斯科等你!"

周恩来轻轻地摇动着毛泽东的手,爽朗地笑着说:"请主席放心!只等你一声令下,我们随即出发!"

告别了送行的人,毛泽东登上了专列,站在车门口向大家挥手致意。

列车长鸣一声,吐着团团白烟,肩负着中国人民的历史使命,徐徐驶出站台,风驰电掣般地奔向遥远的北国。

望着车窗外漫天飞雪和那绵绵不尽的旷野,毛泽东的思绪在历史的长河中翱翔,他那诗人般的如火如荼的情思在燃烧。他在心里轻轻地吟诵着那首千古绝唱《沁园春·雪》：

> 北国风光，
> 千里冰封，
> 万里雪飘
> ……

毛泽东的思绪仿佛越过茫茫时空，又回到那艰苦卓绝的战争年代，回到那难忘的峥嵘岁月。

专列经过天津时，发现铁路线上有一颗手榴弹。公安部部长罗瑞卿立即检查保卫措施，并亲自下车去调查处理这桩事件。新中国成立初期，国民党潜伏的特务及反革命残余势力还未肃清，对保卫工作自然也要求甚严，公安人员的责任无疑极其重大。

坐在车上的毛泽东却见险不惊，泰然自若地读书看报。主席镇定的神态，深深地感染了车上的人。专列上的紧张气氛很快缓和下来了。

专列进入苏联境内的第一站奥特堡尔时，苏联外交部副部长拉夫伦捷夫已专程前来迎接，并在车站举行了简短的欢迎仪式。毛泽东检阅了仪仗队，但因冰天雪地寒风凛冽，气温甚低，只得迅速回到车上。行车一路每至一个大站都有当地主要领导干部出面迎接。

行至西伯利亚城时，苏联外交部打来电话，询问毛泽东主席的身体情况，是否有特殊要求和愿望等。毛泽东闻讯后对工作人员说："告诉苏联同志，我们一切都很好，谢谢他们的关心。"

据师哲回忆：列车行至斯维尔德洛夫斯克车站时，毛泽东主席下车在月台上散步，但几分钟后，他忽然头昏目眩，满头大汗，站立不稳，师哲急忙上前扶住毛泽东，并把他搀回到列车上。几个钟头过后，他恢复了正常。这种情况在国内时也曾发生过。此后，毛泽东不再到月台上散步。

12月16日中午，伊万大帝钟楼上的那口古老的大钟敲响了。

"当当当——"第12下洪亮的钟声刚刚响过，毛泽东的专列徐徐开进莫斯科北站，即雅罗斯拉夫车站。苏联以最高的规格礼遇，欢迎和接待毛泽东，将他乘坐的列车，特意安排在中午12点到达。

因天气太冷，苏方在车站举行了隆重而简短的欢迎仪式。

前来迎接毛泽东的有苏联部长会议副主席莫洛托夫、元帅布尔加宁、外贸部长孟希科夫、副外长葛罗米柯等人。

在车站，毛泽东检阅了仪仗队，并且发表了简短的演说：

亲爱的同志们和朋友们：

我这次有机会访问世界上第一个伟大社会主义国家苏联的首都，是生平很愉快的事。中苏两大国人民是有深厚友谊的。十月社会主义革命之后，苏维埃政府根据列宁斯大林的政策首先废除了帝俄时代对于中国的不平等条约。在差不多三十年的时间内，苏联人民和苏联政府又曾几次援助了中国人民的解放事业。中国人民在患难中，得到苏联人民和苏联政府这种兄弟般的友谊，是永远不会忘记的。

目前的重要任务，是巩固以苏联为首的世界和平阵线，反对战争挑拨者，巩固中苏两大国家的邦交和发展中苏人民的友谊。我相信，由于中国人民革命的胜利和中华人民共和国的成立，由于新民主国家及世界爱好和平人民的共同努力，由于中苏两大国的共同愿望和亲密合作，特别是由于斯大林元帅的正确的国际政策，这些任务必将会充分实现并获得良好的结果。①

---

① 毛泽东：《在莫斯科车站上的演说》，载《新华月报》，1950年新年号。

毛泽东最后高呼："中苏友好与合作万岁！"

欢迎仪式结束后，毛泽东在莫洛托夫陪同下，驱车前往莫斯科郊外姐妹河斯大林的第二别墅下榻。这是斯大林在卫国战争时期的住所。

当天下午6时，斯大林在他的克里姆林宫办公室的小会客厅会见毛泽东。

6时整，厅门大开了。斯大林破例和苏共全体政治局委员及维辛斯基外长站成一排迎接毛泽东。因为斯大林一般不到门口迎接外宾。他为了表示对中国人民及其领袖的尊重、信任及特殊的礼遇，所以特意做了这样的安排。王稼祥陪同毛泽东参加了这次历史性的会见。他当时任中央人民政府外交部第一副部长兼我国第一任驻苏大使。王稼祥在这一活动中，不仅承担了重要的联络任务，还起到了重大的推动作用。师哲作为翻译也参加了这次会见。苏方没有翻译在场，会谈时只有师哲一人做翻译，这又是特殊的安排，以表示对中国同志的完全信任和尊敬。

当这两位世界最大的国家和共产党的领袖，紧紧握手，互相问候的时刻，有谁能比这两个伟人更深地体会到其中的重大意义呢？

了解中国共产党历史的人都知道，中国共产党创建后，苏联党和政府对中国革命曾给予了巨大的帮助和支持。但由于种种原因，也不适当地过多干预了中国共产党的内部事务。特别是20世纪30年代前期，以共产国际的名义支持王明"左"倾教条主义者，占据了中共中央的领导地位，造成了中共党内第三次"左"倾机会主义错误，使中国革命遭受了重大损失。当时共产国际的一些错误指示和做法，许多都是斯大林的主意。以毛泽东为代表的中国共产党人，坚决地抵制了斯大林等人的错误指示，纠正了他们的一些错误做法。因此斯大林曾一度把毛泽东的主张视为"异端邪说",毛泽东也曾认为斯大林等是在"瞎指挥",这两位共产党巨人之间一直存在着相当严重的分歧和隔阂。但是,毛泽东和斯大林却从来未当面交换过意见。因此,这次首晤,将是双方打破隔阂、消除分歧和携手合作、共商大业的极好机会。

斯大林紧紧地握住毛泽东的手,端详了一阵说:"想不到你是这么的年轻和健壮!有胆略、有气魄!很了不起!"他回过头来,又把自己的同僚一一介绍给毛泽东,大家围站在大厅里,相互问好,互表祝愿。

斯大林对毛泽东赞不绝口:"伟大,真伟大!你对中国人民的贡献很大,是中国人民的好儿子!我们祝愿你健康!"接着,斯大林又说:"你们取得了伟大的胜利,祝贺你们前进!"这时的气氛十分热烈、动人。

中国革命的胜利,总算被人理解了。

毛泽东深有感触地说:"我是一个长期受打击排挤的人,有话无处说呀……"

毛泽东言犹未尽,斯大林立即把话接了过去:"你们是胜利者,而胜利者是不受谴责的。这是一般的公理嘛!"斯大林的这句话使毛泽东没有把内心的话讲出来。

在宽松和理解的气氛中,两位领导人对无产阶级革命和社会主义制度的建立进行了广泛的探讨。

斯大林再三问毛泽东:"你来一趟是不容易的,那么我们这次应该做些什么?你有些什么想法或愿望?"

毛泽东表示:"这次来,一是为祝贺斯大林70寿辰;二是看一看苏联,从南到北,从东到西都想看一看。"

斯大林说:"你这次远道而来,不能空手回去,咱们要不要搞个什么东西?"

毛泽东说:"恐怕是要经过双方协商搞个什么东西,这个东西应该是既好看,又好吃。"

这话充满了哲理和幽默，但是如果直译出来，苏联人肯定不会明白。所以，师哲在翻译时做了解释："好看，就是形式好看，要做给世界上的人看，冠冕堂皇；好吃，就是有内容、有味道，实实在在。"

斯大林虽然不理解东方人的智慧，但他沉着冷静，仍婉转地继续询问。

毛泽东不肯说明，他认为苏方较有经验，应该主动提出帮助我们，不提是不诚恳的。他对斯大林说："我想叫周恩来总理来一趟。"

斯大林表示惊讶，反问道："如果我们不能确定要完成什么事情，为什么还叫他来，他来干什么？"

斯大林显然是在追根寻底，但毛泽东没有再做回答。

斯大林和毛泽东都没有猜透对方的心理和意图。

斯大林的想法是，不管中苏之间要签订什么条约或者协定，都应该由两国的领袖来签署，由他代表苏联人民和由毛泽东代表中国人民来签字，这样才门当户对。一向居高临下、直言不讳的斯大林，这次也不愿意先提出来，以避免再有"强加于人"之嫌；因为他在中国革命问题上犯过错误，所以面对不卑不亢、雍容自如、谈笑风生的毛泽东，表现出谨慎小心，礼贤下士。

毛泽东不大了解斯大林的愿望。他考虑到：签订条约应该是两国政府之间的事情，他不愿意由自己出面谈判、亲自签约，他一心要把担任政务院总理兼外交部部长的周恩来请到莫斯科来完成这项任务。他这位统帅和领袖，只愿意从战略的高度，统筹全局，而不愿意包揽和干涉助手或部下的具体事务。另外，他知道斯大林有时比较主观，如果由他和斯大林直接谈判，一方面外交谈判不是自己的所长，在这方面他多次说自己不如周恩来；另一方面，很可能由于对某些具体问题谈不拢或发生争执，就会影响到两党两国的关系。所以，尽管斯大林一再询问，他都机智地兜着圈子，不愿做更明确的回答。

毛泽东访问苏联，这是新中国成立后，党和国家最高领导人同苏联党和政府最高领导人的第一次直接会晤，是当时国际舆论最为重视的外交接触和谈判。但十几天来竟没有消息报道有什么实质性的进展，西方人士开始种种猜测。当时，凑巧遇到一件预料不到的事：英国通讯社造谣说，斯大林把毛泽东软禁起来了。消息传出后，苏方倒有些着慌。王稼祥足智多谋，提出毛泽东以答塔斯社记者问的形式，在报上公布他到苏联的目的。1950年1月1日，毛泽东决定发表这个《答记者问》，1月2日见报：

毛泽东答："我逗留苏联时间的长短，部分地决定于解决有关中华人民共和国利益的各项问题所需要的时间。""在这些问题中，首先是现有的中苏友好同盟条约问题，苏联对中华人民共和国贷款问题，贵国贸易和贸易协定问题以及其他问题。"并说："我还打算访问苏联的几个地方和城市，以便更加了解苏维埃国家的经济和文化建设。"①

《答记者问》发表后，震动很大，政治空气为之一新。谣言不攻自破。

这时，斯大林已改变了态度，不再坚持原来的想法，同意周恩来到莫斯科来。

1950年1月2日晚8时，斯大林派莫洛托夫和米高扬到别墅来，询问毛泽东对签订中苏条约等事宜的意见。

毛泽东见斯大林的态度改变了，并十分尊重中国同志。自己也就采取了灵活的办法，提出三种方案，供苏方自己选择。这三种方案是：

（甲）签订新的中苏条约，"中苏关系在新的条约上固定下来，中国工人、农民、知识分子及民族资产阶级左翼都将

---

① 《人民日报》，1950年1月3日。

感觉兴奋，可以孤立民族资产阶级右翼；在国际上我们可以有更大的政治资本去对付帝国主义国家，去审查过去中国和各帝国主义国家所订的条约"。

（乙）由两国通讯社发一简单公报，说明两国当局对旧的中苏友好条约交换了意见。

（丙）签订一个声明，内容是讲两国关系的要点。①

毛泽东表示，如果按乙、丙两个方案做，周恩来可以不来。

莫洛托夫马上说："甲项办法好，周恩来可以来。"

毛泽东当即追问："是否以新条约代替旧条约。"

莫洛托夫说："是的。"但他又对周恩来能否尽快赶到莫斯科表示怀疑。

毛泽东自信地笑了，他边抽烟，边扳着指头算着说："我的电报1月3日到北京，恩来准备5天，1月9日从北京动身，坐火车11天，1月19日到莫斯科，1月20日至月底约10天时间谈判及签订各项条约，2月初我和周一道回国。"②

后来，有人曾问毛泽东：当时，你要周恩来到莫斯科来，斯大林不同意，说一不二，决不退让，你怎么知道他会同意呢？

毛泽东回答说："斯大林虽然固执，但还是讲理的。他的错误，顶一顶，还是知错能改的。"

就这样，一切都安排妥当了，毛泽东心情舒畅地到列宁格勒等地去参观游览，调查研究，了解苏联革命和建设的情况。

毛泽东信任周恩来，估计周恩来快到莫斯科了，他也返回莫斯科。

---

① 师哲：《在历史巨人身边》，北京：中央文献出版社，1991年版，第440页。

② 师哲：《在历史巨人身边》，北京：中央文献出版社，1991年版，第440页。

毛泽东返回莫斯科的第二天,周恩来从新西比尔斯克打来电话,因传音不好,毛泽东听不清楚,他约定周恩来到了乌拉尔的斯维尔德洛夫斯克再通电话。这次,毛泽东和周恩来在电话上讲了一个多小时。毛泽东把自己的活动、愿望以及将要签订的条约内容都讲了,也征求了周恩来的意见。这样,周恩来心中有了数,一到莫斯科便可立即投入工作。

1950年1月20日,中华人民共和国政务院总理兼外交部部长周恩来一行抵达莫斯科。

在民主革命时期,周恩来就是中国共产党出类拔萃的外交家,是谈判解决各种复杂矛盾和棘手问题的能手。曾记得,1936年西安事变爆发后,毛泽东委托周恩来任中共全权代表赴西安,团结张、杨与蒋谈判,迫使蒋介石接受了和平解决西安事变的条件。抗日战争期间,周恩来又受毛泽东的委托任中共中央代表和南方局书记,长期驻在国统区武汉、重庆等地进行统一战线工作。1945年8月,毛泽东又在周恩来的陪同下赴重庆谈判……今日,新中国成立后的首次重大外交活动,毛泽东仍坚持将周恩来推到第一线,让这位"比我强"的外交家去谈判、签约。毛泽东认为,一个领导者不可能样样精通,行行都行,必须善于使用干部。领导者的责任,归结起来,主要是出主意、用干部两件事。这正是毛泽东作为领袖、帅才所具备的优秀品格,看准了的,就敢于放手,若无这种"举重若轻"的大气势,他怎么能成为改变中国历史、改变中国命运的伟大巨人呢?

王稼祥专程赶到200公里以外的莫斯科前一站雅罗斯拉夫尔去迎接周恩来一行。苏联方面在莫斯科车站广场举行了比迎接毛泽东规模小些的欢迎仪式。周恩来面带微笑和苏联领导人亲切握手,互致问候。他那从容大方的举止,巧妙含蓄的语言,气宇轩昂的外交家风度,赢得了苏方人士的钦佩与赞扬。

周恩来在车站发表了演说:

> 我这次奉了中华人民共和国中央人民政府毛泽东主席的指示，来到莫斯科，参加关于巩固中苏两大国邦交的会商。

随后，王稼祥陪同周恩来去毛泽东住处，一起商讨缔结条约会谈中的问题。第二天，周恩来索性离开为他安排的单独别墅，搬到毛泽东二楼的一个房间里住，这样更便于同毛泽东商谈工作。

周恩来果然不负毛泽东的重望，在他到达莫斯科的第三天，即1月22日，便开始同苏方正式会谈。毛泽东、周恩来与斯大林举行会谈，维辛斯基、李富春、王稼祥等也在座。师哲任翻译。

毛泽东首先发言，他分析了当时的国际形势，认为在新情况下中苏两国的合作关系应以条约形式固定下来，他指出，条约的内容应该是密切两国的政治、军事、经济、文化、外交方面的合作，以共同制止日本帝国主义再起及日本或与日本勾结的其他国家的重新侵略。

斯大林表示赞同毛泽东的意见，并具体地谈了签订友好同盟条约问题，主要包括中长铁路、旅顺大连、贸易及贸易协定、借款及民航合作等问题。

毛泽东提议，中长铁路、旅顺及大连三个问题写在一个协定中。

斯大林同意，并说："中苏条约应是一个新的条约，对雅尔塔协定问题可以不管它。旅顺口问题的解决办法，一个是限定归还，在对日和约缔结后撤兵；一个是现在撤兵，但过去的条约形式暂时不变更。"

毛泽东同意前一种办法，即待对日和约缔结后苏联撤兵。

谈到大连问题时，斯大林说：大连是中国内政，"可由中国自己处理"。

关于中长铁路，因为我们原来没有变更中苏共管之意，所以只提出缩短年限，改变资本比例由现在的中苏各占一半，改为 51：49 和由中国同志担任局长等三项意见。苏方同意缩短年限，但不同意改变资本比例，仍主张资本各半，即 50：50，并提出双方人员改为按期轮换制，轮流担任正副局长。

关于贸易问题，毛泽东说，我们准备的出入口货单，并不十分准确，因此与贸易有关的问题只能做出大概的规定。

斯大林还提出不允许第三国居民进入和在中国东北、新疆地区居留的问题。据师哲回忆说：由于这个问题提得突然，谈话有些冷场。

周恩来反应机敏，随即反问道："第三国公民的含义是指什么？东北住有很多朝鲜民族的居民，他们算不算第三国公民？更不用说外来的蒙古人了。"

斯大林对这一反问措手不及，一时哑口无言。后来斯大林说明他们的本意是禁止美、日、英等帝国主义国家的人进入东北活动。

关于聘请专家的问题，斯大林提出了一些苛刻的条件，如给予苏联专家高待遇，苏联专家在中国犯错误时，中方不能处理，而应交苏方审理。

在这个问题上，斯大林沿袭了西方帝国主义国家对外援助的惯例，表现出了大国沙文主义。他这样做的目的，无非是在讨好俄罗斯民族，自认为是为俄罗斯人民办了一件有利可图的好事。所以，包括俄罗斯民族在内的人们都说：斯大林的大俄罗斯主义精神表现得比俄罗斯族还要强烈。列宁在这个问题上曾批评过斯大林，他说，那些"俄罗斯化了的异族人总是在表现真正俄罗斯人的情绪方面做得过火"①。看来，列宁的批评是十分准确的。

斯大林的大国沙文主义还表现在于 3 月 27 日中苏两国签订的《关于在新疆创办中苏石油股份公司协定》、《关于在新疆创办中

---

① 《列宁全集》第 36 卷，北京：人民出版社，1985 年版，第 617 页。

苏有色稀有金属股份公司协定》和两国互设领事馆的问题上,可以说苏方也承袭了沙皇政府的老政策。所以在斯大林去世后,1954年赫鲁晓夫第一次访华时,主动提出取消所有的四个中苏合股的公司。

会谈还对其他问题交换了意见。

在谈判过程中,周恩来是中方的主要发言人。毛泽东则在关键的地方插上几句有分量的话,使会谈在友好和谐的气氛中顺利进行。

这次会谈就中苏友好同盟互助条约的原则性问题很快地达成了协议。条约的具体内容和文字表述,主要由周恩来和莫洛托夫、米高扬谈判。会后,一位苏方人士感慨万分地说:"毛泽东和周恩来的配合默契,相得益彰,真是少有的领袖人物呀!"

据师哲回忆:在此期间,斯大林曾三次打电话给毛泽东,询问生活和健康状况以及愿望及要求等。毛泽东回答:"各方面还好,我没有什么新的意见,一切由周恩来商谈办理。"从此,斯大林再也没有来过电话。斯大林可能对这位中国领袖知人善任、放手用人表示赞赏;对于毛泽东的性格、气派和作风,又有了进一步的了解。

据周恩来的副官回忆:周恩来没到莫斯科时,毛泽东曾表现过隐隐的着急,周恩来到达后,毛泽东明显轻松下来。周恩来每次谈判回来,总是要向毛泽东详细汇报;毛泽东听的多,想的多,说的话却很少,往往是几句话,讲个原则和方向。

就在毛泽东有时间有心情去看"彼得大帝",去研究"拿破仑"期间,周恩来谈成了《中苏友好同盟互助条约》、《关于中长铁路、旅顺口及大连的协定》、《关于贷款给中华人民共和国的协定》。

1950年2月14日下午,在克里姆林宫举行了隆重的中苏条约签字仪式。

中国方面出席的有毛泽东、周恩来、李富春、陈伯达、王稼祥、赛福鼎。苏联方面出席的有斯大林、莫洛托夫、伏罗希洛夫、马林柯夫、米高扬、赫鲁晓夫等人。

双方代表签字的是周恩来和维辛斯基。

在签字仪式上，毛泽东、斯大林站在最中间。斯大林的身材比毛泽东略低些，当记者给他们拍照时，斯大林总要往前移动一两步。这样，在照片和影片上，他就不会显得比毛泽东矮，或许还要高些。

签字仪式结束后，斯大林举行招待宴会，中苏官员互相祝贺。斯大林和毛泽东坐在一起。

毛泽东对斯大林说："今天晚上，我们要举行答谢宴会，也是告别宴会。希望你，斯大林能莅临。我们希望你能出席，如果健康状况不允许，你可以随时提前退席，我们不会认为这有什么不合适。"

斯大林回答："我历来没有到克里姆林宫以外的地方出席过这样的宴会，而且已经成了惯例。对你们的邀请，我们在政治局会议已讨论了，决定破例接受你们的邀请，也就是允许我答应你们的邀请，出席你们举行的宴会。"

斯大林热情地举起酒杯，向毛泽东祝酒：

"毛泽东同志，祝贺您访苏圆满成功！"

毛泽东干过杯，又热情地举杯祝酒："感谢斯大林同志的盛情款待和热情帮助！"

莫洛托夫、米高扬、维辛斯基等人在给毛泽东敬酒后，特意去给周恩来敬酒。因为他们在谈判中，对周恩来深刻的政治见解、卓越的外交才能和严密的工作作风十分钦佩。

米高扬在给周恩来敬酒时，非常幽默地说：

"现在，我终于明白了中国共产党能够夺取政权的原因了。"

周恩来爽朗地笑着，风趣地说：

"米高扬同志，不久你还将会看到中国共产党有能力领导人民，建设起一个繁荣昌盛的新中国。"

《中苏友好同盟互助条约》的草拟，是按照毛泽东、周恩来和斯大林商定的原则进行的。开始，苏方根据周恩来讲的基本思想和大体内容，写了一个草案给中国代表团看。周恩来看后说：

"不对，我讲的很多内容没有全包括进去，要修改。"①

毛泽东看完苏方起草的文稿后也说："这不行，我们自己重搞一个吧！"

于是，周恩来花了两天多的时间草拟了条约文本。

师哲很快把文本译成俄文交给苏方修改。

苏联方面看了表示满意。他们未料到中国人在这么短的时间内，能提出内容这么好、表述这么精确的条约。所以，他们没有改动多少就表示同意。

中苏条约的名称，原来称《中苏友好同盟条约》，与1945年苏联同蒋介石国民党政府签订的条约名称相同。后来，周恩来觉得不妥，并建议加上"互助"二字。毛泽东非常赞同，他说："加'互助'两个字好，平等互利，互相帮助嘛！"这样，条约的名称就变成了后来正式签订的《中苏友好同盟互助条约》。

这个条约是在毛泽东和周恩来的积极争取下签订的，有效期为30年。应当说，这个条约的签订，拉开了中苏友好历史的帷幕，引起了世界各国的重视，对防止日本军国主义的再起，维持新中国的独立和世界和平，都起到过重要的作用。

当天晚上9时许，斯大林率苏共中央政治局成员准时到达，毛泽东、周恩来、王稼祥、李富春等亲自在门口迎接客人。

这次答谢宴会是以中国驻苏大使王稼祥的名义，在克里姆林宫附近的米特勒保尔大旅社举办的。

毛泽东和斯大林亲切握手，互致问候，然后便陪斯大林向餐

---

① 《新中国外交风云》(第一辑)，北京：世界知识出版社，1990年版，第5、6页。

厅的正席走去。

宴会厅欢声雷动。不仅外宾，就连苏联的许多高级干部也没有在这么近的距离看过斯大林。此时，人们禁不住热烈鼓掌、欢呼，直到毛泽东和斯大林穿过客厅就座之后才停息。

毛泽东和斯大林成了大家一致注目的中心人物。两位伟大领袖及主要客人被安排到里间小厅里，这间主宾厅与外厅隔着一排玻璃门。外厅的人们不顾礼节纷纷向里间拥挤，连各国驻苏大使也坐不住了。无论是玻璃大门，还是维持秩序的工作人员都阻止不了他们。眼看玻璃门快要挤碎了，周恩来见势不妙，索性让服务人员拆开玻璃大门和隔板，将两厅合成一厅，使大家都能看到这非凡的历史性的场面。这样，才使激动的人群安定下来。

酒会继续进行，周恩来致祝酒词，由费德林担任翻译。周恩来事先把自己的讲话稿给费德林看过，费德林译成俄文拿在手中。周恩来临场讲话，未拿文稿，2000多字的祝酒词竟说得与原稿一字不差，令费德林十分惊讶。

周恩来的讲话内容是：我们两国所签署的条约和协定，将使中苏两国关系更加紧密，将使新中国人民不会感到自己孤立，而且将有利于中国的生产建设和经济的恢复与发展，有利于世界和平。中苏友谊要世世代代传下去，感谢苏联的无私援助，中国要向老大哥学习等。

周恩来的祝酒词言简意赅，激动人心。

全场响起了热烈的掌声。

经过一轮祝酒后，斯大林致辞。由师哲任翻译。据师哲回忆：斯大林的讲话很轻松，没有稿子，大意是：

今天的这个场面热烈非凡，洋溢着友谊和团结的精神，预示着欣欣向荣的未来。中苏友好兄弟情谊要保持下去，周恩来都说过了，也代表了我的意思。

席间，毛泽东举杯祝斯大林健康，并祝中苏友好万岁！斯大林也数次举杯，祝毛泽东、周恩来健康。

宴会持续到午夜，尽欢而散。

酒会结束后，米高扬等留下来继续同周恩来、李富春等洽谈有关双方经济协作、商业贸易等事宜。

2月17日，毛泽东、周恩来和中国代表团离开莫斯科。

启程前，周恩来对毛泽东住处的全体苏方工作人员赠送了礼物，他们分别与周恩来握手致谢。工作人员还帮助中国贵宾把要带的物品搬上汽车，并把毛泽东、周恩来一直送上汽车。他们连大衣都没有来得及穿，站在冰天雪地里目送毛泽东和周恩来离去。望着望着，他们个个都流下了眼泪。看见这种情形，师哲马上下车，代表毛泽东和周恩来向他们再做一次告别和致谢。

毛泽东以他的德高望重、慈祥可亲，博得了苏方工作人员的敬重和爱戴。周恩来则以他特有的生动活泼、平易近人的作风和忠厚长者的风度，使服务人员乐于接近他、亲近他。

莫洛托夫到毛泽东的住处把毛泽东送上汽车，又先赶到火车站，在那里等候。苏方在车站举行了欢送仪式，毛泽东发表了告别讲话：

> 我和中国代表团同仁周恩来同志等这次在莫斯科会见了斯大林元帅以及苏联政府其他负责同志，我们相互间在中苏两大国人民根本利益的基础上所建立起来的充分了解与深厚友谊，是难以用言语来形容的。人们可以看得见：业已经过条约固定下来的中苏两大国人民的团结将是永久的，不可破坏的，没有人能够分离的。而这种团结，不但必然要影响中苏两大国的繁荣，而且必然要影响到人类将来，影响到全世

界和平与正义的胜利。①

毛泽东在演讲中，不但肯定了中苏友好与团结牢不可破，而且肯定了"苏联经济文化及其他各项重要的建设经验，将成为新中国建设的榜样"。

毛泽东热情洋溢的演说，受到了热烈的欢迎。

莫洛托夫与毛泽东等握手告别，并向他转达了斯大林的问候。

列车启动了，毛泽东和周恩来等踏上了归程。

2月26日，列车到达我国边境城市满洲里。毛泽东给斯大林发了致谢电；周恩来给维辛斯基发了致谢电。苏联外交部副部长拉夫伦捷夫和保卫人员、工作人员一直陪送到这里，并将火车上的物品移到中国的火车上，其中有斯大林送给毛泽东和周恩来的两辆小轿车。

1950年3月4日晚，毛泽东、周恩来一行回到北京，受到党和国家领导人的热烈欢迎。人们祝贺毛泽东和斯大林的亲切会晤，祝贺毛泽东和周恩来访苏成功！

4月11日，毛泽东亲自主持召开了中央人民政府委员会第六次会议，周恩来在会上做了《关于中苏条约的报告》。会议经过讨论，批准了这个条约。毛泽东在会上发表讲话指出：

> 我们是处在一种什么情况之下来订这个条约的呢？就是说，我们打胜了一个敌人，就是国内的反动派，把国外反动派所扶助的蒋介石反动派打倒了。国外反动派，在我们中国境内，也赶出去了，基本上赶出去了。但是世界上还有反动派，就是我们国外的帝国主义。国内呢，还很困难。在这种情况下，我们需要有朋友。我们同苏联的关系，我们同苏联

---

① 毛泽东：《在莫斯科车站的临别演说》，载《人民日报》，1950年2月20日。

的友谊,应该在一种法律上,就是说在条约上,把它固定下来,用条约把中苏两国友谊固定下来,建立同盟关系。帝国主义者如果准备打我们的时候,我们就请了一个帮手。①

毛泽东首次访苏,"想要点好看的,再要点好吃的"。"好看的"是"同盟条约","好吃的"是"贷款协定"。这些,通过周恩来的谈判都如愿以偿。

这次中苏谈判的情况,充分反映了毛泽东与周恩来的关系及各自无法取代的作用。

如果没有周恩来,毛泽东不可能成长得那么高大!

如果没有毛泽东,周恩来自身的优势也不会发挥得那样出色!

毛泽东和周恩来的行动相得益彰,配合默契,形成合力,从而才取得了中苏谈判的成功!

---

① 薄一波:《若干重大决策与事件的回顾》上卷,北京:中共中央党校出版社,1991年版,第42页。

11 共筹"抗美援朝"

毛泽东伸手从笔筒里抓起一支铅笔，将"支援"两字一划，改写两个大字："志愿。"周恩来兴奋地做了一个手势："对，世界上有许多志愿军的先例，马德里保卫战就有各国来的志愿兵。"

美国前总统尼克松在《领导者》一书中曾说："在过去的半个世纪里，中国的历史很大程度上是毛泽东、周恩来和蒋介石这三人的历史。""但是，赢得中国大陆战争胜利的是毛泽东和周恩来。"

抗美援朝战争的胜利，已经过去半个多世纪了。在这场侵略与反侵略、正义与非正义之战的较量中，毛泽东与周恩来有着伟大的功绩。

中国共产党的胜利，新中国的诞生，标志着蒋介石国民党统治在大陆的结束，美国扼杀共产主义的全球战略的破产，但他们并不甘心于失败。

朝鲜，三千里江山。

第二次世界大战后，以"三八"线为界，相峙对立成立两个不同社会制度的南北国家。侵略朝鲜推翻共产党政权，进而挑起进犯新中国的战争，把国共斗争国际化，是他们发动侵略朝鲜的主要目的和野心。

1950年的春天，北京中南海的庭院里充满阳光、希望和欢欣。温暖的气候和充足的雨水使杏树和苹果树花满枝头。人人都在畅谈大好形势。毛泽东和周恩来决定，150万人民解放军全体官兵将复员。据1950年《国防大事记》记载："6月30日，人民革命军事委员会、政务院联合作出工作复员工作决定。人民革命军事委员会、政务院联合发出的《关于人民解放军1950年的复员工作决定》指出，由于全国解放战争基本结束，人民解放军将从战争状态进入正规建军时期，在加强军队建设的同时，必须复员一部分人参加国家经济建设,以帮助国民经济的恢复和发展。为此,中央决定复员武装人员150万。《决定》还对复员工作的总原则、程序、复员军人的待遇等事项作了规定。"因抗美援朝的爆发,到1950年年底,全军复员任务只完成了60万人①。

对此,周恩来曾解释说:"我们将全力以赴投入生产和重建。"他和毛泽东估计至少需要用3年的时间来恢复濒临破碎的国民经济,至少需要用10年到15年的时间来建设国家的工业化基础和"适合中国的"农业体制。

6月中旬,信心十足的毛泽东在一次公开讲话中宣布人民解放军将大规模地裁减,因为军队耗费国家30％的收入。

然而,一周以后,朝鲜战争爆发了!

毛泽东的案头上放着一封来自朝鲜的特急函件:朝鲜民主主义人民共和国主席金日成的求援书。

1950年6月25日,南朝鲜李承晚集团在美国策划下,向北朝鲜挑衅发动侵略战争。

6月27日,美国派出海军和空军武装干涉朝鲜内战,扩大朝鲜战争,并命令海军第七舰队向中国领土台湾沿海出动,决定以武力阻止中国人民解放台湾。

北京城内一片震惊与气愤。

毛泽东陷入沉思之中,全国上下陷入焦虑之中!

毛泽东和周恩来对朝鲜出现的军事形势表示十分的关注。

6月28日,毛泽东主席在中央人民政府委员会第八次会议上发表讲话,严厉斥责美国对朝鲜和我国领土台湾的侵略,并明确指出:

"各国的事情应该由各国人民来管,而不应由美国来管。"

"全中国人民的同情都应站在被侵略方面。"

---

① 参见《中国人民解放军军史》第4卷,北京:军事科学出版社,2001年版,第37—43页。

同一天，周恩来总理兼外长发表声明，谴责美帝国主义对朝鲜民主主义人民共和国的侵略行为。他彻底揭露说：

"那是事先策划的阴谋，其目的是企图侵略朝鲜、台湾、越南和菲律宾，侵占整个亚洲。"

周恩来谴责杜鲁门总统向台湾海峡派遣第七舰队的行径是"对于中国领土的武装侵略，对于联合国宪章的彻底破坏"。

7月6日，周恩来致电联合国秘书长赖伊谴责说，联合国安理会"决定"要求联合国会员协助南朝鲜当局的6月27日"决议"，是对美帝的武装侵略的支持，是对朝鲜内战的干涉，是对世界和平的破坏行为。与此同时，全面揭穿那个"决议"的非法性，并庄严宣告它无效。

这一声明和宣言极大鼓舞了抗击美帝的武装侵略、维护祖国的自由和独立而斗争的朝鲜人民，沉重地打击了妄图侵占全朝鲜的美帝国主义及其仆从国的侵略行为。

世界进步人民和公正的舆论对周恩来的声明和宣言深表同感，积极支持朝鲜人民正义的祖国解放战争，坚持反对美帝国主义的武装侵略。

尽管如此，美国却无视世界舆论的公正要求，更加扩大侵朝战争，用尽人类战争史上最野蛮的手段，把朝鲜的所有城镇和农村完全炸成废墟，大肆屠杀无辜居民。美军的作战，本质上是地地道道的"集体屠杀作战"，美国的战术基本是"火海战术"。正如一位西方记者所描述的那样：

朝鲜战争成了人与现代"高等野蛮人"的战争。

对美军在朝鲜的这种野蛮暴行，周恩来于8月20日致电联合国秘书长，谴责美国空军在朝鲜的野蛮轰炸，指出这是践踏国际法和人类道德的起码准则的暴行，并强烈要求联合国采取切实的措施，立即制止美国的这种暴行。他还要求联合国安理会主席马连柯夫支持中国参加联合国对朝鲜问题的处理。

但是，美国无视这一合理的建议，甚至纠集15个仆从国军队扩大了侵略战争，妄图把战火烧到中国大陆。

毛泽东愤怒地指出：美国这样干是公开暴露了自己的帝国主义面目。他重申关于"帝国主义是外强中干的纸老虎的观点，号召中国人民和全世界人民团结起来，打败美帝国主义的任何挑衅"。

9月30日周恩来在中国人民政治协商会议讲坛上代表数亿中国人民庄严宣布：中国人民对美军侵略自己邻邦的行为不能袖手旁观。

10月3日，周恩来重申了中国人民的这一坚定立场，并向美国提出严厉警告：如果美军越过"三八线"，中国人民决不能置之不理。

然而，周恩来采取了最后的外交手段，坚持先礼后兵的原则。10月3日凌晨一时，周恩来在中南海会见了印度驻华大使潘尼迦。他向潘尼迦暗示说："中国在其邻国遭受侵略时不可能无动于衷……我们需要和平，我们渴望和平。我们一天仗也不想打。战争将使我们的重建速度放慢，对我们来说又增加一个负担。但是，我们绝不受人欺侮。我们不怕抵御侵略，这一点必须讲清楚。"

潘尼迦为美国提供了一个正常的外交渠道。他通过印度外交部部长把有关中国立场的消息传给了印度驻联合国大使班尼格尔·劳先生，然后再由劳先生转交给美国。同时，周恩来的重大警告也传给了在京的英国官员。然而，五角大楼和国务院的专家们确信中国不敢采取行动。空中侦察表明：中国军队没有向中朝边界的鸭绿江一带移动。麦克阿瑟在其东京总部宣称，他坚信中国不会贸然行动。10月份，美军无视屡次警告，悍然越过了"三八线"，攻陷了北朝鲜的首都平壤，麦克阿瑟准备把仗打到鸭绿江边。

美国侵略者的气焰嚣张，猖狂至极。

怎么办？

是否出兵迎战？

如果出兵，刚刚成立的新中国，能否顶住这个号称世界上最强的美国，连苏联都多次避免与它应战。

如果出兵，会对新中国造成什么样的后果？

如果出兵，会给经过长期战争才赢得胜利的中国人民又将带来什么？

毛泽东与周恩来，作为中国共产党和中国政府的主要领导者，面临着严峻的选择。

这时，在党内，甚至在党中央高层人士中间，军队上下，在人民中间，对这一问题众说纷纭，议论不一，但大多都不赞成出兵，怕"引火烧身"。

中朝两国，唇齿相依。

毛泽东多次召开政治局会议，听取各方面的意见，进行认真的分析讨论，并在一次高级会议上说："你们说的都有理由，但是别人处于国家危急时刻，我们站在旁边看，不论怎么说，心里也难过。"

然而，出兵抗美谈何容易？

新解放区的土地改革刚刚开始，千疮百孔的国民经济亟待恢复，国内残匪尚未肃清，新生政权有待巩固，和美国去较量，风险太大，胜负难卜⋯⋯

经历了20余年战争生涯的毛泽东，此时也闭门谢客，瞻前思后。据说，在毛泽东做出最后决定之前，始终在办公室里踱来踱去，整整三天三夜没有合眼。毛泽东准备调解一下党内的反对意见，出兵朝鲜。

作为总理的周恩来，他一直强调中国需要一个和平的国际环境，以加快"经济恢复"的步伐。但是，他也"不容看到他的邻国遭受野蛮的侵略"，他果断地支持毛泽东出兵朝鲜的决定。当这一决定传到苏联时，斯大林都为之震动。

据周恩来的军事参谋雷英夫回忆：当朝鲜人民军打到洛东江，向釜山滩头阵地发起猛攻时，一位苏联军事代表曾向周恩来说，要不了几天，一下子就可以把美国人和李承晚搞掉，朝鲜很快就会统一。

周恩来听后却摇摇头："什么事情都要有备无患，美国人在日本的军队还没动呢。"

"他不敢动，动也不行。"

"打仗不能像押宝一样，你说不打就能不打了？"

美军压到鸭绿江时，苏联人又由轻率转为失望。对周恩来说："看来金日成只能在中国组织流亡政府了。"

周恩来又一次轻轻摇头："不会的。我们出兵。"他随即对惊愕怀疑的苏联代表说："毛主席从战略上考虑这个问题。朝鲜就在我们身边，美国人都占了，我们永无宁日。看看美国人要灭亡朝鲜，见死不救，按马列主义原则说不过去。"

毛泽东后来曾在小范围内讲话说：斯大林以前认为我们同铁托一样。直到我们在朝鲜参战之后，他才知道我们不会的。我们出兵打掉了人家的一个怀疑，不再怀疑我们是铁托了。

熟谙《孙子兵法》的毛泽东，深知："兵者，国之大事，死生之地，存亡之道，不可不察也。""故知兵之将，民之'司命'，国家安危之主也。"他在考虑决定出兵之后，便很快把注意力集中到选将这一问题上来。开始，毛泽东决定派林彪出兵挂帅，但林彪却提出"每晚失眠，身体虚弱多病，怕风、怕光、怕声音"，以此为理由不接受任务。最后，毛泽东和周恩来等几位中共中央领导人商定，改派当时任中国人民解放军第一野战军司令员的彭德怀挂帅出征，并派专机从西安接彭德怀来京参加政治局会议。关于林彪不出任志愿军司令员，网上和小报传得很多，基本说法是林彪怕与美军作战故装病不出任志愿军司令员。有的回忆录中也说："毛泽东同志原先决定让林彪去朝鲜指挥志愿军，可他害怕，托词有病，硬是不肯去。"东北边防军组成时，中央军委决定粟裕为边防军司令员兼政治委员，但粟裕有病，中央军委批准其在青岛休养一个时期。毛泽东也确曾考虑边防军出动时由林彪任统帅。但1950年9月3日毛泽东在复高岗8月30日关于边防军准备工作有关问题请示的来信中，指出："林、粟均病，两萧此间有工作，暂时均不能来。"从毛泽东复高岗的信中看，林彪确有病。在中共中央作出出兵决策后，林彪就去苏联养病，并与周恩来一起参加了关于中国出兵援朝问题与斯大林等苏联领导人的会谈。①

政治局会议讨论抗美援朝时，有人主张中国出兵抗美援朝要慎重，因为事关全局。有人担心："美国佬朝我们扔原子弹怎么办？为什么不让北朝鲜人自己去收拾这个烂摊子？"

彭德怀经过深思熟虑后发言："出兵援朝是必要的，打烂了，等于解放战争晚胜利几年。如果美军摆在鸭绿江和台湾，它要发动侵略战争，随时都可以找到借口。"会上，彭德怀临危受命，欣然接受挂帅出征的任务。

毛泽东和周恩来的主张在表决中获胜，会上采纳了出兵援朝的重大方案。

随后，由周恩来在北京居仁堂主持召开军委扩大会议。

有一个场面雷英夫记得异常清晰：

林彪脸露病态倦容，声音缓慢而低沉地说："我们打了几十年仗，十年内战、八年抗战、四年解放战争，……人心思和，现

---

① 参见齐德学：《关于抗美援朝几个史实的辨析》，载《北京日报》，2010年7月5日。

在再去出兵打仗不得人心哪。国内困难也很多,经济是一个烂摊子,军队没有改装,还有十几万土匪在活动。对国民党作战我们有把握,美国高度现代化,加上原子弹,能否取胜?我没有把握。请中央慎重考虑这个问题。"

周恩来可以说对林彪是比较尊重的,平时交往也很热情礼貌。但在这次会议上,林彪刚唱几句低调,周恩来便立刻打断,严厉批评说:"现在不是讨论出不出兵,而是讨论怎么出?是怎么贯彻执行毛主席的决定!"

有些外国和国内学者的作品,偏重于描写周恩来谦虚谨慎、委曲求全、鞠躬尽瘁、死而后已的一面,忽略了周恩来洒脱不羁、阳刚十足、坚持原则、激荡奔放的一面。当然,不可否认,周恩来是中国共产党内节制、理智、友爱、合作和信任的代表力量,是真诚团结各派别的主要力量。每当出现对抗、冲突和激烈残酷的交锋时,他总是通过自己真诚的努力缓解这种对抗和冲突,尽量减少交锋带来的损失。但这不能被误解为"圆滑处世",实际上周恩来光明磊落,在党内敢于和善于发表不同意见,坚持真理,维护党中央和毛泽东的决策。因此,在这次会议上对林彪也不例外。

为贯彻执行党中央和毛泽东的历史性决策,为了举国一致,同仇敌忾,周恩来对民主人士做了大量的宣传解释工作,调动了民主人士的积极性,纷纷向共产党出谋献策。

当毛泽东出兵大策决定后,接着便是怎样出兵,以什么名义出兵的问题了。

开始时,毛泽东与周恩来研究,想用"支援军"的名义出兵。

自古道"出师有名,名不正,则言不顺。"否则,这仗也不好打。

如果称为"支援军",那是谁派出去支援朝鲜人民?

是国家吗?我们不是要跟美国宣战。

后来，毛泽东与周恩来经过反复商量，决定改为"志愿军"。

毛泽东伸手从笔筒里抓起一支铅笔，将"支援"两字划掉，改写成两个字："志愿"。

我们就叫"中国人民志愿军。"

周恩来兴奋地说，对，世界上有许多志愿军的先例，马德里保卫战就有各国来的志愿军。

"师出有名，则战无不胜！"

1950年10月8日，毛泽东以中国人民革命军事委员会主席的名义签署的组成中国人民志愿军命令中，将军委作战部起草命令中的"中国人民支援军"改为"中国人民志愿军"。早在7月7日周恩来主持中央军委会议讨论组建东北边防军的当天会后，由其主持整理一个给毛泽东的会议情况报告。在这个报告整理稿上，周恩来将"支援军"均改为"边防军"；将后勤工作准备的服装改装一项中"决定参战部队均改穿朝鲜军装，待由朝鲜取回样式后，由后勤部布置"一句，改为"决定参战部队均改穿志愿军服装，使用志愿军旗帜，式样待取到后，由总后勤部布置"。①

于是，1950年10月8日，中国人民解放军军事委员会主席毛泽东，以特急电报发布中国人民志愿军支援朝鲜人民抗击美国侵略者，保卫祖国的命令！

当时，聚集在东北的几十万中国人民解放军，都换上了那种扎出许多道线的军装，这种样式的军服，被人们称为"国际服"。

中国人民志愿军就这样诞生了！

同时，毛泽东秘密派周恩来偕带翻译师哲和机要秘书康一民，从北京出发，飞抵莫斯科。10月10日，周恩来抵达莫斯科。

10月11日午后，周恩来抵达苏联高加索黑河边的克里米亚，同在此休养的斯大林会谈。

---

① 参见齐德学《关于抗美援朝几个史实的辨析》，载《北京日报》，2010年7月5日。

会谈中,介绍了中共中央政治局会议讨论朝鲜局势和要否出兵援朝问题的情况,说明中国的实际困难,提出只要苏联同意出动空军给予空中掩护,中国就可以出兵援朝,同时要求苏联援助中国参加抗美援朝所需的军事装备,并向中国提供各种类型的武器与弹药,首先是陆军轻武器的制造蓝图供中国仿造。

斯大林表示可以完全满足中国抗美援朝所需的飞机、大炮、坦克等军事装备,但苏联空军尚未准备好,须待两个月或者两个半月才能出动空军支援志愿军的作战。

会谈后斯大林、周恩来联名致电毛泽东,说明了会谈情况。①

毛泽东得知这一消息后,对苏联出动空军掩护中国志愿军就不再抱什么希望了。他的希望、计划、设想,从来都是把立足点放在自己的力量基础上,主要是依靠自己的力量办事,这就叫作自力更生。毛泽东如他所说,是希望外援,但绝不主要的依赖外援,而主要的是依靠自己组织的力量,依靠人民群众的力量。毛泽东高瞻远瞩,权衡利弊之后,毅然地做出了历史性决策:

不管有没有苏联空军的支援,我们仍按原定计划抗美援朝。

决策做出后,毛泽东很快地给在莫斯科的周恩来发电告之。

斯大林看着周恩来转来的毛泽东的电报,怎么也没有料到,毛泽东,这位中国农民的儿子,这位从来也没有到苏联学过马列主义的中国共产党人,这位长期被自己怀疑的中共领袖,竟会有这么大的魄力、勇气和胆识,在没有苏联空军的支援掩护下,派兵入朝抗美!他怎么也没有想到,民族意识很强的中国共产党人,他一直怀疑其要走南斯拉夫道路的中国共产党和中国政府,

---

① 参见《周恩来年谱(1949—1976)》上册,北京:中央文献出版社,1997年版,第85页。

在国际共运面临严峻挑战、兄弟友邦遭受侵略蹂躏,连他这位国际共运领袖都不敢公开支持的时候,他们竟然不顾自己的安危,不怕流血牺牲,毅然决定出兵援朝抗美,和号称世界第一强国的美国开战!这是多么高尚、多么可敬而又多么危险的决策呀!想到这里,斯大林禁不住站立起来,激动地说:"好!好!"

周恩来将此情况很快电告毛泽东。

随后,周恩来等启程回国。

美国不了解新中国,麦克阿瑟更不了解毛泽东。正当麦克阿瑟向美国总统杜鲁门洋洋得意地保证,"到感恩节,正规抵抗在整个南北朝鲜就会停止。我本人希望到圣诞节能把第8集团军撤到日本"之时,毛泽东气魄宏伟,一声号令,25万多人的中国人民志愿军踏过冰冻的鸭绿江,挺进朝鲜。

> 雄赳赳,气昂昂,
> 跨过鸭绿江;
> 保和平,卫祖国,
> 就是保家乡……

1950年10月19日黄昏时分。

中国人民志愿军悄悄从安东、长甸河口和集安等地渡过鸭绿江,进入朝鲜北部地区,与朝鲜人民军并肩作战。25日志愿军全线出击,粉碎了麦克阿瑟的攻势。美军和联合国军开始溃退。到12月,美军及"联合国军"撤至"三八线"。

具有高超领导艺术的毛泽东和周恩来,善于变压力为动力,化不利因素为有利因素。他们不但顶着美国侵略军的疯狂北进和斯大林临阵退缩的巨大压力,毅然决然地出兵朝鲜,援朝抗美;而且领导全国人民掀起了轰轰烈烈的"抗美援朝保家卫国"运动,把战争变成了保卫祖国、建设祖国的巨大动力。

根据毛泽东的指示，周恩来一面领导全国的抗美援朝、保家卫国运动，一面参与指挥志愿军出国作战。他亲自到总部指挥机关参加会议，具体部署军事行动。他还亲自组织指挥交通运输和后勤供应，克服了重重困难，及时地把朝鲜战场所需要的大量物资源源不断地送上前线。正如韩素音女士所说："朝鲜战争爆发后，中国国内局面发生了变化，出现了一些未曾预料到的棘手问题。战争不汉消耗了大量财力、物力，而且导致腐败现象。中国的铁路运转正常，确保城市不出现食品短缺，周在这方面确实创造了奇迹。"①

这一时期，周恩来还协助毛泽东领导全国人民进行了土地改革、镇压反革命和"三反"、"五反"运动，为完成国民经济的恢复，为大规模地进行社会主义改造和建设创造条件，做出了重大的贡献。1950年6月30日，毛泽东在政协一届二次会议上发出过好"土改关"的号召后，周恩来召开多次会议，动员、组织大批政府机关工作人员和各民主党派成员、高级知识分子去参加土地改革运动。在土改和抗美援朝的同时，根据毛泽东关于"必须坚决地肃清一切危害人民的土匪、特务、恶霸及其他反革命分子"的指示，在全国还大张旗鼓地开展了镇压反革命运动。1950年7月23日，政务院和最高人民法院向各级政府发布了镇压反革命活动的指示。周恩来亲笔为公安工作题词："加强人民公安工作是巩固人民民主专政不可缺少的条件之一。"1951年2月，中央人民政府颁布了《中华人民共和国惩治反革命条例》。在镇反运动中，从一系列政策、条例的制定，到重点案例的落实处理，都浸透着周恩来的汗水和心血。

1951年10月23日，毛泽东发出了增产节约号召，周恩来立

---

① 韩素音：《周恩来与他的世纪》，北京：中央文献出版社，1992年版，第297页。

即部署了这一运动，成立了中央人民政府节约检查委员会和各地区的委员会，领导这一运动。1952年1月1日，毛泽东的《元旦祝词》发表后，"三反"、"五反"运动迅速掀起高潮。周恩来对运动的方向、政策、步骤和运动发展中的关键问题，都有详细指示和周密部署。他还直接指导中央机关和华北地区、京津两市的运动。随着运动的不断深入，根据毛泽东的指示，政务院制定了一系列组织处理的政策、规定和办法。1952年5月30日，周恩来主持政务院会议，批准了中央节约检查委员会关于结束"三反"、"五反"运动的报告。轰轰烈烈的"三反"、"五反"运动取得了伟大胜利，但也出现一些问题。同年周恩来曾给毛泽东写了一封长信，信中指出"三反"、"五反"有不良后果，"头脑少发点热结果更好些"。正如一位外国学者评论说：如果没有爆发朝鲜战争，这些残酷的斗争也许不会如此厉害。

中国人民志愿军从1950年10月到1951年6月，同朝鲜人民军一起连续进行5次战役，彻底粉碎了美国侵占全朝鲜的企图，把战线稳住在"三八线"附近。美国深恐朝中部队再次越过三八线向前推进，先后两次向苏方表示，希望苏联从中斡旋、帮助，并转告朝中方面，说明美方愿意立即停火，停止军事行动，然后谈判议和。

消息很快传到北京和平壤。6月初，金日成主席来到北京，和毛泽东、周恩来等一起研究朝鲜战局并协商关于朝鲜停战问题，商定目前两个月不进行大的反攻战役，以便于进行和谈。

6月23日，苏联驻联合国代表马立克在得到中国同意后提出举行朝鲜停战谈判的建议，美方表示接受。

7月10日，朝鲜停战谈判在开城举行。但美国并无诚意，提出许多无理要求，并连续发动了夏季、秋季攻势，在被朝中部队粉碎之后，美国又被迫在开城以南的板门店重新恢复谈判。

谁料此时，1952年1月28日，一向号称"文明"、"民主"的美国竟然进行细菌战，其范围扩大到朝鲜全境和中国境内。

3月8日，周恩来发表严正声明，强烈抗议美国政府派飞机侵入中国领空进行细菌战。世界人民和各种组织也纷纷发表声明对此进行谴责。美国的细菌计划很快遭到破产！

毛泽东一贯主张以革命的两手反对反革命的两手。他重视实践经验，并努力使之上升到理论的高度，指导未来的战斗。在朝鲜战争的指挥上，毛泽东及时总结经验，强调集中优势兵力，采取突然动作，以迅雷不及掩耳之势，对敌以全部或大部歼灭性的打击；然后利用在敌向我举行反击的时机，在反复作战中大量杀伤敌人；最后依据情况，对于被我攻克的据点，凡可守住者固守之，反之放弃，保持主动，准备反击。

中国人民志愿军和朝鲜人民军作战，采用了毛泽东提出的战法，取得了一连串的胜利。仅1952年9月18日开始，对全线敌军进行战术性的反击作战，在一个月内，就歼灭和击伤敌军近2.8万人，获得了重大的胜利。①

10月14日，上甘岭战役开始。10月24日，毛泽东给志愿军的电报中指出：此种作战方法，继续实行下去，必能致敌死命，必能迫使敌人采取妥协办法结束朝鲜战争。

根据毛泽东的指示，中国人民志愿军先后进行了五圣山附近的作战，后又发起金城战役，有力地配合了停战谈判。

1953年7月27日，朝鲜停战谈判达成协议。

"联合国军"总司令克拉克上将在停战协议书上签字后，惭愧地对他的僚属们说："我成了历史上签订没有胜利的停战条约的第一位美国陆军司令官，""我感到一种失望的痛苦"。

抗美援朝战争胜利了！

据毛泽东的内卫张木奇回忆：记得1953年7月27日，毛泽东突然推门出屋，站在台阶上巡望蓝天，胸膛在起伏。我强烈感

---

① 见军事科学院军事历史研究所著：《抗美援朝战争史》第二卷，北京：军事科学出版社，2000年版，第277、281页。

觉到他那种激情甚为少见，开始，我不知他的激动是由于高兴还是由于愤怒。因为他高兴或愤怒之时，举止上都可能表现出某种冲动之态。

忽然，他运一口气，放开喉咙唱出两句京剧。于是，我们都笑了。毛泽东高兴的时候才放开喉咙唱京剧。很快我们便得知：美国人在停战协议上签字了，朝鲜战争结束了！我们胜利了！

1953年9月12日，毛泽东在《抗美援朝的伟大胜利和今后的任务》一文中指出：

> 抗美援朝战争的胜利是伟大的，是很有重要意义的。
>
> 第一，和朝鲜人民一起，打回到三八线，守住了三八线。这是很重要的。如果不打回三八线，前线仍在鸭绿江和图们江，沈阳、鞍山、抚顺这些地方的人民就不能安心生产。
>
> 第二，取得了军事经验。我们中国人民志愿军的陆军、空军、海军、步兵、炮兵、工兵、坦克兵、铁道兵、防空兵、通信兵，还有卫生部队、后勤部队等等，取得了对美国侵略军队实际作战的经验。这一次，我们摸了一下美国军队的底。对美国军队，如果不接触它，就会怕它。我们跟它打了三十三个月，把它的底摸熟了。美帝国主义并不可怕，就是那么一回事。我们取得了这一条经验，这是一条了不起的经验。
>
> 第三，提高了全国人民的政治觉悟。
>
> 由于以上三条，就产生了第四条：推迟了帝国主义新的侵华战争，推迟了第三次世界大战。
>
> 帝国主义侵略者应当懂得：现在中国人民已经组织起来了，是惹不得的。如果惹翻了，是不好办的。①

---

① 见《毛泽东军事文集》第6卷，北京：军事科学出版社、中央文献出版社，1993年版，第353—354页。

毛泽东的总结言简意赅，深刻全面。但他没有提到斯大林。毛泽东不怨天尤人，他用自己的行动，用英勇无比的反侵略战争，用挥师抗美援朝的漫天炮火，打消了斯大林对他及中共的疑团。正如周恩来在1960年7月14日、15日讲话中所说："斯大林的怀疑一经实践证明不对，看法也可以改变。例如他怀疑我们不是真正的马克思主义者，怀疑我们对于帝国主义不斗争，一到抗美援朝，他的看法就改变了。斯大林还是讲理的。"①

后来毛泽东的老同学周士钊曾问他："50年代初的那场抗美援朝战争，你下令出兵了，但现在回想起来，不免有些后怕，要知道，当时我们还立脚未稳呵。"毛泽东道："是呀，你说的不是没有道理的哟。我这个决心可不容易下哟！一声令下，三军出动，那就关系到数十万人的生命。打得好，没有可说的；打不好，危及国内政局，甚至丢了江山，那我毛泽东对历史、对人民都没法交代哟！"

毛泽东充满激情地继续说："结果是怎么样，战争是我们打胜了，中朝人民胜利了，美帝国主义失败了。这就是历史的结论。抗美援朝这一仗，我们不仅打出了军威，也打出了国威呀。通过这一场战争，我们新中国在国际上的地位大大地提高了，那些过去眯着眼睛看我们的一些人，也不能不正视我们的国力军威了。战争结果的影响，不仅是国际的，也是国内的，抗美援朝战争的胜利，大大地鼓舞了我国人民，人民群众的那种建设国家的热情，空前地激发出来了。由是看来，这场战争，还是打得值得的。"

抗美援朝战争我们胜利了，但也付出了巨大的代价，据统计有15万以上的中国人民志愿军官兵在朝鲜战场上英勇牺牲了，其中也包括毛泽东的爱子毛岸英。

毛岸英的成长、锻炼和入朝抗美，凝聚着毛泽东爱国、爱

---

① 《周恩来选集》下卷，北京：人民出版社，1984年版，第302页。

民、爱事业和爱儿子的无限深情，体现了他那言行一致、表里如一、身先士卒、理论和实践密切结合的一贯作风，也使毛泽东经受了一系列痛苦的抉择、感情的风波和内心的悲痛。因而，它从一个新的角度即父子情方面，显示出毛泽东那种英雄气概的深刻内涵，无限魅力和来之不易的超越情怀。

1950年秋天，毛岸英在北京机器总厂担任党总支副书记。当时，新中国刚刚成立，百废待兴，要搞建设，机器制造非常重要，毛岸英想在厂里干出一番事业来。谁料，不久朝鲜战争爆发了。毛岸英再也静不下心来了，立即响应毛泽东和党中央的号召，递交了要求参加志愿军的申请书。恰巧这时彭德怀在京向毛泽东和党中央汇报工作，毛泽东便把毛岸英当面交给彭老总，要他带毛岸英到朝鲜去经受一番战火的锻炼和考验。后来周士钊曾对毛泽东说："如果您不派毛岸英到朝鲜战场上，我看他是不会牺牲的。"毛泽东当时重重地吸了一大口烟说："当然你说如果我不派他到朝鲜战场去，他就不会牺牲，这是可能的，也是不错的。但是你想一想，我是极力主张派兵出国的，因为这是一场保家卫国的战争。要作战，就要有人，派谁去呢？我作为党中央的主席，作为一个领导人自己有儿子不派他去抗美援朝、保家卫国，又派谁的儿子去呢？人心都是肉长的，不管是谁，怜子之心都是一样。如果我不派我的儿子去，而别人又人人都像我一样，自己有儿子也不派他去上战场，光派别人的儿子去上前线打仗，这还算是什么领导人呢？这是一个方面。另一方面，岸英是个年轻人，他从苏联留学回国后，去农村劳动锻炼过，但他没有正式上过战场，没有打过仗，这是很不够的，一个人最好的成长环境就是艰苦，在战斗中成长要比任何其他环境来得更严更快。基于这些原因，我就派他去朝鲜了。"①

---

① 《毛泽东和他的亲友们》，石家庄：河北人民出版社，1993年版，第282—283页。

毛岸英在志愿军总部，充做俄语翻译，在没有翻译任务时，就当机要秘书，分管收发电报的工作。

1950年11月25日，是志愿军打响第二战役的第一天。美机轰炸志愿军总部，毛岸英不幸牺牲。

在新的志愿军总部所在地，弥漫着一种异常的气氛。这是悲痛的沉默！愤怒的寂静！空气在窒息，血液在凝固，但静穆中，可感到火在升腾，恨在奔流。彭总趴在一张小木桌上，正在起草一份电报。那上面写着：

今天，志愿军司令部遭敌机轰炸，毛岸英同志不幸牺牲。

老总站起身来，将电报递给值班参谋："马上发，报告毛主席、党中央。"

朝鲜初冬的夜晚，朔风呼啸，寒气袭人。彭德怀不觉得冷，他感到浑身燥热，就把风纪扣解开，任山野的风吹刮自己的面颊、脖颈和心胸。他背着手，走走停停，停停走走，聊无心绪。他站住了，仰起头来，望着天上的寒星，默默无言，许久许久，才发出一声长叹："哎！毛主席把他的儿子托给我，我怎么向他交代哟！"两颗晶莹的泪花，在老总的眼里滚动。

对此，周士钊也曾问过毛泽东，岸英牺牲"这件事是不是和彭老总没有尽到责任有关？"。毛泽东曾轻轻地吹着杯中水面上的茶叶，望着周世钊说："至于说到岸英的死是不是和彭德怀没有尽到责任有关，我说，话不能这样说。岸英的牺牲，责任完全在美帝国主义身上。岸英是为保卫中国人民、朝鲜人民的利益，为保卫我们祖国的安全而出国作战的；他是为反对帝国主义的侵略行为，为保卫世界和平事业而献身的，他的死，是光荣的。要说责任，彭德怀是没有责任的，不能去怪他。如果有人这么认为，那是不对的,这一点务必要让人们清楚。"①

接到彭德怀的电报后,周恩来的心情异常的沉痛。他深知毛泽东虽曾有三个儿子,但由于受国民党反动派的残酷迫害,三儿岸龙于20世纪30年代初在上海失踪,至今下落不明;二儿岸青身患疾病;只有长子毛岸英身体健壮,聪明能干,毛泽东最喜欢他,可是,他……老年丧子的巨大悲痛毛泽东能承受得了吗?特别是当抗美援朝战争打响后,毛泽东总是夜以继日地操劳……周恩来同毛泽东的秘书叶子龙商量决定,压住彭总发来的电报,暂时不告诉毛泽东,等毛泽东过完生日之后,再找恰当时机告之。

然而,彭德怀不知此事。在不久后回国向毛泽东当面汇报完工作之时,顺便汇报了毛岸英牺牲的经过,并请求处分。毛泽东听到这个消息非常震惊,他点燃了香烟,抽着,听着,默默无语,有时还闭上了眼睛。良久,他抬起头来,缓慢地说:"革命战争,总是要付出代价的嘛!为了国际共产主义事业,反抗侵略者,中国人民志愿军的英雄儿女,前赴后继,牺牲了成千上万的优秀战士。岸英就是属于他们中的一员,一个普通的战士。不要因为是我的儿子,就当成大事。不能因为是我、党中央主席的儿子,就不应该为中朝两国人民共同的事业而牺牲,哪有这样的道理呀!……"

当彭德怀走出毛泽东房间时,他为毛泽东豁达的胸怀所深深感动了。

毛泽东在得知毛岸英牺牲的消息后,心情是十分沉重的。好几天,他沉默不语,神情黯然,一个人坐在房间里,一支接一支地抽烟。有一次,他慢慢地站起来,走到窗前,望着窗外那已经肃杀的柳枝,轻轻地念叨起《枯树赋》:

---

① 《毛泽东和他的亲友们》,石家庄:河北人民出版社,1993年版,第284页。

> 昔年移柳，
> 依依汉南；
> 今看摇落，
> 凄怆江潭。
> 树犹如此，
> 人何以堪。

1954年12月24日晚，中南海永福堂。

已被任命为中华人民共和国国务院副总理兼国防部部长的彭德怀，正坐在写字台前，给周恩来写着一封信。

关于如何安置毛岸英同志尸骨的问题，志愿军总部在几天前曾给军委总干部发过一份询问电报。军委总干部起草了复电，送交彭德怀审批，复电要求志愿军总部将毛岸英的尸骨运回北京安葬。彭老总觉得这样做不妥，但又觉得是毛泽东的儿子，不敢擅专，特给周恩来总理写信请示。信中写道：

总理：

　　昨二十四日赖传珠同志拟一封电稿，将毛岸英同志尸骨运回北京，我意埋在朝鲜，以志司或志愿军司令员名义刊碑，说明其自愿参军和牺牲的经过，不愧为毛泽东的儿子，与其同时牺牲的另一参谋高瑞欣合埋一处。以此教育意义甚好，其他死难烈士家属亦无异议，原电稿已送你处，上述意见未写上。特补告，妥否请考虑。

　　敬礼

彭德怀
十二月二十五日

彭德怀是一个原则性很强和光明磊落的人。他认为，一场旷日持久的抗美援朝战争，牺牲了多少中华儿女啊！他们都安葬在朝鲜的国土上，毛岸英也不应该例外。毛主席不是亲口说过岸英是志愿军中的一位普通战士嘛！再说作为中朝人民用鲜血凝成的友谊的象征，作为毛主席本人和中国国际主义精神的体现，毛岸英也应该埋在朝鲜。这是一座友谊的桥梁，架设在鸭绿江之上；这是一座感情的丰碑，竖立在中朝人民心中！毛岸英安葬在他牺牲的地方，既有利于教育中国人民，又有利于中朝友谊。①

周恩来接到信后，便来到毛泽东住处征求意见。

毛泽东看罢，点燃了一支香烟，默默地吸着，心想，哪个战士的血肉之躯，不是人生父母养的，不能因为我是党和国家的主席，给儿子搞特殊啊！

于是，毛泽东挥泪表态：同意彭德怀同志的意见，把岸英的遗骨和成千上万的志愿军烈士一样，掩埋在朝鲜的土地上，也不要为他举行特殊的葬礼。

当毛泽东把岸英牺牲的消息终于告诉刘松林（岸英的妻子）后，她痛不欲生，哭了许久。当时周恩来也来到中南海并在场，他看见毛泽东木然坐着，脸色苍白，并安慰松林，扶她躺在沙发上。周恩来的手这时碰到了毛泽东的手，他心里一惊，急忙对刘松林耳语："松林，你要节哀，你爸爸的手都冰凉啦！"刘松林一愣，转而又哭着去安慰毛泽东……

当刘松林后来请求把毛岸英的遗体迁回国来时，毛泽东摇摇头说："青山处处埋忠骨，何必马革裹尸还。不是还有千千万万志愿军烈士安葬在朝鲜吗？"

毛泽东的胸怀像那坦荡无垠的大海。他的爱与憎总是以人民利益为准绳的。美帝国主义夺去了千千万万中华优秀儿女，其中包括他心爱的年轻的儿子的生命，但是为了中国人民的根本利益，为中美两国人民的友好往来，20年后，即1972年，又是他

---

① 参见武立金：《毛岸英在朝鲜战场》，北京：作家出版社，2006年版。

不以旧怨为念，和周恩来一道，亲手打开了中美建交的大门。

于是，在朝鲜平安道桧仓郡，在中国人民志愿军烈士陵园里，增修了一个普普通通的坟墓。墓前，立着一块三尺高的花岗石碑，碑上刻着7个大字：

毛岸英烈士之墓

那墓碑，似乎在传颂着人世间最伟大、最真挚的父子情。

朝鲜人民都知道毛泽东主席的长子毛岸英为了他们的民族解放事业而牺牲。朝鲜人民每年两次到这里扫墓。

朝鲜战争结束后，周恩来遵照毛泽东的指示，为公正地解决朝鲜统一问题在国际政治舞台积极地展开活动，并且还领导中国政府和人民，从物质上和精神上支援朝鲜人民自力更生，艰苦奋斗，建设自己的家园。

毛泽东和周恩来为朝中友谊建树了世代相传的光辉业绩！

当惊悉周恩来逝世的噩耗时，金日成亲自指示在咸兴建立周恩来的铜像和纪念碑。

本题就以刻在周恩来纪念碑上的一段碑文作为结束：

……周恩来同志，
他在欢乐的日子里，
还是艰苦的日子里，
遵行毛泽东的旨意，
珍视了朝中友谊。
一同闯过了抗日的血战万里，
在战胜美帝的同一条战壕里，
同生死，共甘苦。
啊！像鸭绿江清澈的流水，

像白头山翠绿的松柏,
就是岁月流逝,江山变,
朝中人民的友谊团结将万古长青!

12 经济文章

毛泽东日思夜想如何加快社会主义建设步伐，使人民尽快过上富裕一些的日子。周恩来脚踏实地，强调按客观事物的发展规律办事。两人在经济建设问题上发生了分歧。

> 社会主义好，社会主义好！
> 社会主义国家人民地位高。
> 反动派，被打倒，
> 帝国主义夹着尾巴逃跑了！
> 全国人民大团结，
> 掀起了社会主义建设新高潮！
> ……

当这首昂扬奔放的歌词，伴随着欢畅激越的旋律，在中华人民共和国的大地上到处高唱的时候，正是中国社会主义凯歌前进的年代。新旧中国的强烈对比，国民经济的恢复，社会改革运动的进行，生产资料所有制社会主义改造的基本完成，及其国泰民安、和谐进步的社会秩序，使生活在20世纪50年代，直至60年代初的广大人民群众，对社会主义制度的优越性及其广阔前途坚信不疑。人们至今仍在深情怀念这充满理想和希望的创业时期。

这是马克思主义经由一场荡涤旧社会，打倒剥削者的革命之后带来的"莺歌燕舞"的胜利时期，也是以毛泽东为核心的中国共产党第一代领导集体显示其巨大功能的实践时期。

在这一时期，毛泽东和周恩来的主张基本上是一致的，周恩来深得毛泽东的信任和赞誉，上升到中国最高权力层，直接参与各项重大决策。

然而，就像任何一个崭新的社会制度在其产生、发展的过程中都会遇到巨大成功和暂时挫折一样，社会主义国家的发展，同样也有过辉煌的业绩、盲目的实践和痛苦的困境。新中国成立后，毛泽东和周恩来对一些问题的看法也出现了差别以至分歧。大一点的分歧主要是两次：一次是1956年前后的"反冒进"；一次是"文化大革命"。

需要指出的是，毛泽东与周恩来在国家发展的共同目标方面是一致的。他们都致力于领导中国人民搞社会主义，坚信社会主义有着资本主义不可比拟的优越性；他们都致力于把中国建设成一个强大的工业国，希望中国尽早实现四个现代化，跻身于世界民族之林。但是，在采取什么样的具体政策、方法和手段上，他们确实有分歧，而且有时分歧还很大。然而，他们之间一直没发生过正面的尖锐冲突，这和其他不少领导人显然不同。虽然毛泽东的性格像他家乡特产的湖南辣子，更辛辣，更热烈，更刺激，甚至咄咄逼人。但周恩来的性格像温醇宜人的绍兴黄酒，与人打交道时更耐心，更隐忍，更含蓄。周恩来在同毛泽东的相互关系中，主要是崇敬、服从、弥补和相辅相成。

讲到毛泽东与周恩来各自的性格和相互关系，不妨举一个例子来说明一下：

为迎接中国农村的社会主义高潮，1955年9月中旬，毛泽东来到有"高潮"的北戴河办公。当时接连几天大风雨，北戴河成了喧嚣的世界。浪涛的拍打声从大海那边传来，像炮声隆隆，像万马奔腾。毛泽东显得很激动，他掷下手中疾书的大笔，起身宣布：

"我们去游泳！"

"不行啊，绝对不行！"保健医生徐涛吓了一跳。

毛泽东是勇敢的，可有时勇敢得近乎任性。徐涛和卫士们都上前拦住他："主席，这不是小事，也不是您个人的事，我们必须向全党全国人民负责。"

毛泽东虽然固执，可一旦工作人员抱成一团不肯退让，他争取不到一个支持者，便也无可奈何，只好面对现实，另找时机。

那几天，毛泽东身边的工作人员都很紧张，怕他采取行动。溜去海边。

从转战陕北时起，毛泽东的起居安全就是在周恩来的关怀和具体过问之下。当时周恩来也到北戴河办公。听完汇报后，亲自给毛泽东身边的工作人员打电话，要求他们一刻不离地"监视"毛主席，绝对不许发生意外。

应该说，周恩来是最了解毛泽东性格中的顽强、任性、容易冲动的一面，转战陕北时曾多次领教。面对胡宗南的进攻，毛泽东经常坚持跟敌人打个照面才走，喜欢享受冒险的乐趣，要阻止他谈何容易。

毛泽东每天都要"闹"一次去闯风浪，但都被工作人员顶住了。过了三四天后，雨终于停了。徐涛反而更紧张，料到毛泽东会"闹"得更厉害，匆匆跑去海边"看形势"。

他一到海边，倒抽一口凉气：好大的风浪！

长列的白浪一道接一道从海天相连的地方翻滚出来，像大鹏劲扇的羽翅，像无数银龙飞掠疾走，奔腾咆哮着扑向战栗的海岸。海岸呻吟着，被疯狂的大海吞噬又吐出，刚吐出又吞下去……

徐涛几乎眩晕了。浪脊上的泡沫水花飞洒喷溅，浸湿了衣衫，满耳一片轰隆声，像有了千狮万虎围逼进迫，惊心动魄，令人胆战。

"水温19度！"负责测温的同志报告。

"多少？"徐涛大声问。

"不到20度！"

徐涛脑海中飞快旋转，准备好了一套又一套的"拦驾"理由。

果然，下午4点多，毛泽东便放下手中笔，吩咐卫士："我们游泳去。"

"不行，主席，今天还不能游。"

"雨停了!"毛泽东很不耐烦了。

"天可没晴，随时还会下的。"

"这个房子还可能地震塌下来呢?"毛泽东生气了，他早已忍无可忍。

"主席，水很凉，会抽筋的。"徐涛劝说。

"就你们怕冷，我不怕冷，怕冷你们别游么。"

毛泽东确实耐寒，自青年时代就坚持冷水浴和冬泳。

"那也不行，浪太大。岸边的浪有1米多高，海里的浪就会有3米!"

"好么，乘风破浪，正是机会……给我换鞋子。"

"主席，下海是顶风，几个年轻战士试过了，都被浪打回来，根本冲不过去。"

"一个人冲不过去，这么多人还冲不过?岂有此理!"毛泽东边说边往外走。

"不行!"徐涛着急地上前一把扯住毛泽东。

"主席，浪太大，贝壳全冲到岸边了，不少都是又破又尖，要扎伤脚的。"

"我从小打赤脚，就上山砍柴，不怕!"他一甩手，藐视贝壳也藐视医生的话。

"还没说完呢……贝壳冲上来一堆一堆的，容易摔跤，再说您岁数也大了，说什么也不能让您去……"

"你这么一说，我今天就非去不可!"毛泽东动怒了。"岁数大"、"摔跤"，这些话对毛泽东绝不是劝说，只能是激将。他那与生俱来的不宁静，争强好胜和藐视一切的意志力，绝容不得这种泄气话，他那勃然大怒前的灼灼目光和来势不妙的抿紧嘴唇的沉默逼迫工作人员没有一个人敢拦挡了，只能追随左右，只能匆匆带上泳裤，毛巾和急救药箱……

"自信人生二百年，会当水击三千里。"

毛泽东昂首挺胸地向海边走去……

"主席下海去了！下海游泳去了！我们拦不住……快请总理马上来，快请总理马上来呀，我们叫不上来！"其中有人向周恩来求助。

周恩来此时正在办公室批阅文件。他身边的工作人员接完电话后急促地报告："总……总理，主席下……下海游泳去了！"

周恩来闻声猛地抬起头，最多怔有2秒钟，忽然站起身来，把笔一扔就朝外跑："快，叫司机！快开车！"

这时，外面又刮起了风，下起了雨。周恩来一头钻入风雨中，水淋淋地上了汽车。汽车飞快地向海边游泳区驶去。海风掠过车身，整个车身也在轰轰响，仿佛跟大海比赛一般。周恩来眉头微锁，双臂环抱胸前，他焦急中不失冷静，思考着如何劝说主席。

汽车连拐几个急弯，停在了毛泽东的下海地点。周恩来在惯性的作用下，身体朝前一倾，当工作人员去扶时，他已打开车门，跳出去，朝海边跑。

暮色朦胧，周恩来站在海水吐出的沙滩上。朝大海张望。

海水像矗立起的墨绿色长城一般滚滚而来，示威似的隆隆作吼。远处的礁石壁掀起冲天的水柱浪花。而脚下，浪潮急骤浩荡地涌上倾斜的海滩，吞没大片沙滩，"嘴巴"一直"咬"到了周恩来的双脚，简直想把全部陆地拖入海底，却终于没有成功，又悻然地叹息着退回去。

"主席——"周恩来大声呼喊："风浪太大，快上来吧！"他看到大海中有几个黑点。

刚喊一声，黑点便消失在海浪之中。

"过来，都过来。"周恩来把自己身边的工作人员组织到一起，"涛声太大，听不见，我们一起喊。"

七八个人的喉咙合在一起，与天风海涛展开声音的竞赛："主席，上来吧！"在这和声中，紧接着突出来一声："我是周恩来——"随着这一声的尾音，七八个喉咙又合作一声："总理请主席上岸！"

喊了又喊，总理朝前走了又走，海水打湿了他的鞋子和裤腿。毛泽东游近岸来："不要紧，浪大尽兴……"

周恩来很会劝，他不失时机地忙喊道："主席游泳不要紧，岸上同志时间久了会冻出毛病！"

这种矛盾转移的劝法很有效果。毛泽东沿岸又游了一段，恋恋不舍地逐浪近岸，终于在警卫人员的簇拥下走上沙滩，接过一件浴衣披在了身上。

于是，周恩来和工作人员提到嗓子眼的那颗心才落回了肚子里。

北戴河乘风破浪的游泳一幕，可以说给了我们许多启示和联想。毛泽东是开拓前进的导师和领袖，是他给了我们前途和胜利，摆脱屈辱，获得尊严。但是，毛泽东在时间的长河中也搏击健泳，以"上帝"即人民的意志搅起一个又一个漩涡。他常常会有不及预料的思考和行动，为他超人的意志和信心所支配，带领着亿万人民同他一道去冒风险。20世纪50年代后期，他在伟大目标的召唤下，急于求成，搞起"大跃进"、"人民公社"，超越阶段，忽视规律。他过于乐观地展望：15年后我们将超过最发达的资本主义国家，在插满五星红旗的国土上，他种下了"敢教日月换新天"的诗句，期望它在短时期内长出几千万吨钢铁，长出无数个粮食多得吃不了的"桃花源"，长出一个红彤彤的新世界。毛泽东晚年，浪漫的诗人和文学家的色彩浓厚了。可惜，正应了中国那句古语"欲速则不达"。

每当这时，人们就会想到周恩来，他是节制、中和、安定、团结的柱石。在毛泽东搅起的一个又一个漩涡中，主要是靠周恩来谨慎细致，稳妥扎实，鞠躬尽瘁，死而后已地加以平息和解决。如从"反冒进"到"调整、巩固、充实、提高"八字方针的确定；从"向知识分子鞠躬"到"保护老干部"，从解决"9·13事件"到支持邓小平第二次出山，从维持政府机构正常运转到四届人大上呼吁"实现四个现代化"……

我们还是先从1956年前后，周恩来"反冒进"和毛泽东"反反冒进"说起吧。

1955年冬季，中国社会主义改造高潮的兴起，预示着全面建设社会主义的时期即将到来。自日内瓦会议、万隆会议之后，一个有利于中国经济建设的和平的国际环境在这时也初步形成。在这一历史背景中，以毛泽东为首的中国共产党人开始对中国社会主义建设道路进行艰辛的开拓与探索。

既然是探索，那么失误也是情理之中的。现在看来，毛泽东当时敏锐地抓住国际形势呈现缓和趋势的机遇，决定加快我国社会主义改造和建设步伐，反映了我国人民要求迅速摆脱贫困面貌的愿望，这是无可非议的。问题在于要求过急了，指标过高了。

1955年12月5日下午，中央在中南海西楼会议室召开座谈会，由刘少奇向在京的中央委员、党政军各部门负责人，传达了毛泽东关于批判右倾保守思想，争取提前完成过渡时期总任务的指示。

毛泽东的意图是"批判各方面的右倾保守思想"，其范围自然波及经济建设领域。

毛泽东之所以批判经济建设领域的"右倾保守"思想，也是事出有因的。

首先，他感到国务院有些部门设想的长期计划指标偏低了。

1955年夏，周恩来主持国务院在北戴河开会，讨论编制15年（1953—1967年）远景规划和第二个五年计划的轮廓问题。各部汇报了自己的设想，按各部汇报：

1967年全国粮食产量6000亿斤，
棉花产量5600万担，
钢产量1800万吨，
煤炭产量28000万吨，
工农业产值平均年增长速度："一五"8.6％，"二五"9.9％，"三五"10.1％，15年平均年增长9.5％。

10月5日，国家计委汇总报告中央。毛泽东对这个设想是不满意的。他认为，抓经济发展速度问题，也应从农业发展速度抓起。

11月中旬，毛泽东先后在杭州和天津分别同14个省、自治区党委书记共同商定了发展农业的十七条意见。12月21日，毛泽东起草中央通知，将《农业十七条》发给上海局和省市自治区党委。

十七条的主要任务是：要求在农业合作化的基础上迅速地、大规模地增加农作物的产量，发展农、林、牧、副、渔等生产事业。要求粮食、棉花的产量每年应分别以8％、10％以上的速度递增，从而保证到1967年分别达到1万亿斤和1万万担。

其次，毛泽东对1955年国民经济计划执行情况不满意。

1955年原计划基本建设投资97.9亿元，比上年增长31.5％。执行中，由于经济生活中出现一些新情况，几次调整计划。在调整中，由于不适当地削减了某些非生产性建设项目，投资总额减为91.7亿元。钢材、木材、水泥等物资也有较多的结余。又由于没有经验，还不认识保留必要储备的重要性，一度决定钢材出口，水泥减产，木材和部分器材减价出售。

然而，没有想到，批判"右倾保守"思想之后，多余很快变成短缺。

对此，周恩来曾一再做自我批评，但毛泽东还是不大满意。

当毛泽东各方面批判"右倾保守"思想的精神下达后，周恩来表示拥护毛泽东关于国务院各方面工作都是认识落后于实际的批评。他当时念了新编的一副对联，用来表达对毛泽东批评的体会。对联的上联是：

客观的可能超过了主观的认识

下联是：

主观的努力落后于客观的需要

周恩来还说："新大陆早就存在，而我们发现得太晚了。"

12月21日，周恩来亲自召开国务院全体会议，会上他把《农业十七条》看成是一个"推动力量"，要求各部按1967年产粮1万亿斤的精神，修改原拟订的计划指标。

应当指出，周恩来这时是处于被动的跟进状态中。他曾对身边的工作人员说：我的思想认识总是跟不上主席呀！

人们总是通过事物的现象认识事物的本质的。但是，实现这个认识需要一个过程，而且总是逐渐深化的。作为新中国诞生后就是经济建设主要领导人的周恩来，对从1955年年底开始的经济工作中的急躁冒进倾向的认识，也是经历了这样的过程。

事实是最好的老师。当1956年年初来自各部专业会议的消息，使他感到这么做不行，于是和几位主管经济工作的副总理一道，从防止冒进到反对冒进。

周恩来急切地认识到：当务之急，在于防止冒进。

1956年1月20日，周恩来在中共中央召开的关于知识分子问题会议上发出呼吁：不要搞那些不切实际的事情，要"使我们的计划成为切实可行、实事求是的计划，而不是盲目冒进的计划"。"这一次我们在国务院召集的计划和财政会议，主要解决这个问题。"

1月30日，周恩来在二届政协全国委员会第二次会议上所做的《政治报告》中提出："我们应该努力去做那些客观上经过努力可以做到的事情，不这样做，就要犯'右倾保守'的错误；我们也应该注意避免超越现实条件所许可的范围，不勉强去做那些客观上做不到的事情，否则就要犯盲目冒进的错误。"

2月8日，在国务院第24次全体会议上，周恩来提出一个重要的原则：经济工作要实事求是。

2月10日，周恩来在国务院常务会议讨论各部门各地区所提1956年计划的各项指标时，实施"压一压"的方针。

周恩来清楚地看到：经济建设的实践已经表明：压缩后的1956年计划仍然是一个冒进的计划，并进而推断，规定了1956年、1957年和第二个、第三个五年计划期间建设速度的远景计划也冒进了。

但是，毛泽东和党内许多领导者的急躁冒进情绪仍然严重存在，对严峻的经济局势视而不见……

怎么办？

周恩来旗帜鲜明地提出了"反冒进"。他认为，只要摸清了情况，就"要敢于抗大流"。

5月11日，周恩来在国务院会议上果断地提出："'反右倾保守'从去年8月开始，已经反了八九个月了，不能一直反下去了！"

6月20日，《人民日报》发表了中宣部起草的社论，题为《要反对保守主义，也要反对急躁情绪》，对周恩来等人提出的正确意见做了深入阐述。

从7月开始，周恩来以主要精力关注准备提交党的八大讨论的关于第二个五年计划建议的编制、起草工作。他多次强调，要贯彻积极稳妥的方针，计划指标要留有余地，要注意综合平衡，要降低过去确定的不切实际的指标。

经过努力，1956年9月周恩来向党的八大提出了实事求是、稳妥可靠的《关于发展国民经济的第二个五年计划（1958年到1962年）的建议》和《关于发展国民经济的第二个五年计划的建议的报告》得到八大的通过和批准。

周恩来主持制定的第二个五年计划，后来虽然受到毛泽东的批评，但在经历了"大跃进"的严重挫折之后，终于得到了毛泽东的赞许。1960年6月18日，毛泽东在《十年总结》中谈到高指标的教训时，深有感慨地说："一九五六年周恩来同志的第二个五年计划，大部分指标，如钢等，替我们留下了三年的余地，多么好啊！"①

然而当时毛泽东坚持己见，他决意要创造一种依靠群众热情以求高速度增长的发展模式。从1957年9月在党的八届三中全会上，毛泽东对"反冒进"的批评开始了！

事实上，从1956年11月开始，毛泽东就对"反冒进"进行不断的批评和指责。在党的八届三中全会上，他又对"反冒进"做了进一步的错误批判。毛泽东在会上说："去年一年扫掉了几个东西。一个是扫掉了多、快、好、省。不要多了，不要快了，至于好、省，也附带扫掉了。""有些同志叫'冒了'。"

据薄一波回忆："多、快、好、省"的提出过程是这样的：1955年12月5日以前，周总理和我提出了"多"、"快"、"好"三字，毛主席完全同意，便接过去提出"要快，要好，要多"。李富春同志后来补充了一个"省"字。随后，在中华全国总工会发出的一个文件中，出现了"快、多、好、省"的提法。1956年《人民日

---

① 薄一波：《若干重大决策与事件的回顾》上卷，北京：中共中央党校出版社，1991年版，第547页。

报》元旦社论《为全面地提早完成和超额完成五年计划而奋斗》，明确提出了又多、又快、又好、又省的要求，并以"多、快、好、省"的次序发表出来。这篇社论从标题到内容都充满了形势逼人的气息。

在毛泽东看来，"反冒进"是完全错误的。其理由是：1956年的经济建设不但没有冒进，而且有了一个很大的跃进；"反冒进"打击了干部和群众的积极性，在相当程度上导致了右派对党的进攻。在1957年4月毛泽东和中央决定开展整风运动，并开展"鸣放"运动，霎时间，不论香花、毒草都一股脑地迸发出来。这一切都令毛泽东不能容忍，他在全国又发动了反右派斗争。这时，毛泽东把反冒进与右派进攻联系到一起。另外，他还认为反冒进影响了1957年的经济建设，特别是农业生产的发展。

基于上述认识，毛泽东指出，在经济建设问题上必须恢复1956年年初的做法。必须促进，而不能促退，不能"像蜗牛一样爬行"。

这样，毛泽东就进一步对他与周恩来等人在经济建设方针问题上的意见分歧，武断地做出了结论，明确肯定了急于求成的"跃进"思想，而这一思想开始在党内占据了主导地位。

八届三中全会后，党在经济建设方面的错误指导思想，急剧地发展起来了。其主要表现是毛泽东在莫斯科提出了15年赶上和超过英国的口号。

1957年11月，毛泽东率领中国共产党代表团参加莫斯科各国共产党和工人党代表会议。

赫鲁晓夫对于中国共产党和毛泽东是给予特殊重视的。他明白，苏联共产党在国际共产主义运动中的地位以及他本人在苏联共产党中的地位，都是与中国共产党及其主席的态度密切相关的。

他亲自来检查接待毛泽东的准备工作。

华贵漂亮的席梦思床拆走了，换上了宽大结实又格外生硬的木板床。年轻漂亮的女服务员抱走了华丽柔软的鸭绒被褥，又匆匆抱来里外都是白布的普通棉被褥。

赫鲁晓夫尊重毛泽东的生活习惯。

1957年11月2日上午8时，毛泽东乘坐"图104"客机飞赴苏联。这是苏联派来的专机，机舱里清洁、舒适，布置得整齐美观。

莫斯科下午3点多钟，"图104"客机经过8个小时的飞行，来到了莫斯科上空。

当飞机降落在伏努克机场后，毛泽东缓步下梯，受到赫鲁晓夫等苏共领导人的热烈欢迎。

"感谢你能来参加莫斯科会议。"赫鲁晓夫表示出由衷的喜悦。

"形势起了很大变化，各国共产党应该互相通气，重新肯定十月革命的普遍意义。"

"你说得很对。"赫鲁晓夫频频点头，可是最后一下点头有些吃力，他已经体会出，毛泽东一句话就为会议定下了基调。

世界上所有领袖人物，不论喜欢不喜欢毛泽东，都无可奈何地承认这一事实：只要同毛泽东到了一起，你就会不知不觉地以他为中心，简直中了魔似的身不由己。

最使赫鲁晓夫激动的是毛泽东在64个共产党和工人党代表会议上的即席讲话。

那天，赫鲁晓夫陪同毛泽东向乔治大厅走去时，毛泽东一路赞扬苏联所取得的科技成就。谈话中，毛泽东对苏联不久前发射成功的人造地球卫星竖起了拇指："好，苏联又发射了一颗卫星上天。了不起！美国吹得神乎其神，为什么连一个山药蛋都没有抛上去呢？这个意义很大，说明了社会主义制度的优越性。"

毛泽东讲到这里，停下步子，认真望着赫鲁晓夫问："你们再加把力量，能不能用10年时间在主要经济指标方面超过美国？"

赫鲁晓夫想了想，点头说："我们努把力还是可能的。"

毛泽东神色庄重地说："看到卫星上天的消息后，我就一直想这个问题。我们都选择一个目标。你10年赶上美国，我15年赶上英国。"

到了会议上，毛泽东的即席讲话使与会者为之震动。

"赫鲁晓夫这朵花比我毛泽东好看。中国有句古话，叫荷花虽好，也得绿叶扶。我看赫鲁晓夫这朵花是需要绿叶扶的"。

掌声迅速回响在整个会议大厅。

赫鲁晓夫感激地望了一眼毛泽东。

毛泽东继续说：

"现在世界分为两大阵营，对抗的两大阵营。谁的力量强些？苏联打败了法西斯，是世界反法西斯主力。现在苏联又发射了一颗卫星上天。美国虽然吹得神乎其神，为什么连一个山药蛋都没有抛上去呢？"

会场响起掌声和喧哗声。

苏联的实力由于发射了第一颗人造卫星而正使世界注目，以苏联为首的社会主义阵营当时受到极大鼓舞。毛泽东在分析完力量对比之后，用那高亢激昂的声音说出了现在的世界形势是"东风压倒西风"的著名口号。同时，他把刚刚同赫鲁晓夫谈过的话，也即兴拿到会议上庄严宣布：

中国要在10年到15年期间里超英赶美。

15年赶超英国的话已经讲出，而且是在64个国家的共产党领袖面前讲出去的。

没有经济实力，说话就没有力量。毛泽东明白这个道理。因此回国后他才发动"大跃进"运动。

毛泽东此时提出15年赶超英国的口号，并非信口开河，而是有其国际背景的。

20世纪50年代中期以后，第二次世界大战中受损的西方资本主义国家的经济，得到了迅速的恢复和发展，先后进入了"起飞"阶段。同时，朝鲜战争以后，美国为维护其霸主地位，强化了对共产主义世界的冷战。特别是波、匈事件后，以美国为首的资本主义阵营更是掀起了全世界范围的反共、反社会主义浪潮。在此情况下，能否迅速地发展经济，在短时间内赶上和超过资本主义世界，就成了社会主义国家能否生存和发展的重要条件。

可见，毛泽东这一口号的提出不是偶然的。但是，却表明了急于求成的思想在党内已占主导地位。

毛泽东从苏联回国后，日思夜想如何加快社会主义建设的步伐，使人民尽快过上富裕一些的日子。据李银桥回忆："总路线、大跃进和人民公社的提出和兴起，从某种意义上讲，与毛泽东吃窝头有密切关系……"

大约是1957年12月份，战士马维探家回来，不但遵照毛泽东的指示写了调查报告，还带回一个又黑又硬的窝头，交给毛泽东说："我们家乡的农民生活还很苦，他们就是吃这样的窝头，我讲的是实话。"

毛泽东接过窝头时，手有些抖，眼圈一下子就红了。他掰一块放在嘴里，泪水立刻溢满眼眶。当他咽下那口粗糙的窝头时，豆大的泪珠便顺着面颊淌落下来，鼻子也呼呼地，老人家太容易动感情了。

"吃，你们都吃一块……"毛泽东一边哭一边掰了窝头分给身边的工作人员："这就是我们农民的口粮呵！……"

那天，毛泽东失眠了。嘴里不断喃喃："为什么是这样呢？为什么？……人民当家做主了，不再是为地主种田，是为人民群众自身搞生产，生产力应该获得解放么……"

以后很长一段时间，毛泽东时时带着严肃深沉的思考，无论

散步、吃饭还是睡觉,都在思考着这个问题。多次自言自语:

"我们是社会主义么,不该是这样。要想个办法,想个办法……"

他要求其他中央领导同志开动脑筋,集思广益,想出加快建设步伐的好办法。他始终有一种"一万年太久,只争朝夕"的想法。

1958年1月3日,毛泽东在杭州召开中共中央工作会议。

"没有1956年的突飞猛进,就不能完成五年计划!"毛泽东在会上严厉批评了1956年的"反冒进",他的声音高亢激烈:"我们不断革命的步骤是:夺取政权,土地革命,生产资料所有制的社会主义革命。这三件事是紧跟着的,两个三年当中解决了,趁热打铁,这是策略性的,不能隔得太久,不能断气,不能去建立新民主主义秩序,如果建立了,就得再花力气去破坏……还是趁热打铁,一气呵成好,不要拖拖拉拉……"

毛泽东登上杭州玉皇山。

每次来杭州,他总是要搞搞爬山运动。还曾在玉皇宫里抽过签,签上说他:"威命不可挡。"

毛泽东伫立在玉皇山上,凝望八卦田,静静沉湎于对未来的想象中。

要探索一条中国式的建设道路。现在,要有一个社会主义建设高潮,要让物质变精神,精神变物质!

从1953年到现在,总是有人在那里"反冒进"。1954年喊,1955年喊,1956年还要喊!右派分子喊,我们有些同志也跟着喊,什么时候喊得六亿人民泄了气他们就舒服了……

蠢么!我们不讲冒进,我们不讲跃进,又是大国又是穷国,不跃进行吗?落后200年,不跃进行吗?

1958年1月5日,毛泽东乘飞机由杭州到南昌,看了花鼓戏和木偶戏。6日又乘飞机来到了南宁。

1月11日至22日，中共中央又在南宁召开了有部分中央领导人和地方负责人参加的工作会议，简称南宁会议。

南宁会议的气氛并非如某些人想象的那么紧张压抑，那次会议的主要气氛是热烈激昂的。

毛泽东面对九省二市和中央各部负责人讲话，与其形容为"嬉笑怒骂"，不如恰当地说像三军统帅在激情澎湃地做作战前的动员。

"不要提反'冒进'这个名词好不好？这是政治问题。一反就泄了气。六亿人，泄了气不得了！"

会上，毛泽东批周恩来批得很凶啊！认为"反冒进"是犯了政治方向的错误。

"这三年有个曲折。右派一攻，把我们一些同志抛到距离右派只有50米远了。右派来了个全面反'冒进'，什么'今不如昔'，'冒进比保守损失大'，研究一下，究竟哪个大？反'冒进'六亿人民泄了气。"

毛泽东还拿着当时任上海市市长柯庆施的《乘风破浪，加速建设社会主义的新上海》的文章，对周恩来说：

"恩来，你是总理，这篇文章你写不写得出来？！"

周恩来在会上没有同毛泽东争辩，而是做了自我检查，说"反冒进"是一个"带方针性的动摇和错误"，"是一种'右倾保守'主义思想"，"是与主席的促进方针相反的促退方针"。

周恩来在会上表示："反冒进的错误，我要负主要责任。"

就在南宁会议期间，即1月17日夜间1点多钟，空军雷达部队发现国民党飞机向广西南宁飞来。随行的时任空军副参谋长何廷一很是紧张。

南宁没有军用机场啊！

他迅速用电话紧急联系柳州军用机场，命令那里的空军部队紧急战斗起飞，分三批，无论如何要将国民党飞机拦截住！

南宁全城实行灯火管制,全部停电,黑沉沉一片。

卫士们拥进毛泽东卧室,请他去防空洞。

"我不去。"毛泽东将手轻轻一挥,"要去你们去!"

警卫张术奇说:"主席,我们要对您的安全负责。"

"蒋介石请我去重庆,我去了,又回来了。他能把我怎么样?现在还不如那时安全吗?"毛泽东厉声吩咐,"把蜡烛点着!"

卫士劝道:"主席,还是防备万一的好,去防空洞吧……"

"我不去!"毛泽东愤然挥手,声色俱厉,"把蜡烛点着!国民党把炸弹扔到我家门口,扔我脚底下它就不敢炸!我什么时候怕过他们。"

这话不假。1948年毛泽东住在晋察冀军区司令部所在地城南庄时,国民党飞机把炸弹扔到他门前,三四颗一块来,硬是没有一颗爆炸。

也难怪毛泽东愤怒。新中国成立8年多了,竟然还有国民党飞机深入到广西南宁来!

这种严峻形势,似乎在逼迫共产党人发愤追上世界先进国家,逼迫共产党人鼓足干劲,力争上游。

不跃进,不发愤,不力争上游行吗?

蜡烛点燃了。毛泽东胸脯起伏着,虽然仍在看手中那本《楚辞》,但他的内心肯定是潮起浪涌,无法平静……

3月初,毛泽东乘专列进入天府之国四川时,那目标已经越来越清晰:

"我们不讲冒进,我们是跃进。"

3月9日至26日,中共中央在成都召开了政治局扩大会议,简称成都会议。

毛泽东在这次会议上,对"反冒进"进行了再次批判。

"在领导方法问题上,有两种方法,一种是马克思主义的'冒进',一种是非马克思主义的'反冒进'。究竟采用哪一种,我看应采取'冒进'"。

为了批判"反冒进"，毛泽东还重印了他为《中国农村的社会主义高潮》一书所写的部分按语，并在说明中把"反冒进"说成是"打击群众积极性"，"给右派猖狂进攻以相当的影响"的事件。

这样，毛泽东批判"反冒进"的调子又提高了一步。

据周恩来的秘书范若愚回忆：周总理以前总是高高兴兴的，从成都回北京后真像生了场病，前后判若两人。

有一天，周恩来对范若愚说：过去起草文件，是由我先谈内容，由你记录下来整理成书面材料。这次发言，不能像过去那样，因为这次发言，主要是做"检讨"，不能由别人起草，只能我讲一句，你记一句。

周恩来还说：关于我这次"犯错误"的问题，我已经和毛主席谈过了，主要原因在于我的思想跟不上毛主席。这说明必须努力学习毛泽东思想。

平时周恩来反应敏捷，准确无误，可现在连一句完整的话都凑不齐，这说明他的内心是十分复杂的。他讲一句，范若愚就记一句。周恩来沉默一大会儿，接着再讲一句……

这时，陈云从杭州打来电话，周恩来听着、听着，然后放下话筒。神情有些恍惚。接着又开始十分困难地口述起来，每说一句要停三四分钟。这时已经很晚，都到午夜时分了。范若愚意识到，在"反冒进"这个问题上，周恩来的内心有矛盾，因而他找不到恰当的词句表达他想说的话。在这种情况下，范建议，他暂时离开周恩来的办公室，让他安静地构思，等周恩来想好一段他再记录一段。范又觉得，这时他如果守候在周的办公桌旁，对他也是一种精神上的负担，会妨碍他构思和措辞。周恩来同意了范的意见。

凌晨2点时分，范若愚被邓颖超叫醒。她说："恩来独自坐在办公室发呆，怎么你却睡觉去了？"

范把周恩来同意了他的建议的情况讲完后，邓颖超说："走！我带你去和他谈。还是由他口授内容，你整理成文字材料。"

这样，范若愚随着邓颖超来到了周恩来的办公室，她和周恩来争论了很久。最后，周恩来勉强地同意，还是由他口授内容，范回到宿舍去整理记录。

在整理到学习毛泽东思想问题时，范若愚引了一句成语说："我和毛主席'风雨同舟，朝夕与共'，但是在思想上还跟不上毛主席。……"后来周恩来审阅时，严厉地批评了范若愚。他说，在关于他和毛泽东的关系上，在整风以后，还可以引用这句成语，但是在整风以前，不能引用。"这也说明你对党史知识知道的太少！"周恩来讲这些话时，几乎流出了眼泪。最后，他逐字逐句地自己动笔修改一遍，又亲自补充了几段，才打印出来，送交政治局常委和书记处传阅。

后来稿子退回，周恩来看过以后，又要范把批在稿子上的话誊写清楚，再打印一次。范看到政治局常委和书记处提的意见，把"检讨"部分中的一些话删掉了，有些话改得分量较轻了。范看了之后，心里的紧张情绪才缓和下来。

但是，范若愚发现周恩来在起草这个发言稿的十多天内，两鬓的白发又增添了。

因为正确地"反冒进"而受到毛泽东的严厉批评，进而真心地自我检查这件事情，比较典型地反映了新中国成立后周恩来如何对待党内分歧，特别是如何对待他同毛泽东围绕某一件事而出现分歧时的态度和方式。"反冒进"的思路无疑是正确的，但周恩来放弃了。这里有迫不得已的一面，也有诚心诚意的一面。

原因不外是：

周恩来对毛泽东的特殊地位的尊重和信服。毛泽东批判"反冒进"，他有想不通的地方，因为当时确实发生了冒进，这是事实。"据说周恩来找毛泽东汇报时，两人争得很厉害。毛泽东提出要追加20个亿预算，周恩来坚持不同意"①。但是，在周恩来看来，毛主席是高瞻远瞩啊！以往历史上的种种事情表明，毛主席都比他看得高、看得远；毛泽东历来是正确的或比较正确的。这也是延安整风运动以后为全党所接受的认识，凡遇到毛泽东提出不同意见，大家便习惯地自觉地向他靠拢。因此，周恩来在八大二次会议做自我批评发言时，专门谈到"向毛泽东学习"的问题。

周恩来在大会上所作检讨中，谈到"反冒进"的错误时说："我是这个错误的主要负责人。""反冒进"的错误，集中地反映在我在1956年11月八届二中全会的报告中间。当时我对于1956年的建设成绩和在跃进中出现的某些缺点和困难，作了错误的估计，把实际上不到一个指头的缺点夸大化，肯定1956年的年度计划'冒'了，并且提出1957年适当收缩规模的意见。""还应该特别指出，'反冒进'的错误，是同政府工作中脱离党的领导的倾向分不开的，也是同脱离实际、脱离群众的工作作风分不开的。"他又谈到这一阶段中的思想变化说，对毛泽东指出的"反冒进"是关于社会主义建设规模和速度问题上方针性的错误这一点。自己"在相当长的时间没有意识到，问题的严重性就在这里"。

> 中国几十年革命和建设的历史经验证明，毛主席是真理的代表。

从这个意义上讲，周恩来的检讨不完全是违心的。他对毛泽东的热爱、信任是真诚的，这也使他后来未能看出"文化大革命"是一场灾难，真心支持并拥护了这一决策。

周恩来一向是遵守纪律，无条件执行党的决议的模范，从维

---

① 《党的文献》，1993年第2期。

护党的领导核心的团结出发，照顾大局。毛泽东在南宁会议上对周恩来的严厉批评，使会议气氛异常紧张，使反对过冒进的领导人坐卧不安。毛泽东在会上拿出柯庆施写的文章，当众对周恩来说："恩来同志，你是总理，你看，这篇文章你写得出来写不出来？"周恩来回答："我写不出来。"由于周恩来顾全大局，相忍为党，对毛泽东当时不符合实际的错误批评没有做任何辩解，并且还承担了主要责任，在很大程度上缓和了会议的紧张气氛，避免了在极端的情况下，可能出现的某些冲突。出现这种冲突也是毛泽东最为担心的。在1958年5月八大二次会议上，毛泽东指出：经过整风和批评"反冒进"，中央也好，地方也好，都很团结。"反冒进"的问题，现在也搞清楚了，我们在新的基础上团结起来了。① 1965年，周恩来在审查大型舞蹈史诗《东方红》时，讲了一句耐人寻味的话，很难说明他当时这样做的心理。他说，即使是党的领袖犯了错误，只要没有发展到路线错误，提意见时，也要考虑到方式，考虑到效果，要注意党的团结。这时还没有搞"文化大革命"，也没有想到会有后来那样的事，这段话倒反映了周恩来处事方法的特点。从当时的情况看，周恩来在会议上当场起来反对毛泽东提出的意见，他是不会那样做的，那样做也没有什么效果。一般说来，他有不同意见时更可能的是在会下找毛泽东单独交换意见。现在苦就苦在他单独见毛泽东的次数很多很多，这在他的台历上有记载。但他俩究竟谈了什么？谁也不知道。历史上总有些后人再也无法弄清的事情。

周恩来一生勇于自我批评，勤于自我批评，又善于自我批评。他曾多次坦诚地面对工作人员说：历史上我犯过错误，反对主席反对错了。所以后来才一直坚定地支持拥护毛主席。他勤于自我批评，"勤"得让大家怕。他善于自我批评，感动得毛泽东都

---

① 参见薄一波：《若干重大决策与事件的回顾》下卷，北京：中共中央党校出版社，1993年版，第639、642页。

不安了。从毛泽东批评他"反冒进"的"错误"后，在南宁会议上，周恩来一到会就开始做检讨。从"反冒进"检讨起，从思想到工作全面进行自我批评。到了七千人大会前后，事实已证明毛泽东批判"反冒进"、搞"大跃进"的错误，周恩来并不标榜自己正确，回过头来清算别人，仍然是首先检讨自己。毕竟自己是总理，国家和人民遭这么大难，有不可推卸的责任。毛泽东很少那样受感动，表现出内心的不安，不无赧颜地说了一句："什么事情你都揽到自己身上。"毛泽东曾说过："党外无党，帝王思想，党内无派，千奇百怪。"周恩来始终为党外各党、党内各方同志所尊重，所接受，重要原因之一就是他的勇于自我批评，勤于自我批评，又善于自我批评。

由于社会主义建设经验不足，当时周恩来也预想不到"反'反冒进'"进而导致的"大跃进"竟会出现原来那样的严重后果，于是他难以有充分的根据和坚定的信心来坚持自己原来的"反冒进"的观点。他在检讨时第一句话说的就是：主席是从战略上看问题的，而我往往从战术上看问题。这话看来还是发自他内心的，当然，是不是完全想通了，也未必。他也可能在试图想通，或者努力去想通。

1957年11月，毛泽东访苏，同赫鲁晓夫会谈时，曾谈到刘、周、朱、邓等中共领导人的特点。毛泽东当时搬动手指，如数家珍。第一个是刘少奇。他说：刘少奇的长处是原则性很强，政治上坚定，弱点是灵活性不够。"第二个是邓小平"。毛泽东扳下第二个指头。在场的人印象很深，因为按声望和职务，大家都以为该说周恩来了，但毛泽东先说了邓小平。"这个人政治性强，思圆行方；既有原则性，又有高度的灵活性；柔中有刚，绵里藏针。很有发展前途"。当时在场的人对这段话记忆很深，是因为毛泽东对邓小平评价高又惟一没讲缺点。因为当时正在批评"反冒进"的一些人，以周恩来、陈云为主要对象，故这二人都不会在邓之前提到。毛泽东继续搬下第三根指头："第三个是周恩来。这个同志在大的国际活动方面比我强，善于处理各种复杂矛盾。但是周恩来政治上弱点……但他是个好人。"赫鲁晓夫接下来说苏共领导人米高扬的长短处，或许使我们能够明了毛说周的弱点是什么："米高扬也是政治原则性不够强，但他也是个好人。"毛泽东已经搬下第四个指头："朱德同志年龄大了。他德高望重。"毛泽东略一停顿，加重语气，"威望很高。但你不能指望他主持工作办大事了，年龄不饶人呢"。

毛泽东这些评论语言，言简意赅应该说是深刻而又实事求是的。周恩来遇事不走极端，在党内分歧中易采取调和的态度（当然，在一般情况下，他始终是旗帜鲜明的），自然有其民主、宽容、冷静、求实的积极意义。如果一味强硬坚持，会被误认为对自己的"反冒进"错误没有认识，心中还不服气，还可能被认为是想搞"分裂"。这不利于党内团结。但也应看到，在某些情况下这一态度也有其不积极的效果。主要是自1958年以后，随着党内生活越来越不正常，周恩来在一些重大决策上，较少旗帜鲜明地提出和坚持他原来曾经提出过的正确主张，特别是这些正确的主张受到毛泽东的批评和反对的时候。同时，又不像其他人那样盲目地把毛泽东的一些"左"的思路推向极端。这样，周恩来性格中的积极因素与消极因素也就越来越明显地交合在一起，给人的印象也越来越深，在周恩来的内心世界也越来越表现出深刻的冲突。到"文化大革命"期间几乎达到顶点：他既要在总体上维护并表示支持毛泽东发动的"文化大革命"，又要在实际工作中纠正"文化大革命"的许多极端做法，努力减少"左"的错误给党和国家造成的损失。试想，这需要多么坚忍而痛苦的人格精神才能做到的啊！

个性意志和政治原则较强的毛泽东则与此相反。在革命队伍里，他的主张越是遭到反对和批评，他本人越是受到打击和排挤，只要他认为是正确的，他越是要坚持到底，努力去做，绝不依势随便认错或迁就，不依照别人的在他看来是错误的指令去干违心的事。例如，毛泽东在1929年6月的红四军"七大"上未被选为前委书记，表面看，是他自己坚持不干。实际上，毛泽东并不是不愿意干。他不干的原因是因为红四军党内对一些原则问题认识不尽一致，认为前委不好工作。在6月8日白砂前委扩大会议上，毛泽东提出了一份书面意见，列举了红四军党内存在的主要问题，即前委、军委成为分权现象，前委不好放手工作，但责任又要担负，陷于不生不死的状态；根本分歧在前委、军委；一些人认为党管得太多了，反对一切归支部，要求党员有相当自由。这三个最大的组织原则发生动摇，成了根本上的问题——个人自由主义与无产阶级组织性、纪律性斗争问题。显然，毛泽东同一些人的分歧的实质，涉及党对军队的领导，关系红军建设的一系列原则问题，而毛泽东的主张基本上是正确的。最后，毛泽东提出，他不能担负这种不生不死的责任，请求马上更换书记，让他离开前委。在给林彪的信中，他又明确表示，他"请求离开前委，并不是消极，不参加这种斗争"，"我没有离开一天"，仍旧可以随大家共同奋斗。另外，毛泽东对干部要求高，要求严格，对一些营团级干部的缺点错误，他也毫不留情地当面批评、训斥，常常令人难以接受，下不来台，因而有些同志对他是很有意见的。

人们对领袖集团的人格评判，总是在比较中进行的。毛泽东和周恩来的影响和魅力都会长存，但侧重点并不是完全一样的。或许，正是这种"不一样"，才构成了在半个多世纪的历史长河中这两位伟人的特殊的互补关系。

1956年周恩来从实际出发提出反急躁冒进的意见，虽然后来受到毛泽东的批判而未能坚持，但毕竟成功地避免了一次可能出现的重大失误，这一功绩将永远载入党的历史史册。毛泽东在经过"大跃进"和人民公社化运动等严重失误后，曾多次赞扬周恩来，并开展自我批评。他对工作人员说："1958年有些，我有责任。提倡敢想敢干，'八大'二次会议达到高峰。其中也有些是胡思乱想，唯心主义。因此，不能全怪下面和各个部门。"毛泽东诚恳地笑道，"否则的话，人们就会像蒋干一样抱怨：曹营之事难办得很哪！"

实践证明，不适当的过火批评，不利于发扬党内民主，不利于保证党的决策的正确性。这次批评反冒进，历时半年多之久，其影响所及，在党内政治生活史上是一件很不小的事情，也可以说是一种标志，它标志着建国以后党内的民主生活开始由正常或比较正常向不正常转变。①

此后，毛泽东和周恩来又领导全党确定"八字"方针，克服严重困难，胜利完成了国民经济的调整任务。

---

① 参见薄一波：《若干重大决策与事件的回顾》下卷，北京：中共中央党校出版社，1993年版，第653页。

13　危难之际

毛泽东认为只有依靠周恩来和支持周恩来，才能稳定局势，维持整个国家生活的继续运转。周恩来说："不入虎穴，焉得虎子？我不入地狱，谁入地狱？"

美国学者弗雷德里克·C.秦韦斯曾说过这样一句耐人寻味的话，"文化大革命"期间，"周恩来从来没有直接反对过毛泽东，但他利用了毛泽东讲话前后矛盾的特点以及毛对局势控制能力的下降来推行自己的方针。也有可能是周恩来利用得到的机会试图制定一个完全不同于毛泽东的发展规划。就毛泽东而言，他之所以看到了令人不愉快的政策而没有公开批判周恩来是因为他顾忌这种批判将导致的政治后果。而且他在某种程度上也同意周恩来的一些做法，也许还有感谢周恩来这些年来对他的忠诚和服务这样的因素"。①

这段话在一定程度上，反映了"文化大革命"期间毛泽东和周恩来之间的微妙关系。

1966年，正当中国人民高歌猛进，进行社会主义建设的时期，灾难猝然降临了。

整个中国陷入空前的浩劫之中。民主被践踏，法制遭破坏，人身受侮辱，权利被剥夺。祸国殃民的林彪、"四人帮"一伙制造了一个又一个反革命事件，揪斗了一批又一批干部和群众，打倒之声不绝于耳，打、砸、抢之风比比皆是。众多开国元勋受到迫害，成批知识分子横遭凌辱，千千万万人受到摧残……

历史在这里停滞了，倒退了，沉思了。

"文化大革命"是毛泽东晚年错误思想发展的巅峰，也是它的

---

① ［美］弗雷德里克·C.秦韦斯：《从毛泽东到邓小平》，王红续、宫力等译，北京：中共中央党校出版社，1991年版，第115页。

尽头。新中国成立后，他一直都在孜孜不倦地探索中国富强之路。问题在于，他所追求的是"公正、平等、纯洁"的理想社会。从反右派斗争直到"文化大革命"，毛泽东以举世敬畏的权威，无比雄浑的气魄，浪漫主义的气质，发动了接二连三的政治运动，斗争锋芒所向披靡。他异乎寻常的自信，"始终认为自己的理论和实践是马克思主义的，是为巩固无产阶级专政所必需的"。因此，他决意发动"文化大革命"的目的是希望通过这样一种方式"公开地、全面地、由下而上地来揭发我们的黑暗面"，由"天下不乱"达到"天下大治"。毛泽东本人并不希望局势动乱到失控的地步，因为这并不符合他发动"文化大革命"的本意。在觉察到林彪、江青等人总是竭力把自己的想法推向极端、惟恐天下不乱的情况下，毛泽东认为只有依靠和支持周恩来，才能稳定局势，维持整个国家生活的继续运转。为此，他曾几次出面干预制止林彪、江青等人阴谋陷害进而打倒周恩来的企图，并且在稳定局势、不能放松生产、对一些老干部的保护等问题上，支持周恩来的工作。

对于这场来势凶猛的"文化大革命"，周恩来如同其他党中央领导人一样，思想上是缺乏充分准备的。他是在正风尘仆仆地忙于推动北方八省区抗旱和领导邢台抗震救灾的紧张工作时，被卷入这场政治风暴中心的。对于这种自上而下地鼓动、纵容群众起来"造反"，有意造成"天下大乱"的做法，周恩来是很不理解的。用他自己日后曾在不同场合不止一次讲过的话说，是"连做梦也没有想到"。如在1966年10月中央工作会议期间，他就在一次讲话中用"方兴未艾，欲罢不能"来概括运动的形势，并且百感交集地说："做梦也没有想到这么大的局面"，"这么一想就不寒而栗"。在两年之后，即1968年9月，他在接见首都工人、解放军宣传队时还表示，在同志们面前，应该说老实话，我对无产阶级文化大革命初期也是很不理解的，没想到今天这样的局面。甚至在临终前，素来不爱发火的周恩来躺在病榻上，怒气冲冲地提起"文化大革命"是"大热天起鸡皮疙瘩，真令人难以想象"①。

当然，周恩来对"文化大革命"的理解和认识，不能不受到当时历史条件的限制。在"文化大革命"这一历史过程的本质尚未充分暴露，并且被罩有种种神圣而虚幻的光环的情况下，周恩来如同绝大多数人一样，在一开始怀着真诚的愿望，努力从好的前途去理解"文化大革命"，希望通过它能够真正克服和消除党和国家肌体上确实存在的某些弊端和阴暗面，以保证党和国家不改变颜色。

但是，周恩来的这一想法和毛泽东试图通过"天下大乱"达到"天下大治"的设想，同后来运动的实际发展相差甚远。这种思想与现实的尖锐冲突，不能不使得周恩来和毛泽东都陷入一种极大的困境之中。因此，在"文化大革命"发动以后举行的一系列重大会议上，周恩来总是只能检讨自己的思想"跟不上"，"犯了错误"。如在八届十一中全会上，他就检查了自己总是"按照老的办法，旧脑筋对待新革命、新运动"，并表示要以"一种热情投身到战斗中去"。他在同年10月中央会议上发言说：十一中全会以后，我努力紧跟毛主席，但"有时仍有掉队之虞"，但我有一个信心和认识，知过必改，努力赶上。这些都生动地反映了周恩来对毛泽东发动的"文化大革命"努力想加以理解，而又感到无法理解的内心矛盾。毛泽东在"文化大革命"发动一年多之后，曾坦率地对聂荣臻等说："你们把'文化大革命'称为动乱，你们这样讲，也许是对的。我与你们一样，也没有思想准备。"毛泽东原预料"动乱"，或"天下大乱"将持续数月最长乃至一年就达到"天下大治"。但他也没有料到自己亲自发动的这场"大革命"会失控。在毛泽东看来，事物的矛盾是永恒的，而对立双方之间的平衡是暂时的。

---

① 韩素音：《周恩来与他的世纪》，北京：中央文献出版社，1992年版，第430页。

不平衡是宇宙中的正常现象。毛泽东确信党内一些机构不能代表人民，它已蜕化为官僚主义特权阶层。只有通过发动一场"自下而上的群众运动，才能获得新生，才能使共产党重新焕发青春。毛泽东的确有魅力，大家都跟着他走了。

但随着时间的推移，"文化大革命"所造成的灾难性后果越来越清楚地显现出来。周恩来也感到困惑不解。当时摆在周恩来面前的可以有三种选择：

一是远事避祸，洁身自好。如果单从个人角度来讲，这不失为一条上策。但是，从青年时代起就矢志报国，在邃密群科中探索救国真理，最后认定只有共产主义才能挽救国家危亡的周恩来，在党和国家遭受严重危难关头，又怎么会考虑个人的安危荣辱呢？

二是公开反对毛泽东亲自发动的"文化大革命"。其结果是什么呢？那只能是同毛泽东决裂，然后被打倒。同毛泽东决裂，这对周恩来而言是不可能的，当矛盾还没有发展到公开破裂的地步时，他更多考虑的是安定团结，是政治影响。如被打倒，在当时于事无补。而且我们国家当时处在那样困难和混乱的情况中，国家经济生活的维持、外交的联系、一些极端混乱状况的排除，甚至哪里没有煤了需要煤、哪里交通断了需要疏通，全得需要他在那里硬顶着。对党和国家民族的命运怀有那样强烈的责任感的周恩来，怎么可能不顾一切地任意采取行动？如果从个人来讲，他这样坚持图什么？他没有野心当"一把手"，这谁都承认。正如中外人士所评论的那样："周用长远的眼光看问题。他不争权夺利。他从不向毛的至高无上的地位挑战。有一天动乱结束，依然在位，他会使一切都完好如初。"

第三种选择是坚守自己的岗位，与党和人民共命运同呼吸，尽自己所能来挽救危局。要做到这些谈何容易？这要表示支持"文化大革命"，有时得违心地说一些话和做一些事，这是一般人难以做到的。周恩来毅然选择了这条路,这种选择对他来说也许是一种最苦的选择:忍辱负重,力挽狂澜,尽可能在"动乱"中减少国家和人民的损失,另外在有可能的情况下,一步步地把被打倒的老干部扶起来,把五年计划重新制定起来,规章制度恢复起来,到最后重新提出实现四个现代化目标,并为以后纠正错误创造条件。只要能把党和国家从"文化大革命"这场看来难以避免的灾难中拯救出来,即使自己赴汤蹈火,出生入死,也在所不辞。1966年12月间,他在与并肩战斗了几十年的老战友李富春的一次交谈中,倾吐了内心深处的这一信念:"我不入虎穴,谁入虎穴?我不入地狱,谁入地狱?在'文化大革命'中我只有八个字:鞠躬尽瘁,死而后已。"这正是周恩来在"文化大革命"期间忍辱负重,苦撑危局的内心动力之所在!

在历史的悲剧面前,周恩来还能说什么呢?

据回忆:1975年周恩来手术后,曾在他身边工作的警卫员乔金旺去医院探望。周恩来从乔的眼神里看到了自己的变化,第一句话就是:"老乔啊,'文化大革命'把我累垮了!"

由于"文化大革命"是毛泽东发动的,周恩来从来没有说过一个"不"字,惟独这一次,身边的工作人员都感觉到周恩来把心底郁闷的想法和情绪流泄出一些。他的声调是低沉而幽怨的。这时乔金旺眼圈一红,泪水差点溅出来。他喉咙哽咽地叫一声:"总理……"

周恩来凄凉地说:"以后你们就不要再叫我'总理'了,我躺在这里已经不能再为国家、为人民工作了,听你们叫我总理总理的,我心里难受……不做事了,不能叫总理了。"在中国历史上当宰相时间最长的是郭子仪,他在任24年。周恩来是超过郭子仪的中国历史担任"宰相"时间最长的一个,他任职时间长达26年。

周恩来以自己生命历程中最后十年的全部行动实践了"鞠躬尽瘁,死而后已"的诺言。许多国际友人都说他是"世界上最忙的人"。特别是在"文化大革命"的动乱岁月，他夜以继日地工作，忘我地、不知疲倦地为党和人民操劳。当工作人员劝他适当注意休息时，他总是说："我是总理，就得什么事都要管呵！管不好怎么向党、向人民交代！"

陈云曾经说过这样一句话："没有周恩来同志，'文化大革命'的后果不堪设想。"这是对周恩来在"文化大革命"期间所起作用的高度评价。这里应当指出的是，周恩来苦撑危局所做的努力，有许多是得到毛泽东支持和默许的。

一月夺权以后，各地区、各部门对干部的迫害愈演愈烈。针对这一情况，周恩来与李富春、陈毅、李先念、谭震林等同志紧急商量后，提出名单，报告毛泽东批准，让廖承志、王震、余秋里、谷牧、方毅、姚依林等二三十位国务院各部委的部长轮流住进中南海，并且把一些大区书记和省、市委书记接到北京，煞费苦心地安置在可靠的地方加以保护。当"二月抗争"不幸夭折后，周恩来不顾林彪、江青一伙指责自己是"二月逆流总后台"的困难处境，尽力保护这些受到错误批判的老帅们。其中对陈毅的保护则是人所共知、感人至深的。当陈毅逝世后，周恩来告诉了毛泽东。毛泽东穿着睡衣亲自参加了陈毅的追悼会，他用手抚摸着周恩来以他的名义送的花圈说："恩来，你事事操心。"在休息室里接见陈毅夫人张茜时，说"陈毅是个好同志。要是林彪的阴谋搞成了，是要把我们这些老人都搞掉的"。并表示：邓小平的性质是属于人民内部矛盾。在场的周恩来听了十分高兴，暗示陈毅的子女们想办法把这个意思传出去。一年后，征得毛泽东的同意，周恩来经过大量细致的工作，疏通各方面的关系，邓小平终于从江西回到北京。根据毛泽东建议，中共中央决定恢复了邓小平的组织生活和国务院副总理的职务。此外，当周恩来得知谭震林在桂林期间不慎摔伤了骨头，便委托韦国清加以照顾，帮他治好骨伤。1972年12月毛泽东问及谭震林的近况后,周恩来又当即写信给当时主管这一工作的负责人,说谭震林是好同志,"当时大闹怀仁堂是林彪故意造成打倒一批老同志的局势所激成的","应该让他回来"。在他的督促下,谭震林不久便回到了北京。

在对待党的领袖问题上,周恩来采取了分析的态度。对于毛泽东在当时的任何正确意见或曾在历史上提出过的正确思想,他总是坚决贯彻落实,并且尽可能加以发挥。收入《周恩来选集》下卷的《一份应予保护的干部名单》和《废除法西斯式的审查方式》就是其中有代表性的例子。又如,毛泽东在1966年10月中央工作会议上提出"抓革命,促生产"的思想后,周恩来立即把它作为自己手中与林彪、江青一伙煽动"停产闹革命"进行斗争的有力武器,以至这一口号在广大群众的心目中已经成为"抓生产"的同义语了。

在对待毛泽东的"左"倾错误思想上,周恩来总是根据自己的认识,在尽可能的限度内表明看法,提出建议;或是尽可能从积极的方面加以解释和引导。如1966年10月,毛泽东提出"彻底批判资产阶级反动路线"。周恩来不同意这一提法。为此,他专门找毛泽东,表明自己的看法,说党内历来提路线问题,都是说"左"倾右倾,并没有"资产阶级反动路线"这样的提法,这样提合适吗?当毛泽东仍然坚持自己的看法后,周恩来保留了自己的意见。而在以后多次接见群众代表的讲话中反复强调犯"资产阶级反动路线"错误,是认识问题,属于人民内部矛盾。这在当时的历史条件,能做到这一点,也是非常难能可贵的。徐帅在回顾"文化大革命"历史时曾说过:那时搞造反夺权,批斗老干部非常激烈。不过,我们都不能向毛主席讲。在毛主席的威严之下,谁也没办法!当1966年八届十一中全会上,毛泽东提出"炮打司令部"后,一些红卫兵到处套用这一提法而"炮轰一切",冲击各地的党政领导机关时,周恩来又苦口婆心地做红卫兵的工作,反复强调这样的观点:"不能把炮打司令部认为是毛主席号召打所有的党政机关,""不能乱打一通,不能对一切司令部都炮轰,""并不是所有的党政领导都是走资派。如果那样看,把党中央放到哪里?这样看法,毛主席的英明领导不是落空了吗?"

周恩来还在毛泽东的支持下,挫败了林彪、江青反革命集团篡党夺权的阴谋。1970年,在党的九届二中全会上,林彪反党集团妄图抢班夺权,周恩来在毛泽东领导下,同林彪一伙进行了坚决斗争。1971年,林彪阴谋发动反革命武装政变未遂,于9月13日仓皇出逃,叛国投敌。当飞机飞越中蒙边境,周恩来把消息告诉毛泽东后,毛泽东把手一挥说:"天要下雨,娘要嫁人,由他去吧。"周恩来遵照毛泽东的指示,以卓越的胆识和智慧,迅速果断地处理了"九一三"事件。林彪折戟沉沙事件,使毛泽东遭受到巨大的精神打击,强烈地震撼着毛泽东不容置疑的权威和尊严,心灵的重创导致强壮体魄的迅速瓦解,毛泽东在游泳池住宅里,突然晕倒。巨大的身躯像一堵坚固的墙突然轰然倒塌……砸懵了毛泽东身边的工作人员。红润、健壮、目光敏锐、谈笑风生的毛泽东,一子子转换成苍白、臃肿、神情滞缓、沉默寡言的毛泽东。毛泽东从来没有像现在这样更依赖、更需要周恩来。当时已73岁高龄的周恩来以超负荷工作,使中国安然渡过这次危机并使之成为改变"文化大革命"混乱状态的转机:经济建设有所好转,以邓小平为首的各级领导干部陆续得到正式和非正式的平反,外交政策做了调整,联合国席位得到恢复,尼克松访华、中日建交……人们感觉到一种与"文化大革命"剧烈政治风暴不同的新的气候出现了。但苦力支撑这一局面的两位古稀伟人,都已是心力交瘁。1974年1月,批林批孔运动开始。江青一伙借评法批儒之机,把矛头指向周恩来,将运动变成批林批孔"批周公"。身患重病的周恩来终于被拖垮了。身患癌症两年始终坚持未住院的周恩来再也支持不住了,他被迫离开居住25年的中南海西花厅,住进了305医院。此时，中共中央发出近期内召开四届人大的通知。毛泽东提出了筹备四届人大、酝酿国家机构人事安排的意见，并亲自提议邓小平出任国务院第一副总理。江青反革命集团认为夺权时机已到，经过密谋后，派王洪文急赶长沙向毛泽东诬告周恩来、邓小平，诡称"北京现在大有庐山会议的味道"，说周恩来"虽然有重病，但昼夜都忙着找人谈话，经常去总理家的有邓小平、叶剑英、李先念等"。毛泽东听后，愤愤地表示：总理还是总理，四届人大的筹备工作和人事安排由总理主持安排，并再次提议邓小平为第一副总理、党的副主席、军委副主席兼总参谋长。毛泽东对与他患难与共的老战友是深信不疑的，即使他重病在身，总理的职务也是非他莫属。而周恩来在狂风恶浪面前，也不曾明哲保身地退出这个风口浪尖上的敏感位置，他面对"四人帮"那不可一世的来头，也没有表现丝毫伟大的谦虚，他绝不能让张春桥或什么人去当总理或组阁。周恩来不顾自己两次大手术后每况愈下的身体状况，毅然再度担负起处理党和国家全面工作的重担。12月23日，周恩来抱病飞赴长沙，向毛泽东当面汇报四届人大的筹备情况。他骨瘦如柴，双手颤抖，在一位秘书的协助下，痛苦地登上了飞机。临行前，叶剑英曾反复叮嘱医务人员要想尽一切办法，无论如何也要保证周恩来安全回来。周恩来对关心他健康的机组人员说："疾病嘛，就要和它做斗争……一年没有坐飞机了，8个月躺在医院里，现在好些了。"他虚弱得连乘务员给他的糖的纸都剥不开。在长沙，周恩来逗留了五天。毛泽东在谈话中劝周恩来安心养病，并再次称赞了邓小平"人才难得，政治思想强"。两人还谈到了"四人帮"的问题，毛泽东批评了江青、王洪文搞宗派，指出："江青有野心。"毛泽东还特别关照四届人大的政府工作报告要短一点，使周恩来能坚持读完。就这样，周恩来以坚决而有策略的斗争，取得毛泽东的支持，挫败了江青反革命集团企图通过组阁夺取党和国家领导权的阴谋。病中的周恩来想让邓小平接班的愿望也实现了。

1975年1月13日，瘦削、憔悴、面色苍白的周恩来身穿已经过于宽松的灰色制服，昂首挺胸地在第四届全国人民代表大会上发表了他最后一次演说。这篇宣布四个现代化计划的讲话是周恩来为中国的进步所做的全面规划，表明了中国向世界开放的政策。

"本世纪内全面实现农业、工业、国防和科学技术的现代化，使我国国民经济走在世界的前列……"这是他的遗言，他的遗产。

"疾风知劲草，板荡识忠臣。"

周恩来正是在党和国家遭受空前动乱的危难关头，与党和人民同呼吸共命运，在与历史悲剧的抗争中，呕心沥血，历尽艰辛，表现了对党和人民的耿耿忠心，使自己生命的最后历程放出了璀璨的光辉。他虽然没有能亲手结束这场动乱，但是却以自己的血肉之躯铺垫了通向这一目标的曲折而坎坷的道路，为最终结束这场历史灾难奠定了基础。这一不可磨灭的功绩，深深地镌刻在历史的丰碑上。当然，毋庸置疑，周恩来在尽量减少"文化大革命"所造成的损失的同时，也不得不说过一些违心的话，做过一些违心的事。但是，人民可以理解他，在当时的历史条件下，不这样做，就难以起到前述各方面的重大历史作用。这是在历史悲剧中为了党和国家的最高利益，所能做出的一种恰当的选择。这是一场不得不付出代价的韧性的战斗。至于其中在我们整个国家都处于历史的阴影之中而难免带有的历史的折光，是不必过分苛求和指责的。另外，也不否认周恩来对毛泽东以服从为主；谦和恭敬有余，直言敢谏、坚持原则稍嫌不足；顾全同志情谊而有失直率，缺乏必要的正面交锋；有时明知毛泽东对某些事情措置不当，也做出让步，违心地屈从了。比如"文化大革命"后期，他发现了问题，认识到存在的严重错误，也没有鼓起勇气向毛泽东当面指出。但正如邓小平1980年8月在答意大利记者奥琳埃娜·

法拉奇的提问时所说:"周恩来对我来说,他始终是一个兄长。我们差不多同时期走上了革命的道路。他是同志们和人民很尊敬的人。'文化大革命'时,我们这些人都下去了,幸好保住了他。在'文化大革命'中,他所处的地位十分困难,也说了好多违心的话,做了好多违心的事。但人民原谅他。因为他不做这些事,不说这些话,他自己也保不住,也不能在其中起中和作用,起减少损失的作用。他保护了相当一批人。"①

1976年6月,毛泽东行将谢世之前,曾对身边的工作人员说道:"我一生做了两件事情。一件是打倒了蒋介石,把蒋介石赶到台湾,战胜了日本帝国主义,把日本帝国主义赶出中国;一件是胜利地进行了无产阶级文化大革命。"②

胡绳在1993年纪念毛泽东诞辰一百周年文章《毛泽东一生所做的两件大事》中这样写道:

> 在1976年毛主席逝世前几个月,社会上传出了他的一段谈话。这时,"文化大革命"似乎已经临近尾声,但谁也不知道局势将如何发展。据说那年6月13日毛主席讲的这段话,说的是他对自己一生的回顾和后事。他是这样说的:"中国有句成语,叫做盖棺论定。我虽未盖棺也快了,总可以论定了吧?"这段话中最重要的是说:"我一生办了两件事。"他说的第一件事就是民主革命的胜利,取得了全国政权。他说:"对这件事,持异议的人甚少。只有几个人在我耳边叽叽喳喳,无非是要我及早地把那个海岛收回罢了。"(这是指台湾)然后他讲第二件事:"另一件事,你们也知道,就是发动'文

---

① 《邓小平文选》,北京:人民出版社,1993年版,第307页。
② 叶剑英在中共中央工作会议闭幕会上的讲话记录,1977年3月22日。参见逢先知、金冲及:《毛泽东传》第六卷,北京:中央文献出版社,2013年版,第2750页;《毛泽东年谱(1949—1976)》第六卷,北京:中央文献出版社,2013年版,第649页。

化大革命'。对这件事,拥护的人不多,反对的人不少。"①

1991年写《中国共产党的七十年》时,胡乔木同志曾建议把毛主席的这段话引用上,证明毛主席到最后对"文化大革命"失去了信心。但因为这本书的篇幅有限,如果引用这段话,还得多说些话,所以没有引用。现在我在这文章中引用了也算实现乔木同志的一个嘱咐。不过,这里也没有引用全。毛主席说,他做的第二件事就是发动"文化大革命",说对这件事拥护的人不多,反对的人不少,根据这两句话也许还不足以证明他这时候对"文化大革命"已经失去信心了。实际上他下面还有几句话。他说:"这两件事(包括第一件事,第一件事他说台湾还没有收回)都没有做完。这笔遗产将移交到下一代去了。和平移交不行,看来要在动荡中移交了,搞不好就要血雨腥风"。这反映了毛主席在逝世前三个月,身体很坏,心情很伤感。自然规律使他生命不能再延长一些,要不然,他恐怕要重新考虑这些问题。②

毛泽东这番话,道出了他内心的一种真情,以及对晚年思想和实践的某种自省和忧虑。据说,毛泽东晚年时,常常落泪,有时不能自禁。陈永贵去看他,他握住陈永贵的手,讲不出话,泪如泉涌。毛泽东请长年跟随他身边劳累过度而住院的护士长吴旭君看电影《难忘的战斗》,看到解放军入城,痛哭失声,以致满场哭声,电影未能放完……而周恩来晚年却一次也没有哭。发现癌症,住院,手术,战友同志来看望;谈过去,谈现在,谈未来;话题是工作也罢,生活也罢,他从没有流过一次泪,直至无声地离开这个世界……临终前,他和邓颖超互相望了许久。周恩来说:"我肚子里还装着很多话没有说。"邓颖超点点头,说:"我肚

---

① 《胡绳全书》第三卷(上),北京:人民出版社,1998年版,第196页。
② 《胡绳全书》第三卷(上),北京:人民出版社,1998年版,第205页。

子里也装着很多话没有说。"周恩来的组织纪律观念极强，他从不肯发泄一点怨懑和牢骚，默默地全闷回心里去。为了顾全党和国家的大局，委屈、忧郁和愤懑全部留给了自己去悄悄"消化"，这种无声的消化是最容易致癌的"黄曲霉菌"。毛泽东从他的主观愿望来说，他的确认为"文化大革命"是为他自己的党和人民做的一件大好事，即使临终前，他也不认为是件大好事了，那只是不得已而为之。这里面确实也存在着他对清除官僚主义等多年积弊的真诚愿望和他对理想世界的憧憬，可是理想世界追求的结果是酿成一场空前浩劫，天下大乱做到了，天下大治却很渺茫。他本人晚年的威望也从辉煌的顶巅无可挽回地跌落到悲壮的低谷。这种始料不及的事与愿违，对于毛泽东本人来说更具有浓重的悲剧色彩，对于后人而言是惨痛的经验教训。

毛泽东与周恩来先后去世后不久，社会上刮起一股风，竭力抬高周恩来，贬低毛泽东。其实抬高周恩来也并不一定是假，想否定毛泽东倒是真。问题是，否定了毛泽东，周恩来还"高"得了吗？一位老同志曾感慨地说："还是邓大姐看得深，看得远啊！"

邓颖超曾经对那些不识大局，感情用事，在历次政治运动中受过些委屈的干部说：你们不要这么搞，不能这样搞么。恩来什么时候反对过毛主席？他这个人你们不是不了解，你们那样说，那样搞，无法向历史向后人交代么……

周恩来与毛泽东共事半个多世纪，他对毛泽东的深厚感情和坚信不疑是在风雨实践中不断培养和加深以至不可改变的。他对毛泽东的决定坚决照办，即便是"文化大革命"这种错误决策，也跟着干了。究其原因就在于这种对毛泽东的坚信不疑，而决非是为了"政治生存"。在"文化大革命"中，毛泽东与周恩来的关系，可以说减少了"文化大革命"的损失，但未能避免这场劫难。因为，反封建的伟大战士毛泽东，晚年却造就了个人迷信和"一言堂"，英明而又机敏的周恩来，晚年也顺从了毛泽东的意志，说了错话办了错事……

今天，当后人谈及毛泽东与周恩来晚年的错误时，不应该脱离当时的历史条件，不能离开当时社会生产力发展水平及整个的国际政治形势。

14 化解中美冰封,更显相得益彰

毛泽东和周恩来这两位同舟共济的战友，在古稀之年以惊人的胆略携手打开了冰冻20多年之久的中美关系之门。这一英明之举，掀开了中华人民共和国对外关系史上新的篇章，在他们合作史上写下了闪光的一页。

西方学者罗斯·特里尔在他撰写的《毛泽东的后半生》一书中指出:"毛泽东与周恩来的长期合作在1972年达到了顶峰。虽然毛泽东没有公开称赞周恩来,周恩来却在林彪出逃和尼克松来访之时精彩地协助了毛泽东。"

1972年,中国走进了"文化大革命"的波谷时期。

早春2月,寒气逼人。在寒霜满地的一天,美国总统理查德·尼克松的"76精神"号降落在宽广寂静的北京机场跑道上。它在飘扬着的美国国旗前停了下来,中国国旗在另一侧飘扬,中间是一幅巨大的毛泽东肖像照片。

几分钟后,飞机舱门打开,第一个出现的便是笑容满面的尼克松,后面紧跟着他的夫人。周恩来已率国家领导人叶剑英、李先念等人在机场等候欢迎。尼克松一边挥手致意,一边大步跨下舷梯,在离周恩来2米远就伸出手奔过来。周恩来不卑不亢面带笑容,等待着这只从太平洋彼岸伸过来的手。就在双方即将握住手的刹那间,摄影师杜山迅速地抢拍了这一珍贵的历史镜头。

握手,是人类文明进步的一种标志,是人之所独具的、区别于其他生物的高级精神活动。据说,它起源于远古时代部落之间的往来,友好的部落之间互相接触交换谷物、猎物,或是敌对的部落之间互相接触交换战俘,这些部落与部落之间的来往是以握手开始的。可以说,握手就是人类外交活动的起源。

现在外交史也说明,派驻在同一国家的交战国使节,在战争期间互不往来,但在第三者举行的活动中相遇时,依然彼此以礼相待,完全不理睬则是粗鲁和无礼的。

新中国成立初期，当时的中美关系十分紧张。在 1954 年春夏举行的日内瓦会议上，美国国务卿杜勒斯声明，美国同意中国参加日内瓦国际会议并不含有对中国的外交承认。据说，在会议期间，盛传周恩来要同杜勒斯握手，被杜勒斯拒绝了。为此，杜勒斯特地给美国代表团定下了一条纪律，无论谁都不准和中国代表团的人握手。

在周恩来有没有要同杜勒斯握手的问题上，国内有不同的意见。王炳南认为，这是以讹传讹。在整个日内瓦会议期间，王炳南说自己始终在周恩来左右；据他认为，周恩来非常审慎和严谨。杜勒斯是坚决反共的头子，周恩来从来就没想去和他握手。

据李慎之回忆：他当年也在日内瓦，在周恩来身边工作。当时，开会的场所通道比较窄，开了多日的会，也会有周恩来与杜勒斯在通道上相遇的时候，周恩来要与杜勒斯握手也不是不可能的；这表现了周恩来的大度、宽容和知礼。而杜勒斯拒绝握手，只能表现了他的粗鲁、僵化和无礼。

握手事件流传的实质说明了中美两国之间隔阂之深重，关系之恶化，对立之尖锐。

就在尼克松到达之日，《人民日报》只字未提尼克松及其到来。报纸中惟一涉及美国的是一篇关于一位一周前刚刚逝世的人的文章，此人就是毛泽东的美国朋友埃德加·斯诺。

毛泽东小心翼翼地把握着国民的情绪，以免使其爆发。一些情况是不能忽视的：中国和美国还没有外交关系；中国老百姓 20 年来接受的全是反美教育。在毛泽东执政的 20 多年间，中美双方都未曾派遣过一个政府官员去访问对方的首都。

那么，冰冻 20 多年之久的中美关系之门，是怎样打开的呢？

长期以来，孤立和遏制中国，一直是美国在亚洲推行侵略扩张政策的重要内容。不改变这种政策，美国就无法摆脱在亚洲的困境。它要有效地对付苏联，也必须改变过去的反华政策。

1969年1月20日，尼克松就任美国总统后，立即指示基辛格"探索同中国人民和解的可能性"。

同年3月，尼克松在访问法国时对戴高乐说：无论困难多么大，他决心要同中国进行"对话"。不久，又正式请求戴高乐把美国谋求同中国对话的设想转告中国政府，接着又分别要求罗马尼亚总统齐奥塞斯库和巴基斯坦总统叶海亚把他的想法转告中国领导人。

从中国方面看，自中苏关系破裂之后——苏联当时已成为对中国安全和世界和平的主要威胁。为了更好地对付苏联霸权主义，中国政府也做出决策，争取改善中美关系。

1970年12月，斯诺第三次访问新中国。在华期间，他受到了热情欢迎。毛泽东多次接见斯诺，同他进行了亲切友好的谈话。谈话内容十分广泛，从"个人崇拜"直到中美关系。毛泽东对斯诺说：外交部正在研究让美国左、中、右的人都来访问中国。是否应当让像代表垄断资本家的尼克松这样的右派来呢？应当欢迎他来，因为"目前中美两国之间的问题要跟尼克松解决。尼克松作为旅行者也行，作为总统也行"。①

1971年4月6日深夜，中南海丰泽园北屋西头的书房里还亮着灯。柔和的台灯光洒在大写字台桌面上，桌上放着一份请示报告。这是外交部和国家体委联合打来的关于不邀请美国乒乓球队访华的报告。

报告上，周恩来已经写了"拟同意"三个字，又在旁边用铅笔添上了一段话：

> 可留下他们的通信地址，但对其首席代表在直接接触中应表明，我们中国人民坚决反对"两个中国"、"一中一台"的

---

① ［美］埃德加·斯诺：《同毛泽东的一次谈话》，载《生活》，1971年4月30日。

阴谋活动。

报告是4月3日打的。此时，在日本名古屋，第三十一届世界乒乓球锦标赛正在紧张地进行着。20天前，周恩来曾亲笔写报告，请示派我国乒乓球代表团赴日本参加世界锦标赛。中国在比赛期间，邀请了若干个国家的球队在归国途中来北京打球。一些美国队员很想来中国。碰巧，在他们动身去日本之前，美国政府完全取消了美国人去中华人民共和国旅行方面的限制。美国运动员向中国运动员表示了他们的兴趣。

毛泽东的思绪在活跃着。

周恩来在午夜前来过。又谈起通过巴基斯坦渠道和罗马尼亚渠道传来的信息。还谈起了美国国务院3月15日宣布取消对持美国护照去中华人民共和国旅行的一切限制……

毛泽东面临决策。

周恩来还汇报了外交部和体委的负责人讨论是否邀请美国乒乓球队访华的分歧。

毛泽东深思着，沉默了！

1970年，曾有两个重要的法国人到过中国。第一个是计划部长安德烈·贝当古，第二个是戴高乐政权时的总理莫里斯·顾夫·德姆维尔。莫里斯·顾夫·德姆维尔为戴高乐将军访华做好了安排，这次访问本来是准备在当年进行的。戴高乐如来中国访问，将在促成中美认真交谈方面起关键的作用。然而，戴高乐却去世了。他的死使这一点未能实现。毛泽东还给戴高乐夫人发去了对这位将军的唁电，这是自从罗斯福去世以来他对任何非共产党政治家的惟一的一次赞扬。

想到这里，毛泽东精神为之一振。

让美国乒乓球队打头阵有何不可？它将为尼克松或是他的特使来北京创造一个良好的气氛。这是打开中美关系局面的一个非常好的时机。

毛泽东丝毫没有睡意，就像烽火岁月的时候沉浸在大战前夕的兴奋之中一样。4月的北京天已经亮得早了。屋外有呼呼的风声。天边已经渗出几抹宣纸一般的白色。他毅然做出决定：要秘书转告周恩来，立即邀请美国乒乓球队访华。

中国人邀请美国乒乓球队访华。这把美国惊呆了。把世界轰动了。成了举世瞩目的重大事件。

尼克松得知消息后喜出望外，马上批准美国乒乓球队接受邀请。

4月14日下午2时半，周恩来面带微笑地在人民大会堂东大厅会见美国乒乓球代表团。

周恩来与美国代表团成员一一握手后，坐在斯廷霍文团长旁边的沙发上，做了讲话：

> 你们作为前来中华人民共和国访问的第一个美国代表团，打开了两国人民友好往来的大门。尽管中国和美国目前还没有外交关系，我相信中美两国人民的友好往来，将会得到两国大多数人民的赞成与支持。

周恩来略略提高了声音说："欢迎你们！"

坐在周恩来身边的斯廷霍文马上说："我们也希望中国乒乓球队访问美国。"

周恩来立即做了肯定的回答："可以去！"

美国代表团的成员们热烈地鼓掌。

有关美国乒乓球代表团访华的所有具体安排，都在周恩来直接掌握之中。其中比较重要的安排与做法，都由周恩来向毛泽东做了汇报。

这时，周恩来像往常会见外国运动员那样，关心地问大家：

"你们住得怎么样？习惯中国菜的口味吗？还有没有什么问题要提？"

周恩来的话音刚落，美国代表团成员科恩倏地站了起来。他穿了件西服，没打领带，长发披肩。科恩略微欠欠身子，大声地说："总理先生，我想知道您对美国嬉皮士的看法。"

斯廷霍文事先曾再三叮嘱过这个格外活跃的科恩，要他不要随便提问题打扰周总理。这时，斯廷霍文焦急地朝科恩打手势，仍阻挡不住。

大厅里静静的，翻译有些紧张了，大家都关切地望着周恩来。

周恩来微笑地打量了科恩一眼，瞄了瞄那蓬松而飘垂的长发，说："看样子，你也是个嬉皮士啰！"

周恩来随即把眼光转向大家："世界的青年们对现状不满，正在寻求真理。在思想发生变化的过程中，在这种变化形成之前，会出现各种各样的事物，这些变化会以不同的形式表现出来。这是可以容许的。我们年轻的时候，也曾经为寻求真理尝试过各种各样的途径。"

科恩当时正是大学二年级学生，学的是历史和政治学。他原以为在这个最革命的国家，听它的总理评价嬉皮士，一定会听到那种"资产阶级的"、"颓废的"、"没落的生活方式"之类的训词。结果，出人意料，周恩来并没有用革命的大道理训人，还表示出十分理解当代青年的思想。科恩不由自主地为周恩来所折服，钦佩而信服地听着。

周恩来又将眼光转向科恩："要是经过自己做了以后，发现这样做不正确，那就应该改变。你说是么？"

科恩耸耸肩，友好而诚恳地笑着点了点头。

周恩来略略停顿，又补充一句："这是我的意见。只是一个建议而已。"

周恩来的这番话,在第二天,几乎被所有的世界大报与通讯社报道。4月16日,科恩的母亲从美国加州威斯沃德托人通过中国香港,将一束红色的玫瑰花送给周恩来总理,感谢周恩来对她的儿子讲了一番语重心长的话。

周恩来在讲话中表现出的宽容、大度、理解的态度,无疑向世界各国表明:中国人并不都是狂热的教条主义者,对于那些陌生的事物,中国人并不总是激烈排斥的。而远在大洋彼岸的美国决策者由此看到了中国政策变化的信号,他们觉得,中美关系的大门已在徐徐启动。他们迅速对周恩来的讲话做出了反应。

当天,尼克松发表一项声明,决定采取5个对华政策新步骤,从而使美国政府实行长达20年之久的对华贸易禁令之墙终于大块大块地崩塌了。

被称为"乒乓外交"的这段历史,充分展现出了毛泽东和周恩来的高超决策和外交才华。

1971年5月17日。

尼克松给周恩来一封信。信中表示他准备访问北京,先派基辛格来中国举行初步会谈,并要求会谈绝对保密。用尼克松自己的话说,此时"木已成舟","现在只有等待周的答复,别无他事可做了。"①

同年5月下旬。

在周恩来主持下,中共中央政治局研究了中美会谈的方针问题。会后由周恩来写出《中央政治局关于中美会谈的报告》,送毛泽东审批。

5月29日,毛泽东批准这个报告。同一天,中方通过巴基斯坦向尼克松发出"口信",欢迎基辛格访华,进行初步秘密会谈,

---

① [美]理查德·尼克松:《尼克松回忆录》中册,伍任译,北京:商务印书馆,1979年版,第237页。

为尼克松访华进行准备并作必要的安排。

尼克松接到这个"口信",兴奋地对基辛格说:"我看这是第二次世界大战以后美国总统所收到的最重要的信件。"

尼克松告诉基辛格,要他准备去北京做一次秘密访问。

基辛格以休假为名,避开耳目众多、天线如云的华盛顿来到西海岸边的休假地,还有一个重要的目的,就是秘密安排经过巴基斯坦与中国代表会晤的具体时间。

7月9日,基辛格飞离巴基斯坦首都伊斯兰堡,于北京时间中午12时15分,在北京郊外的军用机场降落。

饭后稍歇。周恩来于下午4时半到来。基辛格等人到客厅门口迎候。

基辛格在回忆录《白宫岁月》中是这样描绘的:

> 他脸容瘦削,颇带憔悴,但神采奕奕,双目炯炯,他的目光既坚毅又安详,既谨慎又满怀信心。他身穿一套剪裁精致的灰色毛式服装,显得简单朴素,却甚为优美。他举止娴雅庄重,他使举座注目的不是魁伟的身躯(像毛泽东或戴高乐那样),而是他那外弛内张的神情、钢铁般的自制力,就像是一根绞紧了的弹簧一样。他似乎令人觉得轻松自如,但如小心观察就知并不尽然。……我在宾馆门口迎接他,特意地把手伸出去。周恩来立即微笑,和我握手。这是将旧日嫌隙抛于脑后的第一步。

宾馆的会议室里,中美双方随着周恩来的到来开始了会谈。隔着一张铺着绿色台布的长桌,周恩来与基辛格相对地坐在大藤椅里。他们身旁都坐着双方的陪同人员。

基辛格先是十分谨慎地打开材料汇编的厚皮封面,按事先准备的发言稿念了起来。他从中美关系的历史谈起,一直讲到这次会晤。

周恩来面前只是一张纸，上面写着几行字，是讨论发言的大纲。

基辛格这个在哈佛大学磨炼过口才的教授，不愿再念，干脆撇开材料汇编，显露其口才，随便地说起来："已经有许多人访问过这个具有几千年文明的美丽的国土了，对我们来说，却是一个神秘的国土。"

周恩来摆摆手，说："你会发觉，它并不神秘。你熟悉之后，它就不会像过去那样神秘了。"

基辛格说："由于众所周知的原因，造成了我们两个大国的对立与隔绝。"

周恩来说："两国之间的分歧是巨大的。例如中国台湾问题就是两国关系紧张的根源。博士先生，我们终于坐下来了，可以相互阐述自己的观点，让对方有充分的了解。"

基辛格与助手们交换了一下眼光。从目光的交流可以感觉到，他们长久以来为中国台湾问题担心，一会谈就吵架敲桌子而吵崩——这块压在心上的石头卸落了一半。

周恩来又说："我是大致同意尼克松总统7月6日在堪萨斯城演讲的观点，即当今世界存在'五极'，也就是五种力量中心……"

基辛格不了解尼克松的"五极中心"观点，现在由周恩来提出来，使他感到处于不利地位。

周恩来敏锐地感觉到了，问："你们是不是在路上没有看到总统的讲话？"

基辛格尴尬地点点头。

周恩来却真诚地为对方介绍了尼克松的观点，说："他预见到世界将出现'五个超级经济大国'美国、西欧、日本、苏联和中国，它们之间的关系将决定当代和平的结构。我赞同你们总统的观点，却不赞同给中国戴上'超级大国'的帽子，也不参与大国的这场比赛。"

周恩来无意利用对方不利地位的真诚态度，使基辛格松了一口气，说："总理同意我们总统的观点，我很高兴。尽管我们之间存在着严重分歧，却也能寻到一致的地方。"

基辛格对周恩来的信任与敬佩，就在无形中开始形成。

第一天会谈在晚上 11 时 20 分结束，并没有解决任何事情，甚至没有讨论到那个必须做出决定的问题，即尼克松总统访华问题。双方在这天的会谈中都表现出好像若无其事，似乎这是一个很容易解决的附带问题。

第一轮会谈后，周恩来带着熊向晖到中南海毛泽东的住处汇报，以听取毛泽东的指示。

轿车在毛泽东的住地门口停下。毛泽东身穿浴衣，站在会客厅兼书房当中。周恩来握了握毛泽东的手说："这样晚，主席还没有休息呵。"

毛泽东说："我不困。"

熊向晖跟着握住毛泽东的手，说："主席好！"

毛泽东笑容满面地说："马马虎虎。"

周恩来告诉毛泽东基辛格到了，并准备汇报。不想毛泽东却向周恩来摆了摆手，说："那个不忙。"便转向熊向晖向他了解关于黄永胜的检讨情况。毛泽东以其丰富的政治斗争经验及高度敏锐的政治嗅觉，从熊向晖的汇报中，觉察到林彪身边的那几个人物并没有真正认错，是在搞阴谋。

为了缓和室内的气氛，周恩来委婉地说："我过去也犯过错误，一经主席提醒、批评，总是努力改。这次黄永胜他们犯了错误，主席对他们进行了批评教育，他们做了检讨，以后也会在实践中改正的。"

毛泽东摇了摇头，说："那个不同。你犯错误是阳谋，他们是阴谋。"

毛泽东这时虽已上了年纪，但对事物的预见仍不减当年。他料事如神，早有准备，于8月14日离开北京，去巡视大江南北，做了一次带有神秘色彩的访问。

周恩来开始汇报跟基辛格会谈："今天第一轮，大家见了面，互相认识。互相了解对方的基本观点。开始他们比较紧张，谈到了中国台湾问题，为此准备了很多材料。"

毛泽东插话说："我看，台湾问题事小，世界的局势事大。台湾问题拖一百年再谈也可以，先谈世界格局的大问题……"

毛泽东正如基辛格分析的那样："此人气魄很大，是从大的全球战略上考虑问题的……"

周恩来做了一个多小时的汇报。待周恩来等人离开毛泽东住地时，已是凌晨2点多钟了。

第二天下午4点，周恩来与基辛格在人民大会堂继续会谈。

这一轮会谈的气氛，与7月9日的第一轮很不相同。双方寒暄之后，各方介绍自己的观点，因为分歧十分严重，气氛变得紧张起来。在中国台湾、越南、世界形势、日本、亚洲等一系列问题上，双方的观点是尖锐对立的。在这种情况下，周恩来缓和了一下态度，说：我们如不先吃，烤鸭就要凉了。

饭后，周恩来态度和蔼地建议，尼克松总统可于1972年夏天来访问。基辛格说，1972年夏天离总统大选的日子太近，可能引起误会。周恩来就建议改为1972年春天。基辛格赞同这个日子。他们又相约晚间10点以后再会晤，起草关于这次基辛格访华的联合公告。

当晚下半夜，周恩来指派黄华与基辛格讨论这个公告。他率领熊向晖等人再次向毛泽东汇报第二轮会谈的情况。毛泽东批准了联合公告的基本草案，准备在7月11日上午与基辛格进行最后的讨论。

基辛格按秘密访问计划，他在北京的时间被限定为48小时。

他必须在7月11日在巴基斯坦出现。现在只剩下12个小时了，可联合公报还未落实，他觉得很痛苦，也担心能否签订一个双方都能接受的公告。

7月11日上午9时40分，会谈重新开始。黄华提出的联合公告草案，由于设身处地考虑了对方的观点，基本上为基辛格所接受了。双方同时发表公告的时间，也采纳了美方提出的时间7月15日。

周恩来在起草公告工作完成之后，又与基辛格讨论了今后联系的地点，双方都赞同定在巴黎，由尼克松总统信任的美国驻法国武官沃尔特斯将军与中国驻法国大使黄镇接头。接着，周恩来还提议：有时，我们不妨继续利用巴基斯坦这个渠道，中国有句老话，不能过河拆桥。

基辛格与助手们兴高采烈地乘着那架巴航飞机飞回巴基斯坦，除了带回双方认可的联合公告，还带回了中国人送的中国菜、毛泽东著作英文版及这次访问的照相集。

飞机在下午一点顺利飞抵伊斯兰堡。

7月15日，它将以一个世界的转折点载入世界外交史。

尼克松利用美国电视广播的黄金时间，即太平洋时间晚7时整，向公众发布讲话：

"晚上好！"

"我要求占用今晚这段时间，是为了宣布我们为了建立世界持久和平而做的努力中的一件大事。正如我在过去三年中多次指出的那样，没有中华人民共和国及其7亿5千万人民的参加，是不可能有稳定而持久的和平的。正因为如此，我在好几个方面采取主动行动，为两国之间的比较正常的关系敞开门户。为了实现这一目的，我派遣我的国家安全事务助理基辛格博士在他最近的环球旅行中前往北京，以便同周恩来总理会谈。"我现在宣读的公告将同时在北京和美国发表：

周恩来总理和尼克松总统的国家安全事务助理基辛格博士，于 1971 年 7 月 9 日至 11 日在北京进行了会谈。

获悉尼克松总统曾表示希望访问中华人民共和国，周恩来总理代表中华人民共和国政府邀请尼克松总统于 1972 年 5 月以前的适当时间访问中国。尼克松总统愉快地接受了这一邀请。

中美两国领导人的会晤，是为了谋求两国关系正常化，并就双方关心的问题交换意见。

全美国都发愣了！全世界都吃惊了！几乎所有的电波都在载送这个消息，几乎所有的语言都在谈论这个消息。

在中国，"九·一三事件"发生后，周恩来便不辞辛苦地操劳着一切。他在 9 月 13 日清早，亲自给各大军区和全国 29 个省、市、自治区主要负责人打电话、打招呼、布置任务，并随时将情况报告毛泽东。周恩来还根据我国驻蒙古使馆带回的文件和现场拍摄的照片，召集民航及空军有关负责人研究了林彪出逃的飞机是怎样坠毁的。他还根据毛泽东的指示，通知原定要出国访问的中国政府代表团按原计划出国访问，并嘱咐继续通过巴黎渠道保持与尼克松、基辛格的联系。

经过巴黎渠道的双方磋商，到 10 月初，中国方面答复同意美方在 10 月 5 日公布基辛格第二次访华的日程。中国方面建议基辛格取道阿拉斯加飞往上海再转北京。

"周恩来想得真周到。"基辛格已经在向往同周恩来的第二次会晤了。

基辛格第二次北京之行取代号为"勃罗二号"。尽管取了代号，也已经不是秘密之行了。

10 月 22 日，基辛格到达北京。

周恩来在人民大会堂接见基辛格一行全体人员。周恩来说：

中美关系史"就要揭开新的一章。这要归功于毛泽东主席和尼克松总统"。"基辛格勇敢地秘密访问了中国这个所谓'神秘的国土'。这是一件了不起的事情。现在是他第二次访问这个国土，它不应该再被认为是'神秘'的了"。

周恩来又把上次的话题重新提出来，这使人感到似乎会谈从未中断过。基辛格觉得周恩来有一种非常高超非常巧妙的谈判技巧，使头脑迟钝的西方人，要过一会儿才能理解。此时，基辛格联想到1970年国庆节，毛泽东与斯诺夫妇在天安门国庆典礼上的照片，发表在《人民日报》头版的显著位置。这张照片应该被当作周恩来向美国政府发出的含蓄而饶有深义的信息，然而竟被尼克松和他忽略了。

事后，基辛格在回忆录中写道：

> 不幸他们对我们敏锐地观察事物的能力估计过高。他们传过来的信息是那么拐弯抹角，以致我们这些粗心大意的西方人完全不了解其中的真意。十月一日、中国国庆节那天，周恩来把美国作家埃德加·斯诺（中国共产党人的一个老朋友）和他的妻子领到天安门城楼上站在毛旁边检阅一年一度的国庆节游行队伍，而且照了相。这是史无前例的；哪一个美国人也没有享受过那么大的荣誉。这位高深莫测的主席是想传达点什么。……事情过后我才终于理解到，毛是想以此作为象征，表示现在他亲自掌握对美关系。但是，这在当时真是一种远见卓识。我们在关键时刻理解不到他的真意。事情做得过分微妙反而达不到通信联络的目的。①

基辛格第一次秘密访问北京是为了探询尼克松访华的可能

---

① ［美］亨利·基辛格：《白宫岁月——基辛格回忆录》第二册，吴继淦、张维、李朝增译，北京：世界知识出版社，1980年版，第352页。

性；第二次尼克松授权他来华是谈判访问公报以及议定尼克松访华日期。

当天晚上，基辛格把美方起草的公报初稿交给周恩来。这份公报初稿是按照国际上老一套的惯例起草的，它用一些空洞的陈词来掩盖两国间的分歧。基辛格的助手们自以为这个初稿是十分高明的。同时，双方议定了尼克松访华的日期。基辛格提出两个日期供周恩来选择：

2月21日和3月16日。

周恩来选择了前一个日期。他们还讨论了总统访华的几个具体问题。

基辛格没有料到，这次访问北京最富戏剧化的就是讨论公报草案了。

10月24日，周恩来在钓鱼台与基辛格会谈。周恩来一开始就说："毛主席已经看了你们拟的公报草案，明确地表示不同意。这样的方案我们是不能接受的。"

基辛格显出不悦地说："我们初稿的含义是说，和平是我们双方的目的。"

"和平是只有通过斗争才能得到的。"周恩来说，"我们认为必须摆明双方根本性的分歧。"

基辛格说："我们不回避双方的分歧，签公报又有什么用？列出双方不同的观点，岂不等于告诉全世界，中美双方在吵架么？"

周恩来胸有成竹地说："我们两国打过仗，敌对和隔绝了20多年了。对于如何管理国家，如何跟外界打交道，我们有自己的观点。"

因为毛泽东与周恩来鉴于中美双方分歧如此之巨大，已经拟订了会谈公报的有关方针，在尼克松总统访华时，争取双方发一个公报，但也做了谈不成不发公报的准备。

这时，周恩来微笑地说："现在该吃烤鸭了。我们将在下午提出一个公报的初稿。"

基辛格对于周恩来的谈判方式感到震惊，也十分佩服。他曾代表美国经历了无数次谈判，包括同苏联人、越南人等，但还没有碰到过周恩来这样的对手。周恩来与赫鲁晓夫的滑稽和勃列日涅夫的矫揉造作恰成鲜明的对比。他从来不提高讲话的调门，也不敲桌子，更不以中止会谈相威胁来迫使对方让步。即使"王牌在手"，说话的声音反而更加柔和。

饭后，周恩来向美方交出了我方草拟的公报草案。它以十分鲜明的词句阐述了中国对一系列问题的立场。从中可以看出，在中国台湾问题上中国是寸土不让的。

基辛格沉默了一会儿，对周恩来说："总理先生，这样的方案，我们是无法接受的。"

谈判僵持着，没有进展。脸色都很严肃，气氛比较沉闷。

秋虫的鸣叫听得特别清晰，远处似乎传来蒸汽火车长鸣的汽笛声。

基辛格答应第二天提交美方修改草案，周恩来很高兴。

10月25日，由基辛格提出经美方修改的公报草案，双方又开始了会谈。这次会谈的大部分时间都花在台湾问题上，双方针锋相对，各不相让。

基辛格强调："美国不能抛弃老朋友。"

周恩来反驳："什么老朋友？台湾问题不是朋友之间的问题，是美国军队进驻台湾而分裂我们国家的问题。朋友之间的道义问题不能代替主权国家的领土完整问题。"

基辛格已意识到周恩来已经不会再做退让，便略做停顿，说："美国认识到，在台湾海峡两边的所有中国人都认为只有一个中国，台湾是中国的一部分。怎么样？"

周恩来脸上绽开了笑容。他说："这句话的基本意思我方可以接受，只是个别词句需要推敲。比如，应该用'省'，台湾是中国的一个'省'更准确，不用'部分'。"

基辛格说："'部分'比'省'通用，'部分'是对整体而言"。

周恩来说："'省'比'部分'准确，省是行政上对政府的归属。"

"英语没有多大的差别。"基辛格说。

"汉语却有质的差异。"周恩来雍容大度地说："我看僵局有望打破，至于尚未解决的句子及措辞，等总统访华时，还可以继续讨论，会找到一个解决办法的。"

10月26日，基辛格乘专机从北京起飞。周恩来当时已得知联合国已以76票对35票通过接纳中国，驱逐中国台湾。周恩来为了不使基辛格难堪，没有将这个消息告诉他。

1972年2月17日，尼克松总统在同国会的领袖们进行简短的告别会见以后，来到停在白宫草坪上的直升机前面。这一天，天气严寒，冷风刺骨。他引用了乘"阿波罗十一号"宇宙飞船登上月球的第一批人在月球的纪念碑上留下的话："我们是为了谋求全人类的和平而来的。"他用这句话作为他访华旅行的开端。

2月21日，尼克松一行抵达北京。

当尼克松微笑着伸出他的手，周恩来那只手也伸了出来。两人紧紧地握着手，轻轻地摇晃着，足足有一分多钟。周恩来说：

"总统先生，你把手伸过了世界最辽阔的海洋来和我握手。25年没有交往了呵。"

周恩来和尼克松同乘一辆红旗高级轿车进城。当车队驶至长安街时，尼克松心里满以为真正的欢迎仪式可能在天安门广场等待着举行。尼克松在白宫做访华准备时，观看过天安门前人山人海向毛泽东欢呼的纪录片镜头，给他留有极深的印象。他在飞机上曾经想过，要是他受到天安门广场上人山人海的欢迎，那么，盛况将不亚于他在贝尔格莱德和布加勒斯特受到的接待。可是，车队通过天安门广场时，广阔的广场空无一人。据说许多行人被挡在横街小巷里。尼克松的希望落了空。他的心情有点黯然。他注意到连大街也是空的。

这时周恩来，一一将天安门广场的主要建筑指给尼克松看："这是天安门城楼，毛主席在这里会见群众。那是人民大会堂，人民代表开会的地方……"

尼克松"哦、哦"应着，看着窗外。他是觉得有点冷淡；但是，外表没有明显地流露出他内心的感觉。

尼克松哪里知道，毛泽东和周恩来确定的这次接待的方针是"不卑不亢。"

尼克松下榻在钓鱼台国宾馆。

在吃丰盛的午宴时，尼克松表现出他使用筷子的熟练技巧，这是他大半年来着意苦练的结果。

午宴结束后，尼克松一行人各自回住房去盥洗。刚一会儿，周恩来就来找基辛格。他俩在会客室刚见面，周恩来不像往常一样先开开玩笑，直接说："毛主席想会见总统，请你也一同去。"

尽管毛泽东要会见尼克松，这是有所准备的。基辛格却没有料到安排得那么快，他内心还是很高兴，却控制住没有明显流露出来。他知道毛泽东和他蔑视的历代皇帝一样深居简出，神秘莫测。据说，没有人能事先和他约定见面的时间，他的召见都是突如其来的。因而，基辛格马上去请尼克松。那时，尼克松正想洗一个淋浴。

高级红旗轿车穿过西长安街，驶进了中南海丰泽园。尼克松与基辛格在周恩来的陪同下走进四合院，穿过一条宽的过道，进入了毛泽东的书房。

毛泽东和尼克松。

一个是世界上人口最多、潜力最大的社会主义国家的导师，一个是世界上经济最发达的资本主义国家的首脑。

他们曾经用极端的语言，相互敌视，相互对骂，隔绝对峙了20多年互不往来。他们的意识形态是相互对立的，他们的思想信仰是各不相同的，他们的价值观念是绝不一致的，他们的文化背景是各不相同的。

毛泽东和尼克松走到一起来了，这就说明这个世界已经变了。说明一个旧的时代过去了，一个新的时代开始了。

开放、理解、沟通、发展，是人类历史发展的必然趋势。

毛泽东站起来，微笑着望着尼克松，眼光锐利，神态略带嘲讽。他说话已经有点困难，他并不避讳说："我说话不大利索了。"

毛泽东朝尼克松伸出手，尼克松也朝他伸出手。来自两个世界的头面人物紧紧地握手了。握手之时，毛泽东开玩笑说：咱们共同的老朋友蒋介石总司令可不赞成这样啊。这个开头很有效果，但美国人太乐观了，没有把这句话当作对他们的一点指责。

在场的三个美国人（尼克松、基辛格和洛德）都立即感到了毛泽东的意志力。洛德后来评论说："我相信，哪怕我从未见过此人，不知道他是谁，当我走进有他在场的鸡尾酒会时，我也定会被他的力量所吸引。"

毛泽东和基辛格握手时，上下打量着他，还用下颏点了点，说"哦，你就是那个有名的博士基辛格。"

基辛格笑着说："我很高兴见到主席。"

基辛格感觉到，除了戴高乐以外，从来没有遇见过一个人像他具有如此高度集中、不加掩饰的意志力。他成了凌驾整个房间的中心，而这不是靠多数国家里那种用排场使领导人显出几分威严的办法，而是因为他身上发出一种几乎可以感觉得到的压倒一切的魄力。这个身旁有一名女护士协助他站稳的高大魁梧的人，他的存在本身就是意志、力量和权力的巨大作用的见证。

毛泽东随便地谈起话来。他对尼克松说：

"你认为我是可以同你谈哲学的人么？哲学可是个难题呀。"他开玩笑地摆了摆手，把脸转向基辛格，"对这个难题，我没有什么有意思的话可讲，可能应该请基辛格博士谈一谈。"

书房里，毛泽东的情绪渐渐高涨，红晕淡淡地漫上了苍白的脸颊。他一会儿将手高高扬起，顷刻又笔直垂落，这忽上忽下地舞动，让在座的客人情绪也备受感染，会谈气氛充满诙谐快乐有时还有几句争辩，尼克松和他的随员们都被毛泽东的妙语连珠的语言魅力所倾倒……

洛德评论说："毛泽东的身上没有周恩来那种迎面而来的光彩，但是他有一种暗含的、看上去是漫不经心的风格，实际上非常微妙纯熟。"

尼克松回国以后，曾在回忆录中写道：最令人难忘的是我同周和毛的会见，我们后来听说毛已患了轻度中风，虽然中国人民不知道这件事。他仍然很受他的助手和随从尊敬，他应答时话锋锐利。

会谈时，周恩来微笑着望着毛泽东，身体一侧依在沙发扶手上，不时插上几句话，话不多，但很得体，毛泽东紧接着周恩来的提示继续往下谈……

在谈到美国的总统选举时，毛泽东爽朗地笑着对尼克松说："上次选举时，我投了你一票。""我喜欢右派"。毛泽东开心地接着说，"人家说你们共和党是右派。美国的左派只能夸夸其谈的事，右派却能做到，至少目前是如此。"

在谈到尼克松在政治上的反对派的时候，毛泽东曾很随便地说："在我们国内，有一伙反动分子反对我们同你们搞好关系。结果，他们乘飞机逃到国外去了。"

为了让尼克松听出这是指林彪，周恩来插话说："后来，这架飞机在蒙古温都尔汗的沙漠里坠毁了。"

当尼克松在列举一系列需要共同关注的国家和地区，就国际问题谈论具体细节时，毛泽东又摆了摆手，指着周恩来说道：

"这些问题不是在我这里谈的问题。这些问题应该同周总理去谈。我谈哲学问题。"

在外交事务方面，毛泽东历来给予周恩来以相当大的自由和权限。这不仅说明毛泽东对周恩来的信任，也说明周恩来是最了解毛泽东意图的人。梁漱溟曾讲过：周恩来是绝顶聪明的人。毛泽东召集会议，特别是新中国成立以后，讲起话来经常是国内、国外，海阔天空。讲完了说，就这样吧！究竟怎样？别人未必明白，但周恩来全明白。余下的事就要靠周恩来去贯彻执行了。这虽是一家之言，但也说明了在重大决策过程中，也包括外交决策，毛泽东的主导地位是毫无疑问的，但这之后缺不了周恩来这位总理。同时也说明毛、周二人之间有着高度的默契。

毛泽东很活跃，紧紧抓住谈话中的每一个细微的含义，但看得出来他很疲劳了。

周恩来越来越频繁地看着手表，这实际上是会谈结束的信号。这次会晤进行了65分钟。

在毛泽东会晤尼克松后的几小时之内，中国就向外国新闻界提供了面带微笑的毛泽东和咧着嘴笑的尼克松会见的新闻照片和电影。

尼克松访华进程中的会谈分三个层次进行。罗杰斯国务卿和姬鹏飞外长是一个层次，具体商讨促进双边贸易和人员往来；尼克松和周恩来之间的会谈又是一个层次，这是两国首脑的总会谈。第三个层次是基辛格与中国副外长乔冠华起草公报的会谈。基辛格后来在记者招待会上透露：毛泽东自始至终密切掌握着谈判的整个进程。尼克松后来回忆说：在与毛泽东会见以后的一个星期里，所有的中方人员，特别是周恩来，反复地追述毛泽东谈话中的一些主题。

中国台湾问题是第三个层次会谈中最棘手的问题。尽管不少有争议的问题的措辞大部分在10月份的会谈中已经基本解决，而且公报的构思已经肯定了，但关于中国台湾问题的双方措辞，分歧还是巨大的，可谓针锋相对，寸句必争。他们两人的会谈被当时人们称为"乔基会谈"。

乔冠华提出的中国方案，美国观点是"美国希望和平解决中国台湾问题，将逐步减少并最终从台湾撤出全部美国武装力量和军事设施"。

基辛格拒绝了这个方案，说："我希望你们能理解我们的立场，我们把撤军说成是一个目标。即使这样，我们仍然坚持撤军跟和平解决中国台湾问题同缓和整个亚洲紧张局势联系起来。"

"但是，这个前提，必须是美国无条件地撤军。"乔冠华坚持说。

"这样做会破坏整个关系，美国公众舆论决不会答应的。"基辛格也当仁不让。

每当这时，双方相持不下，都会把扯紧的弦放松，开一两句玩笑来冲淡紧张气氛，用友好态度把巨大的决心掩盖起来，不致使个人关系过分紧张。据说两人从谈判桌上的对手竟成为好友，此后经常往来。

在乔冠华向周恩来汇报、基辛格向尼克松汇报后，两人再碰头，双方都提出新方案，做了让步。

乔冠华提出，只要提到全部撤出驻台的美军，中国就不再反对美方表示关心和平解决中国台湾问题。

基辛格提出，把全部撤军这个最终目标和美方在此期间逐步撤出军队这两个问题分开，以前是两点包括在一个句子里。

乔冠华表示出了兴趣，提出修改个别词汇，他说，最好提和平解决的"前景"，而不要用"前提"。他说："用'前景'，含义更积极些，显示出是双方的意见；而'前提'听上去是华盛顿单方面强加的东西。"

基辛格表示同意，开玩笑说："我看中国台湾命运还不会取决于如此微妙的意思上的差别。"

周恩来了解了"乔基会谈"的突破之后，表示可以考虑美方经过修改的论点。周恩来请示了毛泽东，得到了毛泽东的批准。尼克松也同意接受中方经过修改的论点。乔基在当晚尼克松的答谢宴会后，于10点半再次会晤。这次谈判十分顺利，只花了15分钟就解决中国台湾问题的措辞问题，行文如下：

> 双方回顾了中美两国之间长期存在的严重争端。中国方面重申自己的立场：台湾问题是阻碍中美关系正常化的关键问题；中华人民共和国政府是中国的惟一合法政府；台湾是中国的一个省，早已归还祖国；解决台湾问题是中国内政，别国无权干涉；全部美国武装力量和军事设施必须从台湾撤走。中国政府坚决反对任何旨在制造"一台一中"、"一个中国，两个政府"、"两个中国"、"台湾独立"和鼓吹"台湾地位未定"的活动。
>
> 美国方面声明：美国认识到，在台湾海峡两边的所有中国人都认为只有一个中国，台湾是中国的一部分。美国政府对这一立场不提出异议。它重申它对由中国人自己和平解决台湾问题的关心。考虑到这一前景，它确认从台湾撤出全部美国武装力量和军事设施的最终目标。在此期间，它将随着这个地区紧张局势的缓和逐步减少它在台湾的武装力量和军事设施。

——午夜时分，毛泽东批准了关于台湾问题的这一段。尼克松也批准了这一段。

公报文本落实了，大功终于告成。

然而，想不到美国方面又横生波澜，把尼克松都几乎气疯了。

在去杭州的飞机上，美国国务院的专家们拿了公报。他们看后认为不理想。他们的不满是大有原因的。这次罗杰斯国务卿带来中国的，都是一些职业外交家，对于草拟公报的过程他们没有参加，对此本来就有看法。没有参加谈判的人不熟悉谈判所经历的艰难，往往在心中自己立了一个理想的公报文本，并拿它们同手头的打印文本进行对比。那样一来，意见就多了。到杭州后，罗杰斯对尼克松说公报不够圆满而交给总统一份材料，材料中列举了国务院的专家们对公报的大堆意见，并提出进行修改。例如，对"台湾海峡两边的所有中国人都认为只有一个中国"这句话提出异议。说这话太绝对了，或许有一些中国人不这样认为呢。建议将"所有中国人"改为"中国人"。另一条建议是要去掉"对这一立场不提出异议"句中的"立场"二字。诸如此类的重要修改处，竟达15处之多。

尼克松穿着睡衣，在房间里走来走去，气得脸色都变了。他认识到自己在政治上处于左右为难的境地。他要有所作为而采取了对华主动的行动，但那些保守派支持者对访华的反应已搞得他够紧张了。他害怕这些右派会攻击公报。他预见到，关于国务院对美国所做的让步不满的传闻，很可能成为导火线。他也知道，在已经通知中国人说他同意公报之后，又要求重新讨论，出尔反尔，说话不算数，中国人将怎么看待他这个总统。他又气愤又痛苦。

离预订发表公报的时间不到24小时了，怎么办？

尼克松把基辛格找来商量。基辛格为难地同乔冠华说明了情况。

乔冠华马上去找周恩来总理请示。

周恩来正在给上海方面去电话，询问上海方面接待工作的情况。周恩来放下电话后，乔冠华立即做了汇报。

周恩来太累了，他毕竟是72岁的老人了，可以说，此时癌细胞已在他体内扩散，吞噬着他的生命，削弱着他那似乎无止境地为国为民的精力，他还全然不知。就在这一年的夏天，他发现尿中有血，才接受检查，经过化验，诊断为膀胱癌……在尼克松访华期间，最忙的人就是周恩来。尼克松访华的一切活动安排，都是他亲自掌管，所有的会谈讨论都由他亲自过问，还每天安排随时向毛泽东请示、汇报。他几乎没有睡过觉，顶多能够合眼皮休息个把钟头。

周恩来听着乔冠华的汇报。他瘦削的脸在柔和的灯光下棱角显得更为分明，只是眼睛还很灵、很亮。听完汇报后，周恩来开始沉思。

周恩来对美国国情做过研究，对尼克松执政以来白宫与国务院的矛盾是有所了解的。他由此联想到，按职务，罗杰斯该排在基辛格前面，毛泽东会见尼克松时，罗杰斯没能去，难怪人家有意见。他还考虑，明天到了上海，要特地去看望罗杰斯，补一下课。

对于周恩来来说，任何大事都是从注意小事入手这一格言是有一定道理的。他虽然亲自照料每一棵树，但也能够看到森林。

周恩来对乔冠华说："我们也不能放弃应该坚持的原则，这个事，要请示主席。"

周恩来当即拿起红色的直通电话。

毛泽东听了汇报，想了片刻，口气十分坚决地回答说："你可以告诉尼克松，除了中国台湾部分我们不能同意修改外，其他部分可以商量。"

毛泽东停顿了一会儿，又严厉地加上了一句话："任何要修改台湾部分的企图都会影响明天发表公报的可能性。"

于是，基辛格与乔冠华在宾馆又开了一次夜车。凌晨2时，另一个"最后"草案终于完成了，当然，吸收了罗杰斯的专家们的一部分意见。草案再次提交双方首脑正式批准。这就是举世闻名的上海公报。

尼克松一行到达上海下榻于著名的锦江饭店。

2月27日，到达上海不久，周恩来特地去看望罗杰斯国务卿及其助手们。他走进大厅，走进电梯。电梯迅疾往上升。头顶的电梯标志牌上，"13"处亮着红灯。

周恩来望着标志灯，恍然大悟似地说："怎么能安排他们住第13层？13呀！西方人最忌讳13……"

周恩来带着翻译走进罗杰斯的套间，听见谈"13"的声音戛然而止。罗杰斯手下的官员们正在房间里说话，大约是在发牢骚生气，一个个面有愠色。见周恩来进来，罗杰斯朝他们示意，他们只好客气地装出很不自然的笑脸。

周恩来伸出手来说："罗杰斯先生，你好！"

周恩来逐一地与国务院的官员握手之后，在罗杰斯身旁的沙发上坐下来，说："国务卿先生，我受毛泽东主席委托，来看望你和各位先生。这次中美两国打开大门，是得到罗杰斯先生主持的国务院的大力支持的。这几年来，国务院做了大量的工作。我尤其记得，当我们邀请贵国乒乓球队访华时，贵国驻日本使馆就英明地开了绿灯，说明你们的外交官很有见地……"

周恩来的话语缓和了室内的紧张气氛。

"总理先生也是很英明的。我真佩服你想出邀请我国乒乓球队的招，太漂亮了！一下子就将两国疏远的距离拉近了。"罗杰斯笑着说。

"有个很抱歉的事，我们疏忽了，没有想到西方风俗对'13'的避讳。"周恩来转而风趣地说："我们中国有个寓言，一个人怕鬼的时候，越想越可怕；等他心里不怕鬼了，到处上门找鬼，鬼也就不见了……西方的'13'就像中国的'鬼'。"

众人哈哈大笑，周恩来也跟着笑。

周恩来走后，罗杰斯手下的官员们气也消了大半。中国有句俗语，不看僧面看佛面。他们主要是对基辛格有意见，对尼克松的某些做法有意见。如今周恩来代表毛泽东来看望他们，他们不但不便再发作，而且对周恩来十分佩服。

2月28日早上，周恩来到上海虹桥机场为尼克松等人送行。

周恩来送走尼克松之后，也于当天搭乘那架"伊尔-18"专机离开上海，飞往北京。随行的记者们也搭乘总理的专机回京。

周恩来操劳了一个星期，也没有借飞机飞行机会在前舱休息。他来到后舱看望记者们。

有个记者问："总理，外电评论，这次是你导演的外交杰作。"

周恩来严肃地说："不，不能那么说。这是主席的英明，主席的功劳。这次乒乓外交我就没看准，是主席决定的。打开中美关系还是靠主席的英明决策。到底主席是主席，我们是我们。"

尼克松离开上海在飞机上同他夫人帕特说："周恩来是一个伟人，是本世纪罕见的伟人。我感到惋惜的是……他总是小心谨慎地让舞台的聚光灯照射在毛泽东身上。"

尼克松还不了解周恩来。周恩来对毛泽东的尊敬、钦服、坚信无疑是第一位的，他从来不谈及自己的功绩。

周恩来回到北京后，当即驱车前往中南海，到丰泽园向毛泽东做汇报。

毛泽东穿着睡衣，躺在木板床上。床上里侧摆满了书。毛泽东的头靠在垫得很高的枕头上。

走到床边的周恩来问："主席，你困吗？"

"不困，你说吧。"

"尼克松很高兴地走了，他说这一周改变了世界。"周恩来汇报说。

"哦?！是他改变了世界？哈哈。"毛泽东说完大笑起来。他伸手拿起一支雪茄，秘书给他点上火。他深深地吸了一口，将烟喷出来，说："我看还是世界改变了他。要不，他隔海骂了我们好多年，为什么又要飞到北京来？"

周恩来又说："尼克松临走时还一再表示，希望能在美国与我们再次相会。他们国务院提出了一个邀请我们访美的名单。"

毛泽东说："那青天白日旗不落，我们怎么去？公报是发表了，路还长哪！我和你，怕都看不到那一天啦。"

周恩来默默无语地看着毛泽东。

这两位年已古稀的老人、伟人、战友互相对视着，都已意识到，他们没有多少时间来巩固这个横跨太平洋的新同盟了。

自1972年2月28日，中美双方发表上海《联合公报》，两国关系开始走向正常化。在尼克松离开北京后9个月内，又有20多个国家承认了毛泽东和周恩来领导的中华人民共和国。作为对"尼克松冲击"的反应，"日本急急忙忙地去拥抱北京，和台北断绝了关系"。日本采取了主动。毛泽东也改变了对日本的政策，他不再谈论"日本军国主义"了。毛泽东为揭开中日永远和平的帷幕做出又一历史性的决断，周恩来又不辞辛劳地为之付诸实施。同年9月29日，中日两国政府联合声明在北京签署，实现了中日邦交正常化。

毛泽东和周恩来这两位同舟共济的战友，在他们的古稀之年，以惊人的胆略携手打开了冰冻20多年之久的中美、中日关系之门。这一英明之举，当然离不开当时历史的特定条件。但是，这个世纪性的事件，随着岁月的流逝，益发显示出其所包含的意义与价值，已超越了时空，超越了意识形态，超出了当时历史的规定性和功利性的一般含义。就是今天，也很难说清楚它的深远意义。

毛泽东和周恩来，在他们的晚年打开了中国封闭的大门，掀开了中华人民共和国对外关系史上新的篇章，在他们长期合作的历史上写下了闪光的一页。

14 化解中美冰封，更显相得益彰

15 同殒共落不是约期
同光共辉却总相宜

毛泽东和周恩来面对摄影镜头最后一次握手道别，忧伤深邃的瞬间永远定格在历史的框架里。两位伟人同时身患重病，一个在北海西岸旁的305医院，一个在中南海西岸旁的游泳池住处，他们情有所往，不忍相见，无力相见，也永远不能相见了。

毛泽东和周恩来在携手近半个世纪漫长的岁月里，可能没有人知道他们握过多少次手，也无法计算他们究竟握过多少次手！

然而，在摄影师杜山的镜头里却留着他们最后一次握手的瞬间。

1974年，周恩来的病情已恶化，癌症转移，身体明显消瘦。可是，无私无畏的周恩来作为一位非凡绝伦的政治家，十分清楚自己在中国政局中处于何等重要的位置。一息尚存，就不能躺下。为了不使党和国家的大权落入"四人帮"手中，他千方百计地解放以邓小平为代表的一大批被打倒的老干部，以填补自己之后在政治上出现的真空。同时，他拖着重病之躯，仍然夜以继日地忙碌着。

这一年5月30日，是周恩来最后一次走进毛泽东的书房。

这天，周恩来和往常一样，沉着、潇洒地把英国前首相爱德华·希思引进毛泽东的书房，把陪见的人一个一个地介绍给毛泽东相识握手。而他自己则和以往一样，默默地站立在摄影镜头之外。

毛泽东与希思一见如故，两个人无拘无束、海阔天空地聊了起来。这一谈就不可收拾，时间不知不觉地过了一个多小时。周恩来怕毛泽东过于疲劳，看了三次表。

希思先起身向毛泽东告辞。毛泽东站起来与客人一一握手送别。摄影师杜山发现周恩来没走，站在门口，没有参加与客人告别，只是默默地等待着。

毛泽东送客走到门边，和站在旁边的周恩来的目光相遇，瞬间，一脸的微笑飞逝而去，立刻忧伤地垂下眼帘，这速变的表情令杜山惊诧不已，他第一个反应就是端起照相机，镜头对准他们的身影……

镜头里，毛泽东忧伤地耷拉着眼皮，头稍稍地低着，苍老的脸上布满愁容和病态，花白稀疏的头发在脑顶闪出一片智慧的空间，整齐地向后披去。他迎着高悬的摄影灯，脸上的肌肉明显松弛，但很光洁。浅灰色的中山装随和地穿在身上，显得淡泊庄重。

已经十分消瘦的周恩来用温馨睿智的双目深情地正视着毛泽东。摄影光从他后侧射来，脑后和脊梁犹如披着一道光束，眉毛在逆光的面部依然黝黑浓密，充满着生气。曾洋溢乐观笑影的"酒窝"虽已被岁月的刀斧凿成两道深深的沟纹，却依然显露出执着的善意。但是，一丝伤感的凝重神色却在眉宇之间徘徊。一种不祥之云笼罩着毛泽东的书房。

周恩来一边看着携手近半个世纪的毛泽东，一边慢慢地伸出手，毛泽东也慢慢地把手伸了过去。两双操纵中国革命方向的巨手再次握在一起，组成了这神圣且又沉重的瞬间。当杜山鬼使神差地"咔嚓"一声按下快门时，他万万没有想到这却是共和国第一位总理与中国共产党的伟大领袖最后一次对着摄影镜头握手道别。

后来周恩来从医院飞去长沙和毛泽东就四届人大的问题又会晤过一次，但没有带记者同往，也就再没有留下他们握手的照片。

据杜山回忆：

在我拍摄他们握手的瞬间片刻，脑袋里却有着许多说不清的感觉，似乎总理一反寻常立等门口和主席握手有着不可言传的不祥之兆？平时总理在主席书房并不拘礼，常常会谈

一结束起身就走,害得我们都"捉"不着他的镜头,可这次……①

无言的感觉使杜山紧紧地抓住了这无言的瞬间!

6月1日,也就是和毛泽东握手后第三天,周恩来住进了305医院,直到生命最后一刻!

毛泽东可能已经知道周恩来即将离开西花厅住院治疗,也知道总理得了绝症,没有医治的希望了。所以,当周恩来将手伸向他时,他深邃的目光里有难以诉说的痛苦和空寂。

毛泽东和周恩来之间的关系,在一般人眼里,似乎没有什么个人感情色彩,办事说话都是一本正经,从不开玩笑。但实际上,这正说明他们之间有着深沉而且牢固的、常人无法理解的革命友情。

在"四人帮"最猖狂的时期,毛泽东一次又一次支持周恩来工作。而周恩来以对革命的忠诚和罕见的牺牲精神执行捍卫毛泽东思想。在"文化大革命"中他做了许多现在看来和"文化大革命"精神相违背的事情,正因为这样,才真正地维护了毛泽东的威望,将"文化大革命"造成的损失减少到最低程度,从而使林彪、"四人帮"的倒行逆施受到控制和制约。

有人为周恩来鸣不平,说他受气、受挤、受委屈,应该撂担子不干。如果那样,周恩来就不成其为周恩来。"文化大革命"的结局绝不会是现在大家所看到的结局,而是更加悲惨、更加混乱、更加无法收拾的结局。

能几十年合作而立于不败之地,就是成功的合作,就是情同手足的合作!

继周恩来住院离开中南海的西花厅之后,毛泽东也离开中南

---

① 《红墙里的瞬间》,北京:解放军文艺出版社,1992年版,第189页。

海的游泳池去了湖南长沙。两人好像是相约好了似的，前后脚地走出中南海。

这一年的6月之后，中南海里少了两位伟人：毛泽东和周恩来。

毛泽东和周恩来这两位老人在晚年时的关系中，有一种揪人心肺的东西。

"九一三"事件后，毛泽东的身体健康状况曾发生了一次突变。1972年1月参加陈毅追悼会后不久，毛泽东再次病倒。并且来势凶猛，他休克了。经过医务人员的全力抢救，才苏醒过来。

周恩来当时得知毛泽东病危的消息，坐车从他的住所西花厅赶到游泳池时，许久许久下不来车。工作人员从他的表情看出，他肩负的担子沉重，责任重大。虽然他曾指示医务人员对毛泽东的病情进行了全力以赴的抢救和治疗，但是在一片"万寿无疆"的声浪中，从中央委员会到各级党的组织和人民群众对毛泽东的病情、身体状况一点都不知道，也没有丝毫思想准备。在这种情况下，万一毛泽东有个"闪失"，周恩来该如何向全党、全军、全国人民交代呢！

1972年，周恩来已经出现便血的病象。他像是有某种预感，更加不分昼夜地工作，常有几十小时不合眼的情况。他的身体迅速地消瘦下来。医生劝他做全面检查，他望着医生低声恳求道："你们先不要急。先让我忙过这一段。再说，查出癌症又有什么办法？我这么大岁数了，能多忙几天，多处理几件事就可以了。"

5月18日，周恩来经京、津、沪三地的著名专家确诊为膀胱癌后，立即报告毛泽东。

当毛泽东展开医生的报告单，一字一句地看完时，他的心情是那样的沉重。这种沉重的心情反映在他平时很少出现过的异样严肃的紧皱着眉头的脸上。毛泽东亲自指示由叶剑英、邓颖超、汪东兴和张春桥领导医疗组的工作。

早在1965年，医生发现周恩来患心脏病时，毛泽东即关心地请他"工作量减少一点，少看一点儿文件"。周恩来患癌症后，毛泽东又多次劝他"安心养病"，"节劳，不可大意"，并提出请邓小平出山，主持日常工作，以减轻周恩来的负担。

从1972年5月18日确诊癌症，到1974年6月1日住进305医院手术，周恩来是怎样忘我地拼命工作呢？

1973年6月上旬的一天，周恩来已是30多个小时没合眼。究竟处理了多少文件，接待了多少人？恐怕秘书也算不清楚。

夜里一点多，似乎周恩来该歇口气了，秘书却看着手表提醒："总理，还有14分钟。"

"唔，你们做准备，我刮刮胡子。"周恩来起站时，已经十分吃力，用双臂撑着才站起来。他的手抖颤不止，身体晃了晃才站稳。然后，竭尽力气用平时惯有的那种快步朝卫生间走去。

周恩来要刮胡子，说明有外事活动。他注意仪表整洁，几十年如一日。因为这代表着中国人的面貌和精神状态。

会谈开始了，是同越南总理范文同谈。越南劳动党中央第一书记黎笋和范文同总理从1973年6月4日开始访问我国，一边要援助一边闹矛盾；我们一边不惜做出最大的民族牺牲支援他们的抗美救国战争，一边还得听他们的抱怨。这就是胡志明逝世后的中越关系现状。

会谈十分艰难。周恩来不停喝茶，但也掩饰不住耗尽血汗之后的极度疲惫，他小声同工作人员说："给我送条湿毛巾。"

会谈从夜里2点一直进行到旭日东升。其间每隔10分钟便由两位女服务员轮流送上一次开水洗过的毛巾。

两位女服务员手在颤，眼角在颤，嘴唇在颤，心也在颤。

"总理……"

6月12日，中越《联合公报》发表。

毛泽东非常关心周恩来的身体状况，也知道周恩来的工作繁忙，于1972年11月12日专门作出批示：

> 应当休息、节劳。不可大意。①

周恩来是怎样节劳的呢？

从1974年1月1日到6月1日，这住院前夕的5个月，除了到医院检查病情和治疗外，他总共抱病工作139天。这139天中，工作达18小时以上的有130天！剩下的9天无一不在10小时以上。

周恩来的一生可以说都是在这样连续的大量工作量中度过的，本不足为奇。但是1974年这5个月不同，他的病情已相当严重，他是以古稀之年一边输血吸氧一边便血坚持着连健康人都无法负担的超负荷的工作量。

1974年6月1日，他不得不离开他工作25年的西花厅，离开他的办公室了……

住院后，周恩来从1974年6月1日始，动手术13次，大手术6次，小手术7次，平均将近40天要动一次手术。

1974年2月，四届人大开过后，周恩来由于过度劳累，病情继续恶化，每天便血不止。毛泽东得知后，非常伤感。他躺在床上忍受着失明的痛苦，费力地一字一句地对身边的工作人员说："去打个电话问问总理现在的情况怎么样了。"

3月20日，周恩来用颤抖的手亲笔致信毛泽东：

> 主席：最近四年来，我的大便中偶有潜血出现，但因消化系统好，未进行肠胃检查。这两年又因膀胱癌出现，尿中有血，易于计量和检查，故医疗力量集中于治疗膀胱癌。现

---

① 参见《毛泽东年谱》第6卷，第455页。

> 膀胱癌经过两次开刀，三次电烧，已能稍稍控制……今年开会后（注：指四届人大），大便中潜血每天都有……进行食钡和灌钡检查，始发现大肠内接近肝部位有一肿瘤，类似核桃大，食物成便经此肿瘤处蠕动甚慢，通过亦窄……而这一大肠内的肿瘤位置，正好就是40年前我在沙窝会议后得的肝脓疡病在那里穿肠成便治好的，也正是主席领导我们通过草地北上而活到现在的……

那是1935年7月28日，周恩来随红一方面军主力长征到达松潘毛儿盖。就要进入草地了，这将是最艰难的一段路程。

8月上旬，周恩来病倒了。他高烧不退，几天来一直处于昏迷中。当时毛泽东决定让邓颖超从休养连调到总部帮助照顾周恩来，并指示医生全力抢救治疗。

经医生检查，并结合临床表现，确诊为"阿米巴痢疾"。根据医书记载，这种病死亡率极高，只有个别患者在化脓部位与肠接触的地方穿孔，脓液经肠子排出体外而得以生存。

当时，根本没有做穿刺和开刀手术的条件，于是，医生们决定除了让周恩来服用易米丁药之外，还采用了古老的"冰敷"疗法，以挽救周恩来的生命。

医生们把冰袋放在周恩来的躯上部，焦急地等待着。

过了六七个小时，周恩来终于慢慢地清醒了，他不时地低声呻吟，说肚子疼，并排出了许多脓液。周恩来转危为安，在与死神的搏斗中，他胜利了。

周恩来给毛泽东的这封信，又重提此事说明病因，读起来使人心如刀割。他从来不流露他的身体是为党、为国、为民积劳成疾所致呀！

信的末尾还写道：

我因主席对我病状关怀备至,今又突然以新的病变报告主席,心实不安,故将病情经过及历史造因说清楚,务请主席放心。在去年两次开刀后,我曾托王(海容)、唐(闻生)两同志转报主席……但如需再次开刀,我还受得了。现在要好好地作此准备。①

几天后,毛泽东批准了对周恩来的治疗方案。自从周恩来患病,毛泽东一直关心和惦记着周恩来的身体状况。每次审阅有关周恩来的病情报告时,他总是特别认真。这期间,毛泽东一度因白内障不能看东西,当工作人员给他读周恩来的病情报告时,他听得格外认真、细致,居然能记住周恩来每天失血的数字以及施行第几次手术等。

毛泽东住处的沙发,原来的又大又笨,坐垫比较硬。对于长时间坐着不动的老年病人来说,很不合适。因使用这种沙发,毛泽东背上长起了褥疮。工作人员给他另设计一种,坐垫是用海绵做的,下面钻了很多蜂窝形的小孔。毛泽东坐在新沙发上摇了摇,说:"这种沙发好多了。原来的那种沙发又高又大,像我这样高的人坐上勉强可以,脚能着地。像总理坐上去就不舒服。他的腿就得悬着。"他嘱咐工作人员:"总理现在生病,给总理送一个去。"毛泽东体察事情很细微。当他坐上一个较为满意的沙发椅时,马上想到了与他几十年患难与共的同志、战友、朋友周恩来。这是一种怎样的深厚感情啊!

同样,周恩来对毛泽东的病情也十分关心。
1971年以后,毛泽东的体质迅速衰弱,他的健康情况很不稳定,且好的时候少。有时连续几天大量工作,有时他又因帕金森

---

① 顾保孜:《红镜头中的周恩来》,沈阳:辽宁人民出版社,2004年版,第365页。

症发作卧床不起。

毛泽东身体状况虽然日衰，而从20世纪70年代起，外国首脑大凡踏上中国的土地，就会有个急切的要求：我们要拜会毛泽东主席。并以一睹"东方巨人"为快、为荣。对此，八旬老人面临的是纷至沓来的友谊之手，这能拒绝吗？犹如人不能拒绝空气一样不能拒绝这个热忱的世界。

1973年春，毛泽东和周恩来这两位身患重病的老人，外交活动达到了高潮。而此时，毛泽东患白内障多年的眼睛，视力急剧下降，越来越讨厌耀眼的摄影灯在他书房里闪来闪去。周恩来非常着急，他除了及时了解病情和指导眼科专家的会诊外，还告诉摄影者在拍摄毛泽东和外宾会见时的照片，必须严格限制在3分钟以内，多一分也不行，时间一到立即关灯。另外，周恩来还将自己使用多年的一副眼镜送给了毛泽东。他在写给毛泽东身边工作人员的一封信里说：

这副眼镜是我戴了多年，较为合适的一副。送给主席试戴，如果不合适，告诉我，给主席重配。①

周恩来对毛泽东的爱护和关心，真可谓入丝入毫，点滴不漏。

1975年8月，医生决定为毛泽东做白内障摘除手术。这种手术属于一般性的小手术，但周恩来仍然不放心。尽管他自己的病情已经十分严重了，却也坚持要到手术现场。为了不干扰毛泽东的手术，周恩来和其他几位领导人提出不到手术室，不与毛泽东打招呼，几个人坐在手术室外的大厅里，一直等毛泽东手术做完之后才放心地离去。

---

① 顾保孜：《红镜头中的周恩来》，沈阳：辽宁人民出版社，2004年版，第368页。

毛泽东的手术像周恩来预期的那样，非常成功，他的一只眼睛复明了。

1975年10月下旬，为了"延长生命"，医生给周恩来做最后一次手术。到这时，周恩来先后做了13次手术。

"13"在西方被视为凶数。

周恩来曾因罗杰斯及其助手们为住"13"楼而生气时，给他们讲中国寓言"不怕鬼的故事"。罗杰斯等人听后都笑了，不安和气恼也顿时消失了。

然而，周恩来这次巧合了"13"这个"凶数"，他已经不能进食了，完全靠输液来维持生命。周恩来此时不但卧床，而且已无法坐起来，身体下部插了七八条管子，输液、输血、排液。他身体下部的膀胱等部位整个都烂了，但头脑仍然很清醒。卫士和秘书每天轮流给他读一些国际简报、国内动态和参考资料。也让他听听广播。

到12月，周恩来已经高烧不断，谈话都越来越艰难了，声音非常微弱。

1976年元旦，毛泽东的《重上井冈山》和《鸟儿问答》两首词发表，已处于病危之中的周恩来从昏迷中醒来，恰好从广播里听到后，便让秘书去买来诗词，并让他们读。当读到"不须放屁，试看天地翻覆"时，周恩来的嘴角绽出几丝笑纹，甚至可以听到隐隐的笑声。可是，膀胱癌和肠癌的剧痛很快又使他双唇紧闭。秘书收起诗词，他虽然疼得额上沁满汗珠，仍然坚持示意让秘书把诗词放在他的枕边。

周恩来对毛泽东的感情是非常真挚而深厚的，即使在弥留之际，还惦念着毛泽东的病情。

有一天，他醒过来，用微弱的勉强能听到的声音讷讷地问医生：

"主席，主席身体怎么样？"

"没有大的变化。"医生小声报告。

"只要主席健在，我就放心了。"周恩来说完后，又昏迷过去了。

周恩来逝世时，胸前佩有毛泽东头像和"为人民服务"五个大字的像章。从这枚像章可以看出毛泽东和周恩来的关系。这枚像章，周恩来从不同意用任何单纯的毛泽东头像章来替换。这无疑反映着周恩来的内心世界，反映出他心中人民、毛泽东与自己的位置和关系。

据周恩来的保健护士郑淑云回忆：

> 那天我走到总理办公室门口，一看门是半开着的，我就探过身往里瞧了一眼。一看总理今天破例没有伏案工作。桌上摊了一大堆毛主席纪念章，他正侧身站在那里仔细拣着。我一看很高兴。因为那时候，毛主席像章风靡全国，人人手里都有一大堆，常常拿出来比较、交换，有一枚好像章，就像得了宝贝似的，到处向人夸耀。我一看总理桌上有那么多好像章就眼睛发亮，走不动了，想看看有什么新的。总理抬头一看是我，就说：进来，进来。平常我是不进他办公室的，这次因为我见他显然是在休息，所以就进去了。总理说：过来看看像章，我看来看去就喜欢这一枚。我探过头去一看，并不是主席头像，而是主席手写的"为人民服务"章。①

周恩来永远和人民站在一起，这也是他和毛泽东成功合作关系的主要之点。人民是他们心中的"上帝"，"人民万岁"是发自他们肺腑的口号。他们都把自己融化在国家、民族和人民之中，并

---

① 顾保孜：《红镜头中的周恩来》，沈阳：辽宁人民出版社，2004年版，第372页。

愿为之献出自己的一切。正是由于周恩来对人民爱得这样深切，所以他才对毛泽东表现出无比忠诚。

据秘书和医护人员回忆：周恩来卧床不起后，特别是他病危后从昏迷中醒来时，曾多次抚摸毛泽东像章和诗词，曾多次询问毛泽东现在住哪里？身体怎么样？每逢这时，他们的心中都特别痛苦。如果毛泽东身体好一些，能够到周恩来的病房看一眼，在周恩来的病床旁边坐一下，对于他们几十年的战斗友谊，对于我们的历史，都将是多么感人的一笔啊！

这期间，毛泽东的身体状况也令人担忧。毛泽东的机要秘书张玉凤在她的回忆文章中这样写道：

> 他讲话困难，仅能从喉咙内发出一些含糊不清的声音字句。由于长时间在他身边工作，我还能听懂主席的话。每当主席同其他领导同志谈话时，我就得在场，学说一遍。但到了他讲话、发音极不清楚时，我只能从他的口形和表情来揣摸，获得他点头认可。当主席的语言障碍到了最严重的地步时，他老人家只好用笔写出他的所思所想了。后来，主席的行动已经很困难，两条腿不能走路。如果没有人搀扶，连一步都走不动了。①

两位伟人同时处于这么严重的病态之中，他们的病榻相距不远，然而却被一堵红墙和西安门大街的柏油马路无情地隔开了。一个在北海西岸305医院内，一个在中南海西岸的游泳池旁，他们情有所往，不忍相见，无力相见，也永远不能相见了。

1976年1月7日的24小时中，周恩来基本上是一直处于昏迷状态。他鼻子里一直在输氧，医生定时将配好的高蛋白热量的

---

① 张玉凤：《毛泽东、周恩来晚年二三事》，载《炎黄春秋》，1989年第1期。

流质食物输入他的胃中。秘书停止了为他读报、读文件。

1月8日晨，8点左右，高秘书准时来接班。卫士长同周恩来暂时告别，上楼休息去了，躺下不到一小时，楼道里传来急促、慌乱、沉重的脚步声。"怎么了？怎么了？"卫士长失去了主张。他受了巨大的紧张恐惧所驱迫，冲到周恩来的床边："总理，总理！"卫士长叫着。是那么快，那么突然。卫士长慌极了，又绝望地叫："张大夫，怎么了，怎么了？……"

张佐良医生沉重地摇摇头，发出一声凄凉的叹息："不行了……"

周围陡地静下来，世界哑了一般！

"总理——！"

卫士长放声大哭，病房里所有的人都放开了悲声。

时间：1976年1月8日9时57分。终年：78岁。

当天上午10时。

毛泽东几乎一夜未合眼，此时他正卧床，侧身看着文件。负责毛泽东身边工作的张耀祠急匆匆地赶到游泳池毛泽东卧室，将周恩来逝世的噩耗报告了毛泽东。

毛泽东听后许久一言未发，只是点点头表示知道了。对于周恩来的逝世，毛泽东显然早已料到了。在近几年的医生报告中，早有所觉，长期的伤感，使他的眼泪枯竭了。此时，他已无法向这位患难与共的同志、战友表露自己内心的悲伤和痛苦。

几天后，中央拟好了有关周恩来追悼会的规格，参加追悼会的政治局及党、政、军负责人的人数和悼词一并送毛泽东审阅。

中央考虑到毛泽东病重，便没有安排他参加有关周恩来逝世后的一切活动。

据张玉凤回忆：毛主席审阅这个报告时，我一直守候在侧，不知道为什么在我这个普通人的心中，一直存有一线希望，或许会有4年前参加陈毅同志追悼会那样的突然决定，或许也能去参加周总理的追悼会。一句憋在我心里许久的话,不由自主地脱口而出,像孩子般冒昧地问主席:"去参加总理的追悼会吗?"一直处于悲伤中的主席,这时,一只手举着还没有来得及放下的文件,另一只手拍拍略微翘起的腿,痛苦而又吃力地对我说:"我走不动了。"

毛泽东这时已站不起身,他不愿意让人们看见他举步维艰,离不开轮椅,不能讲话那种晚年病态和痛苦的心境。

毛泽东没有参加周恩来的追悼会,也是完全可以理解的。

毛泽东拿起他一惯使用的那支红铅笔,在送审报告上写有"主席"二字的地方端端正正画了一个圆圈。悼词千言,这个圆圈寄托了毛泽东对周恩来的深切哀思。这个圆圈表达了毛泽东对周恩来的深情厚谊。可是在人民的心目中,它确实是弱了,太弱了……这一笔怎么能表达得了对与自己风雨同舟几十年的战友的离别之情呢?人民当时多么希望毛泽东能在周恩来的追悼会上出现呀!

然而,若干年后,当人们从毛泽东身边的工作人员和卫士的回忆文章中得知他当时的身体状况时,不仅能理解毛泽东,也更深切地理解了毛泽东和周恩来之间情同手足的关系。

那天晚上,在毛泽东看电视的时候,护士和陪伴他的人注意到眼泪从他衰老的脸上流下来。

1月10日、11日,各界群众向周恩来遗体告别。据说周恩来去世当天,邓颖超立即向中央提出三点要求:一不搞遗体告别;二不开追悼会;三不保留骨灰。大多数中央领导同志都不赞成。李先念提出:不能从总理这儿开这个头,全国人民不答应。邓小平也同意李先念的意见。所以后来还是搞了遗体告别和追悼大会。

世界上再没有这样深挚的哀痛,哭唤声令天地变色,神鬼齐哀。围绕安卧在鲜花丛中的周恩来的遗体,群众的泪水把地毯洒湿了一米多宽的一圈。这是世界上绝无仅有的一例！

11日下午4点40分，周恩来的灵车徐徐开向八宝山。十里长街，几十万群众的哭声惊天动地。同时间，全国960万平方公里的土地，溅满了8亿人民痛苦的泪水。

1月12日上午，毛泽东批准了周恩来不保留骨灰的请求。邓颖超得知后非常高兴，因为周恩来生前最担心的是怕她替他办不成这件事，现在办成了。

1月14日下午6点30分，在劳动人民文化宫里，群众的吊唁活动结束。

1月15日举行了周恩来的追悼大会。同时间，北京市民自发地涌向天安门广场，几万个花圈簇拥着人民英雄纪念碑，组成一个硕大无比的花坛。

那碑文正是毛泽东草拟，周恩来题写的。

毛泽东没有参加追悼会，但他派人送来一个花圈，放置在曾与他携手近半个世纪的战友、曾任中华人民共和国国务院总理达26年之久的周恩来的遗像旁。毛泽东只能以这种方式同他这位忠贞不渝的同事告别。

当日晚8时到12时，两名治丧委员会的代表从邓颖超手中接过周恩来的骨灰盒登上飞机。飞机隆隆地起飞了，飞遍长城内外，大江南北。周恩来的骨灰在高空风里，瞬间即缈，无影无踪。但中国人民却能看到，那是总理的一腔热血，他造福人民的美好设想，他对人民、对国家、对党和领袖的全部深情。

他走了。他留给这个世界的太多，索取的太少了。所以，他必然会在这个世界上永存！

中国古代学者司马迁曾写道："人固有一死，或轻于鸿毛，或重如泰山。"

周恩来死得重如泰山。

周恩来逝世后，毛泽东的情绪非常不好，烦躁不愿讲话。只是借助刚刚治好的一只眼睛不停地阅读。这时，他虽然能自己看书、看文件，但由于他的身体过于虚弱，两只手颤抖，已经没有举起文件的力量了。为了满足毛泽东那艰难的阅读需要，身边的工作人员都要帮他举着书或文件。看得出来，此时他似乎只能从书本和文件中摆脱一切痛苦。

有一天，毛远新告诉毛泽东，在上海一些颇有影响的人物贴出了令人不安的大字报。

大字报上说，邓小平在悼词中把周恩来赞颂得过分了，"结论应该推翻"。且不管毛远新在向毛泽东汇报这张大字报时抱有什么动机，据说毛泽东给予了明确的答复：

> 攻击周恩来，人民一定不会答应。在周恩来追悼会上所作的悼词，其结论是不能改变的。要推翻这个结论，人民是不会赞成的。①

毛泽东对与他共事近半个世纪的周恩来是深信不疑的，他了解周恩来，信任周恩来，也知道人民爱戴周恩来，所以他不容许任何人去诋毁周恩来。

1976年6月，毛泽东突患心肌梗死，经及时抢救才得以脱险。周恩来已经先去马克思处报到。这年的7月6日，朱德也随即逝世。此时此刻，毛泽东心中悲凉之感越发浓重。一次秘书张玉凤给他读南北朝时著名文学家庾信的《枯树赋》。张玉凤接连读了两遍后，毛泽东用他微弱的声音一字一顿地苦吟：

---

① 顾保孜：《红镜头中的周恩来》，沈阳：辽宁人民出版社，2004年版，第379页。

……
此树婆娑，
生意尽矣！
至如白鹿贞松，
青牛文梓，
根砥盘魂，
山崖表里。
桂何事而销亡？
桐何为而半死？
……
昔年种柳，
依依汉南，
今看摇落，
凄怆江潭。
树犹如此，
人何以堪！

毛岸英逝世后，毛泽东曾吟此诗抒发自己悲痛的思儿之情；晚年，他又借庾信作品抒发英雄暮年的悲凉情怀，反映出即使是伟人的毛泽东在自然规律面前也无可奈何的失落心态。

越是豪气十足，越是浪漫非凡的人，越是感到孤独。当毛泽东经过几十年的奋斗，理想的世界依然是那么遥远的时候，他的内心的孤独感便在晚年，特别是周恩来逝世后，强烈地表现出来。

自进入20世纪70年代以来，毛泽东多次谈到要见马克思，见上帝。1975年4月18日，他在会见金日成时说："董必武同志去世了，总理生病，康生同志也害病，刘伯承同志也害病……我今年八十二了，快不行了，靠你们了……上帝请我喝烧酒。"一代伟人的悲患，溢于言表。

毛泽东心灵中关闭的门实际上已经打开了一条缝。他向斯诺的讲述，展露了内心世界的一部分。1970年，他曾对斯诺说：他只是这个世界上打着一把漏孔伞的独行僧罢了。来去无牵挂，来无影去无踪。让人听了好不凄凉。

1976年7月28日，河北省唐山、丰南地区发生了7.8级的强烈大地震，并波及天津、北京等地。在这次地震中，伤亡人数达24万之多。

毛泽东一定要人把唐山地震灾情详细地报告给他。

在中国农村地区，人们长久以来一直相信天象对政治事件的预兆。

巨大的天灾人祸又给"四人帮"以可乘之机，他们加紧了篡权活动。

自周恩来逝世后，由谁来继任，成了斗争的焦点。毛泽东权衡再三，既不满意于同他一起战斗多年，曾为他器重的邓小平，更不放心被他多次批评有野心的"四人帮"，最后出人意料地选中了华国锋。毛泽东清醒地知道反对"文化大革命"的人不少，他深为未来忧虑。他对华国锋诉说衷肠，希望他维护"文化大革命"。在后来的实际行动中，华国锋按毛泽东生前的愿望，参与解决了"四人帮"的问题，避免了"血雨腥风"。同时他也全面继承了毛泽东在"文化大革命"期间的"左"倾错误，继续执行"两个凡是"的方针，因而犯了重大错误，最后不得不逐渐离开中央领导岗位。虽然华国锋在位时间不长，但可以说，他功过分明。

毛泽东曾说过：负担过重时，死亡便是解脱。到8月下旬，对于毛泽东来说，负担已经过重了。他整日躺在床上，昏迷不醒。

1976年9月9日凌晨，使中国震撼了整个世界的一代伟人，终于停止了呼吸。毛泽东在周恩来逝世后8个月，也辞世而去。

他比周恩来年长5岁。

毛泽东解脱了。

16个小时之后，中央人民广播电台向全国和世界通告了毛泽东主席逝世的悲痛消息。

全国人民有的哭泣，更多的人是感到震惊和忧虑！

毛泽东领导中国共产党的时间之久，是任何一个领导现代大国的人无法比拟的。亿万中国人民铭记在心的是：没有毛泽东，便没有新中国。然而，毛泽东去世后，中国将向何处去？这不能不使国民担忧啊！

全国各处都降了半旗。

123个外国政府发来了唁电。

在纽约，联合国降了半旗。

在莫斯科，《消息报》在倒数第二版的底部以两行文字报道了这件事。

在中国香港，股票市场跌落。

……

在举国致哀一周的最后一天，百万人聚集在天安门广场举行追悼大会。下午3点整，全国工作停止3分钟。全国9亿人肃立默哀。全中国的汽笛——工厂的、火车的、轮船的——齐鸣3分钟，形成葬礼的最高潮。

"中国人民和世界革命人民从心底里热爱他……"

毛泽东与周恩来时代结束了！

1976年是中国的旧历龙年，这一年，在中国现代历史上，是沉重的一页，对于中华民族来说是灾难性的一年。巨大的天灾人祸连连降到中国人民头上。周恩来、朱德、毛泽东三位伟人，相继告别未竟的大业逝世了。

巨星陨落，神州震动，大地哀鸣，给中国人民带来了无限悲痛和难以弥补的损失。

"莫道浮云终蔽日，严冬过尽绽春蕾"。

1976年，在中国现代史上，也是光辉的一页。粉碎"四人帮"的胜利，宣告了"文化大革命"的结束！

邓小平，这位在长期的革命和建设生涯中，为中国人民做出重要贡献的杰出的马克思主义者，在毛泽东和周恩来等一批伟人辞世后，以独特的超人胆略和大无畏精神，担负起了历史的重任，成为继毛泽东之后第二个改变中国历史命运的伟人、巨人。

如果说，毛泽东在世之年，是周恩来为确立毛泽东的领导地位和维护毛泽东思想的指导作用做出了最大贡献。那么，我们可以肯定地说，在毛泽东逝世后，正是邓小平为确立毛泽东的历史地位和保证毛泽东思想继续发展并指导中国革命和建设做出了最大的贡献。

毛泽东在中国没有遭到像列宁、斯大林在苏联那样的命运。

毛泽东思想在中国没有像马列主义在苏联和东欧各国那样被纷纷抛弃。

这首先应该感谢邓小平。

邓小平顺应了历史发展的规律，人民选择了邓小平，历史选择了邓小平。

新的领袖集团，努力剔除人治因素，铸出新的政治运行模式和机制，逐步走上法治的健康轨道，将古老的中国引上了改革开放这一强国富民之路。

毛泽东与周恩来在天之灵得知这些的时候，是会得到慰藉的，他们一定会站立云端，向党，向祖国，向人民，发出朗朗的笑声……